中央高校基本科研业务费跨学科重点资助项目（CQDXWL-2012-Z022）
国家新闻出版广电总局新闻出版课题资助项目（B 2013-12-1）
教育部新世纪优秀人才支持计划资助项目（NCET-13-0640）

新闻出版（版权）法律完善研究

——基于政府职能视角

张小强　著

知识产权出版社
全国百佳图书出版单位

图书在版编目（CIP）数据

新闻出版（版权）法律完善研究：基于政府职能视角/张小强著 . —北京：知识产权出版社，2015.8

ISBN 978-7-5130-3730-3

Ⅰ.①新…　Ⅱ.①张…　Ⅲ.①出版法—研究—中国　Ⅳ.①D922.164

中国版本图书馆 CIP 数据核字（2015）第 200481 号

内容提要

本书在调查和梳理国内外新闻出版（版权）法律制度和相关政府职能现状基础上，从政府和市场、政府和社会的关系视角，系统分析了我国现行新闻出版与版权法律法规中涉及经济调节、市场监管、社会管理、公共服务四大政府职能的相关条款中存在的问题，并给出了完善建议。本书研究成果为修订相关法律法规提供参考，以促进新闻出版法治建设，并开辟新闻传播法学研究的新领域。

责任编辑：崔　玲　　　　　　　　责任校对：董志英

装帧设计：品　序　　　　　　　　责任出版：刘译文

新闻出版（版权）法律完善研究
——基于政府职能视角

XINWEN CHUBAN BANQUAN FALÜ WANSHAN YANJIU

张小强　著

出版发行：知识产权出版社 有限责任公司　　　网　　址：http://www. ipph. cn

社　　址：北京市海淀区马甸南村 1 号（邮编：100088）　天猫旗舰店：http://zscqcbs.tmall.com

责编电话：010-82000860 转 8121　　　　　　　责编邮箱：cuiling@ cnipr. com

发行电话：010-82000860 转 8101/8102　　　　　发行传真：010-82000893/82005070/82000270

印　　刷：北京科信印刷有限公司　　　　　　　经　　销：各大网上书店、新华书店及相关专业书店

开　　本：720mm×1000mm　1/16　　　　　　　印　　张：15.25

版　　次：2015 年 8 月第 1 版　　　　　　　　　印　　次：2015 年 8 月第 1 次印刷

字　　数：302 千字　　　　　　　　　　　　　定　　价：48.00 元

ISBN 978-7-5130-3730-3

前　言

　　2015 年 4 月 24 日，"中国媒介法治与新闻伦理规范高端论坛"在重庆大学举行，笔者全程参加了论坛并就本书的内容作了发言。在论坛上，参会专家热议的话题是网络隐私权和我国的新闻立法。但两个值得关注的细节是，魏永征老师指出新闻法不是一个具体部门法，在我国新闻出版领域已经有众多的法律法规，其中包括行政法规。童兵老师则呼吁要为我国新闻法的尽快出台创造条件，而条件之一就是抓紧对有关新闻传播法律法规历史文件的清理。在新闻出版领域，以行政法规和部门规章为主的制度体系是我国的特色，清理现有法律法规主要是清理现行的、繁杂的行政法规和部门规章。对此，亟须我国学者对相关领域进行研究，让我国相关部门在修订相关行政法规或部门规章时获得理论支持。而从"中国媒介法治与新闻伦理规范高端论坛"中讨论的主题以及当前新闻传播法学界发表的文献主题来看，我国新闻传播学界对新闻法的研究有脱离我国新闻出版法律制度完善现实需求的倾向。

　　2013 年，国家新闻出版广电总局新闻出版课题指南中出现"职能转变与完善新闻出版（版权）法律法规问题研究"。2015 年，"新闻出版依法行政现状及改进措施研究"出现在国家新闻出版广电总局新闻出版课题指南中。这说明，我国新闻出版行政主管部门对从政府职能角度完善我国新闻出版（版权）法律法规有较为紧迫的需求。

　　这是因为，我国新闻出版行政法规和部门规章的主要内容就是规定新闻出版行政主管部门的职能，完善新闻出版法律法规，其核心就是完善其中有关政府职能的规定。只有在新闻出版法律法规中理顺了政府和市场、政府和社会、中央政府和地方政府的关系，才能使"依法行政"有法可依。而我国政策推动下的新闻出版体制改革和行政体制改革走在相关法律法规等制度建设的前面，法律法规的滞后已经影响到新闻出版产业体制改革和新闻出版行政体制改革的进一步深化。我国对新闻出版行政职能转变和法律法规完善的研究较为零散且缺少可供借鉴的理论成果。本书尝试系统研究政府职能转变背景下我国新闻出版（版权）法律法规的完善问题，从政府职能视角给出修订我国新闻出版和版权领域主要法律法规的立法建议。为相关部门修订完善新闻出版法律法规提供参考，并从理论上丰富我国新闻传播法学研究的视角和领域。

本书研究还有很多不足之处，一是书中尚有不少研究需要进一步深化。如对其他国家相关制度的研究，书中提到的部分立法建议还可以更为具体。二是本书的研究主要集中在新闻出版和版权两大领域，而新闻出版主要集中在报纸、期刊和图书这些传统纸质媒体，对于广播电视和网络领域虽然有所涉及，但没有做系统和深入的梳理。三是研究偏重于对媒体的管制而对新闻相关的行政法规和部门规章较少涉及。而广播电视、网络和新闻领域由于涉及更多的部门，相关行政法规和部门规章中涉及政府职能方面的问题更为复杂，是值得进一步加强研究的领域。

虽然本书的成稿一拖再拖，但是限于作者的水平和精力，书中的错误在所难免，恳请读者朋友批评指正。

张小强

2015 年 6 月于重庆嘉陵江畔

目　　录

第1章 研究背景与问题的提出

一、研究背景

2009 年原国家新闻出版总署发布的《关于进一步推进新闻出版体制改革的指导意见》中提出将"加大行政体制改革力度，转变政府职能"作为进一步推进新闻出版体制改革的主要任务。2013 年 3 月国务院进行机构改革，将原国家新闻出版总署、原国家广播电影电视总局（以下简称"原广电总局"）的职责整合，组建国家新闻出版广电总局，国家新闻出版广电总局加挂国家版权局牌子，不再保留原国家广播电影电视总局、原国家新闻出版总署。这是我国新闻出版行政管理体制的重大改革，核心任务是在我国新闻出版体制改革不断深化的基础上，以机构改革促使新闻出版行政管理部门进一步转变职能，提高新闻出版公共服务能力和水平，提高行政效能。作为行政机关，新闻出版行政管理部门必须在宪法和法律规定的范围内行使职权、提供服务。然而，我国新闻出版产业体制改革和行政体制改革已经走在相关法律法规等制度建设的前面，法律法规的滞后已经影响到新闻出版产业体制改革和新闻出版行政体制改革的进一步深化。对此，国务院和我国新闻行政主管部门有清醒的认识。在《国务院机构改革和职能转变方案》中明确将"依法行政"作为职能转变工作的重要措施和工作重点之一。原国家新闻出版总署发布的《新闻出版业"十二五"时期发展规划》中将"依法行政"作为推动"十二五"时期新闻出版业发展的主要措施之一，明确提出要"健全保障新闻出版业发展的法制体系，推动新闻出版法规、规章的制定和修订"。2013 年党的十八届三中全会通过的《中共中央关于全面深化改革若干重大问题的决定》中再次明确提出要"加快转变政府职能"，提出"建设法治政府和服务型政府"。2014 年 10 月，党的十八届四中全会作出了《中共中央关于全面推进依法治国若干重大问题的决定》，明确提出法治是治国理政的基本方式，要加快建设社会主义法治国家，全面推进依法治国。党的顶层设计之一，就是坚持依法治国、法治政府、法治社会一体建设，并明确到 2020 年法治政府基本建成。在这样的背景下，我国新闻出版法律法规的完善问题显得极为紧迫。

因此，本书从政府职能角度研究我国新闻出版（版权）法律法规的完善问题，具有重要的现实意义，能够为相关部门修订完善新闻出版（版权）法律法规提供参考。

二、新闻出版政府职能转变、法律法规及学界相关研究现状

新闻出版政府职能转变基本情况与法律法规现状、相关研究现状综述如下：

（一）我国新闻出版政府职能转变情况

新闻出版行政体制改革是我国新闻出版体制改革和国家行政体制改革的重要组成部分，近年来我国新闻出版政府职能转变工作一直在原国家新闻出版总署的领导下不断推进，包括取消了一批审批事项，将一批审批事项改为备案制，将一批原来由原国家新闻出版总署审批的事项下放到地方等。这些职能转变的措施，极大提高了行政效率，提高了新闻行政管理部门的公共服务能力和质量。2013年7月11日，国务院批准印发《国家新闻出版广电总局主要职责内设机构和人员编制规定》，这是我国新闻出版政府职能转变的又一次重大突破，该规定取消了期刊变更登记地审批、调控书号总量的职责等一大批涉及新闻出版的行政许可职能，并将音像复制单位、电子出版物复制单位设立审批职责等一批涉及新闻出版的职能下放到省级新闻出版行政主管部门，同时该规定也明确提出加强新闻出版行政部门的公共服务职能，提出"加强管理理念和方式的创新转变，充分发挥市场调节、社会监督和行业自律作用"。该规定还明确了国家新闻出版广电总局下设的涉及新闻出版的"新闻报刊司""出版管理司"等机构及其职能。

因此，我国新闻出版政府职能转变已经取得重要成果，未来我国新闻出版政府职能的转变会更深入和彻底。

（二）我国新闻出版法律法规现状

我国一直未出台一部基本的新闻法，对于新闻传播业的管理主要依赖行政法规，立法层次偏低。同时，自2003年文化体制改革试点工作启动以后，我国新闻传播业的改革不断深化，已经取得很多突破性成果，但新闻传播业的改革远远走在法律环境完善的前面，2009年国务院出台的《文化产业振兴规划》及2011年通过的《中共中央关于深化文化体制改革推动社会主义文化大发展大繁荣若干重大问题的决定》再次重申文化体制改革的重要性，其中相当大的比重是针对新闻传播业，这是因为新闻传播业是文化产业的重要组成部分，文化只有在传播中才能发扬光大。但我国当前的法律制度对新闻传播业改革的制约也是较为明显的，很多20世纪90年代颁布的行政法规和部门规章已经不

适应当前的形势。因此，原国家新闻出版总署制定的《新闻出版业"十二五"时期发展规划》中明确指出，推动"十二五"时期新闻出版业发展的主要措施之一是："健全保障新闻出版业发展的法制体系，推动新闻出版法规、规章的制定和修订，完善出版单位法人制度、主管主办制度、新媒体出版管理等法律制度。"因此，我国的新闻传播行政法规和部门规章在将来会逐步修订完善，如 2011 年国务院就对《出版管理条例》做了重大修订，使其能够基本适应我国当前的改革需要。从新闻传播业改革发展的趋势看，将来应该将部分行政法规"升级"为法律，才能满足体制改革和新闻传播业发展的需要。

我国新闻出版领域的主要行政法规和部门规章梳理如下：

1. 法律和行政法规

我国已经颁布实施的出版领域的法律和行政法规主要包括：《著作权法》《出版管理条例》《音像制品管理条例》《印刷业管理条例》《互联网信息服务管理办法》《广播电视管理条例》《广播电视设施保护条例》《卫星电视广播地面接收设施管理规定》《电影管理条例》《国务院关于非公有资本进入文化产业的若干决定》《法规汇编编辑出版管理规定》《中华人民共和国地图编制出版管理规定》《著作权法实施条例》《信息网络传播权保护条例》《著作权集体管理条例》等。

2. 部门规章和规范性文件

除了上述法律和行政法规，大量的适用于新闻传播业的行政规章是由原国家新闻出版总署（或联合其他部委）颁布，少量涉及广播电视和网络传播的规章由原广电总局或工业和信息化部颁布，还有一些由文化部颁布。行政规章是以国务院颁布的行政法规为依据的，当出现冲突时应以国务院颁布的行政法规为准。国务院的行政法规和各部委的部门规章或规范性文件共同构成了我国新闻传播业的制度体系。按照新闻传播业的分类，新闻传播业的行政规章与规范性文件主要包括：

（1）报纸、期刊：《报纸出版管理规定》《期刊出版管理规定》《报纸期刊审读暂行办法》《关于报刊社社长、总编辑（主编）任职条件的暂行规定》《报纸、期刊年度核验办法》《报纸质量管理标准》《报纸质量管理标准实施细则》《关于报纸刊载证券期货信息管理规定》《关于设立高校校报类报纸刊号系列的规定》《文摘类报刊管理的规定》《关于法制报刊管理的规定》《关于广播电视类报纸出版管理的规定》《关于报纸出版"周末版"管理规定》等。

（2）图书、音像、电子出版物：《图书出版管理规定》《图书质量管理规定》《音像制品出版管理规定》《音像制品制作管理规定》《电子出版物出版管理规定》《书号实名申领管理办法》《音像制品内容审查办法》《音像制品复制管理办法》《音像制品批发、零售、出租管理办法》等。

　　还有一些规定，是适用于所有出版业的，如：《图书、期刊、音像制品、电子出版物重大选题备案办法》《关于出版单位的主办单位和主管单位职责的暂行规定》《关于严格禁止买卖书号、刊号、版号等问题的若干规定》等。

　　（3）印刷、复制：《印刷业经营者资格条件暂行规定》《设立外商投资印刷企业暂行规定》《关于〈设立外商投资印刷企业暂行规定〉的补充规定》《印刷品承印管理规定》《复制管理办法》《内部资料性出版物管理办法》《印刷品广告管理办法》《关于加强固定形式印刷品广告监督管理工作的通知》《新闻出版总署、商务部、海关总署 2004 年第 2 号公告（关于公布就复制管理行政审批项目调整后加强光盘复制管理有关问题）》《关于规范利用互联网从事印刷经营活动的通知》等。

　　（4）广播电视：《广播电视管理条例》《广播电视节目制作经营管理规定》《境外电视节目引进、播出管理规定》《广播电台电视台审批管理办法》《广播电视站审批管理暂行规定》《关于加强对聘请港、澳、台从业人员参与广播电视节目制作管理的通知》《关于台湾电视从业人员来大陆摄制节目的管理办法》《外国人参加广播影视制作节目制作活动管理规定》《境外电视节目引进、播出管理规定》《关于加强广播电视节目电影片进口管理的通知》《广播电视安全播出管理规定》《广播电视广告播出管理办法》《〈广播电视广告播出管理办法〉的补充规定》等。

　　（5）电影与电视剧：《电影管理条例》《电视剧管理规定》《电影审查规定》《电视剧审查管理规定》《外商投资电影院暂行规定》《中外合作摄制电影片管理规定》《电影企业经营资格准入暂行规定》《关于使用文物古迹拍摄电影、电视的暂行规定》《故事影片各类稿酬的暂行规定》《科学教育影片各类稿酬的暂行规定》《关于新闻纪录影片各类稿酬的暂行规定》《电影片进出境洗印、后期制作审批管理办法》《国产电影片字幕管理规定》《中外合作制作电视剧管理规定》《广播电视节目出品人持证上岗暂行规定》。

　　（6）互联网：《互联网出版管理暂行规定》《互联网电子公告服务管理规定》《网络游戏管理暂行办法》《非经营性互联网信息服务备案管理办法》《互联网新闻信息服务管理规定》《互联网 IP 地址备案管理办法》《中国互联网络域名管理办法》《互联网视听节目服务管理规定》《互联网电子邮件服务管理办法》《互联网文化管理暂行规定》等。

　　（7）新闻记者与播音主持：《新闻记者证管理办法》《报社记者站管理规定》《关于禁止有偿新闻的若干规定》《广播电视编辑记者、播音员主持人资格管理暂行规定》等。

（8）市场监管及进口管理：《出版物市场管理规定》《外商投资图书、报纸、期刊分销企业管理办法》《关于〈外商投资图书、报纸、期刊分销企业管理办法〉的补充规定》《关于〈外商投资图书、报纸、期刊分销企业管理办法〉的补充规定（二）》《音像制品批发、零售、出租管理办法》《中外合作音像制品分销企业管理办法》《关于〈中外合作音像制品分销企业管理办法〉的补充规定》《关于认定淫秽及色情出版物的暂行规定》《关于部分应取缔出版物认定标准的暂行规定》《关于认定淫秽与色情声讯的暂行规定》《关于认定非法出版物单价数额的意见》《音像制品进口管理办法》《订户订购进口出版物管理办法》《关于音像制品进口及市场管理有关问题的公告》等。

（9）依法行政：《出版管理行政处罚实施办法》《新闻出版行政执法证管理办法》《新闻出版总署立法程序规定》《广播电影电视立法程序规定》《国家广播电影电视总局行政许可实施检查监督暂行办法》《广播电影电视行政复议办法》《文化部行政复议工作程序规定》《文化部立法工作规定》《文化市场行政执法管理办法》《文物行政处罚程序暂行规定》《信息产业部行政复议实施办法》《电信网间互联争议处理办法》《通信行政处罚程序规定》等。

（10）版权：《著作权行政处罚实施办法》《广播电台电视台播放录音制品支付报酬暂行办法》《使用文字作品支付报酬办法》《实施国际著作权条约的规定》等。

（11）其他：《出版专业技术人员资格管理规定》《新闻出版保密规定》《新闻出版统计管理办法》《新闻出版行业标准化管理办法》等。

通过梳理上述法律、法规、规章及规范性文件，可发现我国新闻出版方面的法律文件虽然在近年来的制度建设中取得较大进步，已经基本形成了较为全面的法律法规体系，但仍存在以下问题：

①规范的效力层级偏低，法律基本空缺。法律性规范仅有《著作权法》，其中国务院颁布的行政法规也为数不多，存在大量的部门规章和规范性文件。部门规章和规范性文件一般由新闻出版行政主管部门主导制定，存在自己给自己"赋权"的可能，与我国新闻出版行政体制改革的目标不符，不少部门规章和规范性文件中的有关规定不符合新闻行政部门精简放权、向服务型政府职能转变的形势。

②很多法律法规不适应当前新闻出版体制改革的新形势。上述行政法规中，很多行政法规和部门规章、规范性文件的制定年代较早，还有不少 20 世纪 90 年代、21 世纪初制定的法规或规范性文件依然有效，部分法规名称中冠以"暂行""试行"字样，但已实施超过 10 年甚至 20 年。近年来我国新闻出版行政体制和产业体制改革不断提速，而法律法规修订的速度远未跟上。虽然

国务院与原国家新闻出版总署意识到这一问题，2011年修订了《出版管理条例》等行政法规，但我国新闻出版行政法规和部门规章众多，必须系统清理和修订才能解决法律法规滞后于改革的问题。

③体系化差、部门规章之间存在冲突。主要表现为个别规章之间、规章与法律之间存在重复、冲突，其原因在于新闻出版行政管理部门在制定相关规章时往往为解决当时的问题，但随着形势发展又出现新的管理问题，又颁布新的规章，不同时期颁布的规章之间难免产生冲突。还有网络化和数字化的发展使得新闻出版的管理多部门化，不同部门颁布的规章之间可能存在冲突。

④法律法规未跟上职能转变的推进。原国家新闻出版总署和新成立的新闻出版广电总局已经取消或下放了一大批新闻出版行政审批职责，不断推进新闻出版行政职能转变工作，但是部分新闻出版行政审批职责的变化还未及时反映到法律法规的修订中，造成各级新闻出版行政部门现有职责和法律法规的规定不一致，降低了法律法规的权威性，也妨碍了"依法行政"，阻碍了行政职能的转变和我国新闻出版体制改革的深化。

3. 我国新闻出版行政职能转变与法律法规研究的现状

通过检索CNKI等数据库发现，我国新闻出版行政职能转变的研究多由新闻出版行政机关推动，因此相关研究不够系统和连续，相关文献大多数集中在2004年左右，因为当年我国实施了《行政许可法》，对行政机关行使职权进行了严格的法律限制，从而引起了我国新闻出版行政管理部门的关注。2004年是我国新闻出版体制改革开始的头几年，这些成果很多是从改革初期我国新闻出版中还存在政企不分、政事不分等现象的角度出发，提倡职能转变必须解决政企不分、政事不分等改革问题。然而，当前出版单位市场主体地位已基本确立，政企不分、政事不分已不是新闻出版行政体制改革中的主要问题，如何建设服务型政府成了主要问题。而从这一角度研究新闻出版行政机关职能转变的较少。在这一问题上，范军等原国家新闻出版总署领导当年提出的强化社会管理和公共服务的职能，理顺与企业、市场、社会的关系，推进管理方式和管理手段的创新等职能转变的措施对当前也有一定借鉴意义。❶ 吴锋等学者对我国新闻出版与广电业行政管理体制改革的历史与现状进行了系统梳理，有一定借鉴意义。❷ 也有学者从文化体制改革的角度探讨了政府职能转变，提出建立新

❶ 范军. 以贯彻实施行政许可法为契机：加快新闻出版行政部门的职能转变 [J]. 中国出版，2004（4）：15-16.

❷ 吴锋，屠忠俊. 我国新闻出版与广电业行政管理体制改革的回顾与前瞻 [J]. 现代传播，2013（5）：1-6.

型职能方式和明确职能定位❶。

由于我国新闻出版（版权）法律法规的完善与行政法密切相关，从事新闻传播或新闻传播法学研究的学者一般不具有行政法学背景，对其较难把握。检索相关数据库发现，有关的文献依然以原国家新闻出版总署政策法规司的官员发表的文献居多，这些文献多以解读中央文件精神为主，未提出具体的法律法规完善对策。我国行政法学者基本未关注我国新闻出版法律法规的完善问题。虽然近年来我国新闻传播学者出版了一些新闻传播法的图书，但这些图书多为本科或研究生教材，多以法律文本和知识介绍为主，更未涉及职能转变背景下我国新闻出版法律法规的完善问题。

此外，由于新闻出版也是文化产业的重要构成部分，一些研究文化产业的学者对此也进行了研究。胡惠林、张晓玲、孙栋、郭玉兰、徐升权等学者从文化产业法律法规完善角度对我国新闻出版法律法规的完善做了一定的思考，但由于研究的背景设定为文化产业，相关成果只提出了框架式的建议，难以具体指导我国新闻出版法律法规的完善。

综上所述，我国当前对新闻行政职能转变和法律法规完善的有关研究较为零散，且缺少相关理论成果供有关部门完善相关法律法规时借鉴参考。因此，本书的研究试图解决我国新闻出版行政职能转变和体制改革背景下法律法规的完善缺乏理论支撑的问题。

三、主要研究内容和研究方法

全书共分为 11 章：

第 1 章介绍研究背景和提出研究问题。

第 2 章分析我国新闻出版（版权）法律法规完善的制度环境，对出版单位做了制度需求调查，特别是从党和政府对政府职能转变和新闻出版体制改革已经确定好的框架来解读我国新闻出版法律法规的完善方向。

第 3 章梳理了我国新闻出版政府职能转变与相关法律修订的过程和现状，从立法技术上，指出了我国新闻出版法律法规中明显与我国政府职能转变不一致的条款。

第 4 章调查了美国、英国、法国、德国、日本、韩国的新闻出版法律制度和相关政府机构，并分析了上述国家的制度对我国新闻出版法律法规完善的借鉴意义。

第 5 章从政府与宏观市场的关系角度分析了我国新闻出版法律法规中涉及

---

❶　课题组 . 文化体制改革背景下的政府职能转变与整合［J］. 中国行政管理，2010（10）：14-18.

政府经济调节职能方面存在的问题，并给出了具体的制度修订建议，主要涉及规划制定、消除行政和市场壁垒、引导经济运行等几个方面。

第 6 章从政府与微观市场的关系角度分析了我国新闻出版法律法规中涉及政府经济调节职能存在的问题并给出了具体的制度修订建议，主要涉及对出版单位资质的行政许可，对出版单位成为市场主体的限制，对从业人员的行政许可，程序性规定、行政执法与司法系统的衔接问题。

第 7 章从政府与社会的关系角度分析了政府社会管理和公共服务职能与新闻出版法律法规完善之间的关系，并给出了具体的制度修订建议。

第 8 章从政府与宏观市场的关系角度分析了我国版权法律法规中涉及政府经济调节职能存在的问题并给出了具体的制度修订建议，主要涉及政府对版权交易市场的干预问题。

第 9 章从政府与微观市场的关系角度分析了我国版权法律法规中涉及政府经济调节职能存在的问题并给出了具体的制度修订建议，主要涉及行政执法的启动标准、版权行政执法与司法的衔接、版权执法自由裁量标准、执法机构的建设等问题。

第 10 章从政府与社会的关系角度分析了政府社会管理和公共服务职能与版权法律法规完善之间的关系，并给出了具体的制度修订建议，主要涉及对著作权集体管理组织的监管、版权信息公共服务等问题。

第 11 章对全书的研究成果进行了简要梳理和归纳。

采用的主要研究方法有：

①文献调研。通过分析相关文献中的观点，使职能转变背景下新闻出版（版权）法律法规完善中的难点、重点问题凸显。

②法律文本分析。收集国内外相关立法文本，并进行归纳梳理，结合相关政府部门职能进行分析，指出新闻出版法律法规与职能转变之间存在的不协调之处。

③行业调查。通过发放问卷和实际走访，调查我国部分新闻出版单位对职能转变的认识。

④跨学科分析方法。将新闻学中的定性分析和法学中的价值分析方法相结合。

⑤网络调查。通过访问国内外政府部门的官方网站，获取其职能以及相关立法、相关文件并进行分析，克服不能实地调查的不足。

四、主要创新之处

本书系统梳理了当前法律法规滞后于职能转变的情况，并考察了地方新闻出版行政职能转变滞后于中央的情况，指出了当前应予修订的具体部门规章条款。从政府职能角度指出了部分发达国家新闻出版法律法规对我国的借鉴意义。对我国新闻出版和版权相关的法律、行政法规与部门规章中涉及政府职能的条款进行了较为全面的梳理和分析，并从政府职能转变和体制改革两个视角指出了现有制度的不足并给出了具体的修订建议。首次从政府职能及其转变角度提出我国新闻出版（版权）相关法律法规的完善对策，关注长期被新闻传播学和法学界忽视的我国新闻出版（版权）法律法规领域中涉及政府职能的部分。上述研究成果，对将来我国新闻出版（版权）法律法规的完善有参考价值。

　　本书的研究属于新闻传播学与法学的跨学科领域，无论是研究方法还是具体内容都体现了跨学科特色，从理论上丰富了我国新闻传播法学研究的视角和领域。

第2章　我国新闻出版法律法规完善的顶层设计与底层需求

　　法律有广义和狭义之分，广义的法律是指由国家强制力保证实施的所有规范，而狭义的法律是指由立法机关通过的规范。本书的法律取的是广义概念，既包括狭义的法律，也包括行政法规、部门规章以及其他规范性文件。而我国新闻出版法律的完善，指完善包括所有与新闻出版领域相关的规范体系。正如前文所述，我国新闻出版法律制度的特点是，除了《著作权法》为法律性规范，其他多以行政法规、部门规章为主，而行政法规和部门规章的内容正是规定政府的各种职能行使。因而，当前完善新闻出版法律，首要任务是完善行政法规、部门规章中与政府职能有关的条款。而这些条款的修订完善已经由党中央和国务院设计好了路线图，即必须符合两个大的方向：必须符合国务院制定的有关政府职能转变的精神和具体规定；要与我国当前正在推进中的新闻出版体制改革的方向一致。这两个方面具有内在的逻辑联系，职能转变就是"简政放权、推进机构改革、完善制度机制、提高行政效能"，其最终目标是"完善社会主义市场经济体制"。对新闻出版行业而言，新闻出版主管机关的职能转变是为了给我国新闻出版的市场化体制改革提供体制和制度保障，消除原来管理非市场化主体体制模式的弊端。

　　由党中央领导，国务院具体实施的新闻出版政府职能转变和体制改革是从顶层改变了新闻传播领域的社会关系，在新闻传播领域社会关系发生改变时，法律制度必须相应调整，而调整的依据就是新的社会关系。

一、顶层设计之一：新闻出版政府职能转变

　　我国当前已经从计划经济转变为市场经济，相应地，政府职能也正在由高度集权、全面管理、全能的经济建设型政府向间接进行宏观调控政府转变，为企业和其他组织提供交通等硬件服务和法律、市场交易环境、社会保障等制度软件服务的公共服务型政府转变。❶

　　根据学者的归纳，我国政府的职能转变按时期和转变的不同特点，大致分

---

❶　易昌良．中国服务型政府职能重构研究［M］．北京：人民出版社，2014：7-8.

为五个阶段：❶ 第一阶段，起步。以 1980 年邓小平批评高度集权的政府体制开始，当时提出了实行政企职责分开，弱化政府对企业的干预。第二阶段，缩小政府职能。自 1987 年开始，强调"小政府，大社会"。第三阶段，调整政府职能。自邓小平南行开始提出建立社会主义市场经济体制，明确提出要使市场在国家宏观调控下对资源配置起基础性作用，解决政府职能的"越位""缺位"和"错位"问题。第四阶段，用服务型政府理念配置政府职能。在这一阶段明确提出了"经济调节、市场监管、社会管理、公共服务"四个方面的政府职能，使得我国政府职能转变有了一个系统的框架。第五阶段，政府改革自己。党的十八届三中全会提出市场资源配置起决定性作用，同时政府发挥更好的作用。提出要用严格的法律法规规范政府，让政府职能的运行法治化。

目前我国政府职能转变正处在政府改革自己的阶段，2013 年国务院进行了大刀阔斧的机构改革，包括新闻出版领域在内的政府职能也开始进行了大规模改革。而职能转变离不开法律法规的同步完善。2014 年 10 月，党的十八届四中全会作出了《中共中央关于全面推进依法治国若干重大问题的决定》，明确提出法治是治国理政的基本方式，要加快建设社会主义法治国家，全面推进依法治国，党的顶层设计之一，就是坚持依法治国、法治政府、法治社会一体建设。因而政府职能转变也必须在法律的框架下进行，职能转变的成果必须反映在相关法律法规中，而政府职能转变本身需要依法进行，不能单纯由政策推动。当现有法律法规不能指导和规范政府职能的转变，不能反映职能转变的成果时，就必须修订。

在吸收学界成果的基础上，国务院于 2004 年 10 月通过的《国务院工作规则》中明确将我国的政府职能划分为四个方面（2008 年、2013 年再次确认），这四个方面也是当前新闻出版政府职能转变必须依据的路线图。具体为：

经济调节职能："健全宏观调控体系，主要运用经济、法律手段和必要的行政手段，引导和调控经济运行，调整和优化经济结构，发展对外经济贸易和区域经济合作，实现经济增长、增加就业、稳定物价和国际收支平衡"。

市场监管职能："创造公平和可预见的法制环境，完善行政执法、行业自律、舆论监督、群众参与相结合的市场监管体系，建立健全社会信用体系，实行信用监督和失信惩戒制度，整顿和规范市场经济秩序，建设统一、开放、竞争、有序的现代市场体系"。

社会管理职能："完善社会管理政策和法律、法规，依法管理和规范社会组织、社会事务，妥善处理社会矛盾，维护社会秩序和社会稳定，促进社会公

---

❶ 易昌良．中国服务型政府职能重构研究［M］．北京：人民出版社，2014：7-8．

正。加强城乡基层群众性自治组织和社区建设。培育并引导各类民间组织的健康发展，充分发挥其作用。依法建立健全各种突发公共事件应急机制，提高政府应对公共危机的能力"。

公共服务职能："完善公共政策，健全公共服务体系，努力提供公共产品和服务，推进部分公共产品和服务的市场化进程，建立健全公共产品和服务的监管和绩效评估制度，简化程序，降低成本，讲求质量，提高效益"。

政府职能转变就是将此前不属于上述四个方面的职能予以清除，将上述四个方面职能中不规范、不合理甚至不合法的职能予以改革。2013年第12届全国人民代表大会第一次会议通过的《国务院机构改革和职能转变方案》中明确提出，新组建的国家新闻出版广电总局的主要职责是："统筹规划新闻出版广播电影电视事业产业发展，监督管理新闻出版广播影视机构和业务以及出版物、广播影视节目的内容和质量，负责著作权管理等。"上述职责分别对应《国务院工作规则》中的政府经济调节、市场监管职能。而《国家新闻出版广电总局主要职责内设机构和人员编制规定》中则明确"加强组织推进新闻出版广播影视领域公共服务"，说明公共服务也是新闻出版行政主管部门的职能之一。此外，虽然没有具体文件明确规定新闻出版行政主管部门的社会管理职能，但我国新闻出版行政主管部门一直以来都是我国各种新闻出版行业协会的业务主管，因而我国新闻出版政府社会管理职能主要体现在对行业协会的管理上。

《国务院机构改革和职能转变方案》中指出，职能转变的指导思想就是要"处理好政府与市场、政府与社会、中央与地方的关系"，并提出了十条职能转变的具体措施，在解释时又被归纳为六个方面：

第一是充分发挥市场在资源配置中的基础性作用，主要措施包括："（一）减少和下放投资审批事项；（二）减少和下放生产经营活动审批事项；（三）减少资质资格许可和认定"。

第二是充分发挥中央和地方两个积极性，主要措施是"（四）减少专项转移支付和收费"。

第三是优化职能配置，主要措施是"（五）减少部门职责交叉和分散；（六）改革工商登记制度"。

第四是更好地发挥社会力量在管理社会事务中的作用，主要措施是"（七）改革社会组织"。

第五是改善和加强宏观管理，主要措施是"（八）改善和加强宏观管理"。

第六是加强制度建设和依法行政，主要措施是"（九）加强基础性制度建

设；（十）加强依法行政"。❶

上述六个方面的十条具体措施，既是我国新闻出版政府职能转变的具体措施，也是我国新闻出版法律法规完善的具体依据，当前法律法规修订的目标就是通过制度建设，明确政府与市场的关系、政府与社会的关系、中央与地方的关系。通过法律法规来明确政府权力和职责的边界，明确划分政府能为和不能为、可为和必为事项的范围。使政府既不能越权干预市场的正常运行，也不能不履行市场监管和提供公共服务等应尽的义务。

二、顶层设计之二：新闻出版体制改革

与上述政府职能转变相对应的是我国新闻出版业的体制改革，而职能转变正是为了配合体制改革，给体制改革提供制度性保障。体制改革的核心是推动新闻出版单位成为"市场主体"，而职能转变正是为了让政府从此前的对新闻出版"事业"的"管理"，转变为对"市场主体"——新闻出版企业的"监管"和"服务"。在2003年新闻出版体制改革之前，传统新闻出版单位具有以下三个特点：其一，不具备法人资格，即使改制进行到今天，我国相当多的报刊出版单位（如，部分党报、高校主办的期刊等）依然不具备法人资格。其二，企业与事业不分。非经营性出版单位按照事业单位或事业单位二级单位的模式运行，经营性出版单位则是"事业单位，企业化管理"。有些出版单位登记为事业单位，但以企业化的方式运行，部分出版单位甚至进行了事业与企业的双重登记。其三，事业与行政不分。主要表现为一些出版单位的主办单位为行政机关，出版单位相对行政机关并未独立，导致有悖于市场规律的行政垄断行为发生。上述三个特点，可归纳为新闻出版单位依附于行政机关或依附于事业单位，大多不具备独立的行为能力。

文化体制改革试点工作在2003年启动以后，特别是在"十一五"规划期间，取得了若干突破性进展，已基本改变了市场主体缺位的状况。如今"十二五"规划正在实施中，"改革"依然是新闻出版业的主题词，这是因为改革的主要任务目标尚未完全实现。为此，2009年4月原国家新闻出版总署出台《关于进一步推进新闻出版体制改革的指导意见》（以下简称《指导意见》）明确："推动经营性新闻出版单位转制，重塑市场主体"为进一步推进新闻出版体制改革的主要任务之一。2011年5月中共中央办公厅、国务院办公厅正式下发了《关于深化非时政类报刊出版单位体制改革的意见》（以下简称《报刊改革意见》），进一步确认了新闻出版单位改革的方向。2011年，中国共产

---

❶ 这里的编号是按照《国务院机构改革和职能转变方案》中列出的顺序，而不是本书的叙述顺序，笔者在这里将十条措施按照有关说明总结的六个方面进行了整理。

党第十七届中央委员会第六次全体会议通过了《中共中央关于深化文化体制改革推动社会主义文化大发展大繁荣若干重大问题的决定》，其中指出"发挥市场在文化资源配置中的积极作用"，并且提出要推进非时政类报刊社、新闻网站转企改制，"加快公司制股份制改造，完善法人治理结构，形成符合现代企业制度要求、体现文化企业特点的资产组织形式和经营管理模式"；并且要"健全现代文化市场体系"。还特别提到要"创新文化管理体制"，包括"深化文化行政管理体制改革，加快政府职能转变，强化政策调节、市场监管、社会管理、公共服务职能，推动政企分开、政事分开，理顺政府和文化企事业单位关系"。可见，体制改革不仅包括对出版单位的改革，也包括推进政府职能转变。

2014年10月，国家新闻出版广电总局出台了《深化新闻出版体制改革实施方案》，提出从完善新闻出版管理体制，增强新闻出版单位发展活力，建立健全多层次出版产品和要素市场，推进出版公共服务体系标准化均等化，提高新闻出版开放水平五个重点方面的改革任务提出政策措施。笔者认为，在上述五个方面的措施中，只有完善了新闻出版管理体制，其他四个方面的措施才能够顺利实施，具体而言就是要通过完善新闻出版法律法规来规范政府行为，只有这样才能理顺新闻出版领域政府和市场、政府和企业之间的关系，进而增强出版单位活力、提高公共服务水平、健全出版市场、提高新闻出版开放水平。

新闻出版体制改革不仅仅是上述市场改革，也包括应对网络新媒体的挑战。为了推动传统媒体与新媒体的融合发展，中共中央办公厅、国务院办公厅2014年8月印发了中央全面深化改革领导小组第四次会议审议通过的《关于推动传统媒体和新兴媒体融合发展的指导意见》，提出打造新型媒体集团，形成融合发展的现代传播体系。作为对上述中央指导意见的回应，2015年3月国家新闻出版广电总局和财政部发布了《关于推动传统出版和新兴出版融合发展的指导意见》，其中明确提出"加强相关法律法规修制工作"为重要措施之一。具体措施为："推动修订《中华人民共和国著作权法》，加快修订出台《网络出版服务管理规定》和《出版物市场管理规定》。制定新闻出版许可证管理办法、新闻采编人员职业资格制度暂行规定和网络连续出版物管理规定等。制定网络出版等新兴出版主体资格和准入条件，制定加强信息网络传播权行政保护指导意见，推动网络使用作品依法依规进行。通过逐步建立以法律法规为主体，以部门规章为配套，以规范性文件为补充的法律法规体系，规范、保障、推动出版融合发展。"这说明不管媒介形态如何变化，新闻出版最重要的发展环境是制度环境。

梳理我国新闻出版体制改革过程，可将其归纳为"去行政化与市场化"

的过程，转企改制只是形式，改革的实质是赋予出版单位"市场主体"资格。然而一个不容忽视的问题是，随着出版单位的去行政化，原有的受政策甚至行政机关直接干预的运行模式如何转化为在法律环境中的自我运行模式。这就要求建立适应市场主体运行的法律制度环境。因而上述体制改革过程中，始终伴随着新闻出版法律法规的修订，以让制度适应改革需要。

而我国还有不少新闻出版行政法规和规章都是基于新闻出版行政主管机关对非市场主体的管理而制定的，而未充分体现对市场主体的监管或服务，政府和市场的界限划分不够清晰。因此，我国新闻出版法律法规的修订，主要的难点和重点在于如何落实上文所述措施中的第一个方面，即"充分发挥市场在资源配置中的基础性作用"，只有实现了这一点，才真正形成了有利于新闻出版市场主体自我运行的制度环境。

而新闻出版政府职能转变和新闻出版体制改革并不是两个独立的方面，从广义上讲，政府职能转变本身就是新闻出版体制改革的一个重要方面。只有上层的政府职能转变和底层的出版单位体制改革相互配合，才能够真正实现让市场在资源配置中起到基础性作用。否则，即使出版单位成为形式上的"公司"，而政府职能转变没有跟上，这个"公司"也是不独立的。

本书的其他部分，将以上述两大背景为基础，从我国新闻出版政府职能中的经济调节、市场监管、社会管理和公共服务四个方面来分析我国新闻出版和版权主要法律、行政法规和部门规章存在的不足，并给出具体的修订建议。

三、出版单位对新闻出版政府职能转变的认知和需求调查

出版单位既是新闻出版行政主管部门的管理对象，也是其服务对象，还是我国当前新闻出版法规的主要规制对象。考察出版单位对职能转变现状的认识，对我国新闻出版政府职能转变与新闻法律法规的完善具有重要意义。对此，笔者采用了问卷调查和质性调查相结合的方法进行了研究。

（一）问卷调查

为了获得出版单位接触到的新闻出版行政主管部门具体的行政职能，笔者组织设计了以下多选题，在 2013 年重庆市高校期刊年会上向期刊编辑发放，共发放问卷 100 份，回收 79 份，其中有效回答 74 份。

　　您接触到的新闻出版行政主管部门的具体工作有（　　　　）

　　A. 年度核验　B. 期刊评比　C. 版权事务

　　D. 出版监管等其他管理工作

　　E. 为办刊提供指导或其他服务

　　F. 无接触或不了解　G. 其他（　　　　）

表 2-1　编辑接触到的新闻出版行政主管部门的具体工作选项统计

选项	选项出现频次	百分比（%）
A	11	14.9
AB	27	36.5
ABC	5	6.8
ABCD	5	6.8
ABCDE	5	6.8
ABD	4	5.4
ABDE	2	2.7
ABE	1	1.4
ACD	1	1.4
AD	1	1.4
AF	1	1.4
B	5	6.8
BD	1	1.4
C	1	1.4
D	1	1.4
DE	1	1.4
E	1	1.4
F	1	1.4
Total	74	100.0

从表 2-1 的统计结果可以看出，大部分编辑均接触过不止一项新闻出版主管部门的行政职能。为了进一步统计各选项具体的分布情况，利用 SPSS 软件对该题的每个选项进行了统计，结果如表 2-2 所示。

表 2-2　编辑接触到的新闻出版行政主管部门的具体工作选项单项统计

选项	选择频次（N=74）	百分比（%）
A	63	38.4
B	55	33.5

续表

选项	选择频次（N=74）	百分比（%）
C	17	10.4
D	18	11.0
E	9	5.5
F	2	1.2

从表2-2可知，出版单位编辑日常工作中与新闻行政主管部门接触最多的工作是期刊的年度核验，其次是期刊评比。进一步的统计还发现，同时选择年度核验和期刊评比的编辑有50位（即同时选择A和B）。有10%左右的编辑接触到了版权事务或其他管理工作。而无接触或不了解新闻出版行政职能的编辑非常少，仅有两个编辑选择该选项。值得注意的是，仅有5.5%的编辑接触到新闻出版行政主管单位为办刊提供指导或其他服务。问卷结果表明，当前我国新闻出版行政主管部门的服务职能还有待加强。

为了进一步了解出版单位对新闻出版行政职能转变的看法，笔者针对2013年国务院取消了国家新闻出版广电总局的部分职能，将相关职能交由相关协会设计了问卷。问卷先后在2013年中国高校科技期刊年会和2013年重庆市高校期刊年会发放，共发放250份，回收170份，其中有效回答169份。

2013年7月国务院取消了国家新闻出版广电总局期刊综合质量评估职责，由中国期刊协会承担，您的看法（　　　）。

A. 很好，还可以继续将部分行政职能转交给相关协会

B. 不合适，由行政主管部门行使上述职能更合适

C. 无所谓

表2-3　对职能转变的看法统计结果

选项	选择频次（N=169）	百分比（%）
A	118	69.8
B	23	13.6
C	28	16.6
合计	169	100.0

统计结果表明，大部分期刊编辑（69.8%）对新闻出版行政职能转变的方向表示赞同，并认为应该继续沿着这个方向进行。但也有小部分编辑认为相关

职能由行政主管部门行使更合适，还有部分编辑持无所谓的态度。

笔者同时设计了针对期刊方面行政主管部门职能转变的具体评价，共获得有效问卷164份，统计结果见表2-4所示。

您对我国期刊行政主管部门在行政职能转变方面的看法（　　）。

A. 做得很好，行政机关由管理者转变为服务者

B. 有所改善，但还需要继续推进

C. 没有变化，还是高高在上的管理者做法

D. 不了解

表2-4　对职能转变的评价统计结果

选项	选择频次（N＝164）	百分比（%）
A	21	12.8
B	104	63.4
C	24	14.6
D	15	9.1
合计	164	100.0

表2-4的结果表明，63.4%的期刊编辑认为当前职能转变有所改善但还需要继续进行，仅有12.8%的编辑认为新闻出版行政机关已经由管理者转变为服务者，还有14.6%的编辑认为新闻出版主管部门还是高高在上的管理者。问卷统计结果表明，当前我国新闻出版政府职能转变已经取得了一定效果，对于出版单位而言，他们已经感受到了职能转变的成果，但还未达到十分满意的程度。同时也表明，出版单位对职能转变有更多的期待。从职能转变的方向来看，加强新闻出版主管部门的服务职能是其未来职能转变的方向。而上述问卷分析结果表明，我国新闻出版法律法规的完善确实需要将促进新闻出版行政主管部门服务职能的实现，促进其职能转变作为法律法规修订或制定的主要目标之一。

（二）质性分析

由于问卷调查存在一定的误差，为了和问卷调查结果相互印证，并弥补问卷发放对象中无出版社和报纸出版单位而因此可能带来的误差，笔者又走访了11家出版单位，其中期刊8家、报纸1家、出版社2家。旨在通过初步的田野调查，进一步分析出版单位对新闻出版行政主管部门职能行使的直观感受。

研究发现，出版单位对新闻出版行政主管部门职能行使存在的问题主要反

映在以下几个方面：

第一，新闻出版行政主管部门服务和指导性工作不足。有出版单位认为，新闻出版行政主管部门服务性工作做得太少，相关期刊协会很少组织活动来指导办刊，在引导办刊方向和指导办刊方面做得不够。也有出版单位认为，新闻出版主管部门并没有对出版社整体发展进行指导，而仅仅是平时的抽检和每年将检查结果汇总一次。还有出版单位认为，该出版单位原来归口科技主管部门，后来统一归口到新闻出版行政主管单位，与科技主管部门相比，新闻出版行政主管单位的工作不够细，基本没有管理和服务，基本就是每年交一点年费和期刊的年审。另一家出版单位也持相同的看法，并认为部分科技期刊还是应归口到科技行政主管部门。还有的出版单位直接指出新闻出版行政主管单位的服务工作做得太少。

第二，认为新闻出版行政主管部门在一些方面管得过多。有多家出版单位反映，新闻出版行政主管部门的管理主要在政治内容方面，期刊的审读也主要以政治为主，忽视了期刊其他方面的质量。也有报纸出版单位认为作为新闻出版单位，受到的政策性限制较多。还有出版单位认为，新闻出版行政主管部门在对编辑的培训上流于形式，重点在收费，效果不好，但行政主管部门又要求编辑必须参加由其组织的培训。

当然，虽然对新闻出版行政主管部门的职能行使有意见，但出版单位对近年的职能转变也表示了认可，不少出版单位认为当前的出版环境总体变得宽松，体制相对灵活。

上述调查结果与前面的问卷调查结果高度一致，表明出版单位虽然部分认可行政主管部门职能转变的成果，但认为我国新闻出版政府职能转变还应该在从管理转向服务方面继续进行，这也应该成为我国新闻出版法律法规修订的主要目标。

调查结果也显示，我国新闻出版法律法规完善的顶层设计与底层出版单位的需求是一致的，这种自上而下推动的改革最终目标是完善制度，并通过制度的完善来解放新闻出版生产力，受益者是底层出版单位和社会公众。

第3章　新闻出版政府职能转变与
相关法律修订现状调查

由于我国政府职能的转变自 20 世纪 80 年代开始至今一直是个动态的过程，相对于职能转变和体制改革的进度，部分行政法规、部门规章显得滞后，修订不够及时。这是因为：第一，法规和规章的修订需要一个过程；第二，如本书第一章所指出，我国新闻出版领域的部门规章、规范性文件太多，给清理和修订造成一定困难。本章首先对我国新闻出版行政职能转变与相应的法律修订过程做一个梳理，再根据我国职能转变和法律中的现行条款，从技术层面梳理法律法规中涉及政府职能的条款明显不符合职能转变后政府职能现状的情况。对于现行法律制度是否合理以及修订建议，本书第 5 章至第 10 章将予以分析。

一、中央政府新闻出版行政职能转变及相应的法律修订进展

（1）2003 年 8 月 26 日，原国家新闻出版总署为促进政府职能转变，提高依法行政水平，保障新闻出版业改革发展，作出了废止一批规章、规范性文件的决定，共废止 70 项规章、规范性文件。

（2）2004 年 6 月 15 日，原国家新闻出版总署出台了《关于公布取消和下放的新闻出版总署行政审批后续监管措施的通知》，取消了 28 项审批项目，下放了 5 项审批项目。总署要求各省、自治区、直辖市做好行政审批项目取消、下放的后续监管和衔接工作，防止出现管理上的脱节，特别是对取消审批后转为日常监管的事项，要加大事中检查、事后稽查的力度，切实保证管理措施落实到位。同时还要进一步规范行政权力和行政行为，加快行政管理体制改革进程，进一步转变政府职能、更新管理理念、创新管理方式、提高管理水平。

（3）2004 年 6 月 18 日，原国家新闻出版总署作出了废止第二批规章、规范性文件的决定，共废止 103 项规章、规范性文件。同日，原国家新闻出版总署与国家版权局共同颁布《关于实施〈中华人民共和国行政许可法〉清理有关规章、规范性文件的决定》，积极落实国务院行政审批制度改革成果，推进

新闻出版行政审批制度改革，清理及修改了《计算机软件著作权登记办法》《外商投资图书、报纸、期刊分销企业管理办法》《电子出版物管理规定》《报纸管理暂行规定》4部规章。同时根据国务院决定取消的行政审批事项，废止了8部规章、规范性文件，并规定"新闻出版行政部门根据需要可以将其实施的行政许可事项委托下一级新闻出版行政部门实施"；"新闻出版总署其他规章、规范性文件中关于行政许可条件、期限、程序等的规定不符合《中华人民共和国行政许可法》的，一律按照《中华人民共和国行政许可法》的规定执行"。这项决定明确了《行政许可法》与新闻出版相关法律法规的上位法和下位法的关系，使新闻出版行政部门在履行职责时有法可依、依法行政。

（4）2004年7月15日，原国家新闻出版总署根据《行政许可法》的规定和国务院行政审批制度改革的要求，对行政许可项目进行了全面清理，共公布了36项行政许可事项，另有4项行政许可事项由各省、自治区、直辖市新闻出版行政部门自行公布。这项规定明晰了新闻出版行政部门的职能，规范了行政审批活动，推动了行政审批制度改革进程。

（5）从2002年开始，原国家新闻出版总署实施与所属新闻出版企事业单位的政事分开、政企分开、管办分离，中华书局、商务印书馆等出版社和出版物发行企业组成中国出版集团，与原国家新闻出版总署脱钩。2003年2月，原国家新闻出版总署所属印刷企业组成中国印刷集团公司，与原国家新闻出版总署脱钩。同时，地方新闻出版行政管理部门机构改革也积极推进，截至目前，除民族自治地区外，90%以上的地区已完成政事分开、政企分开、管办分离，实现了由管直属单位向管社会、由办出版向管出版转变，由管理"脚下"向服务"天下"转变。2006年12月22日，原国家新闻出版总署再出重拳，为加大政务公开工作的力度，深化行政审批制度改革，决定成立"新闻出版总署行政审批受理中心"，于2007年1月1日正式启用，开始统一受理、统一送达审批事项。这正是原国家新闻出版总署深化行政审批制度改革、推进政务公开、提高工作效率的一项重要举措，更是转变政府职能、创新管理制度的一个缩影。

设立行政审批受理中心的决定中规定："受理中心成立后，新闻出版总署办公厅文秘处不再负责有关行政许可申请的收文工作，各司局不得直接接收行政许可申请材料。申请人及其主管、主办单位或所在地省级新闻出版局通过上门或邮寄方式提交申请，均须通过受理中心进行。"这表明一种新型的政府架构和职能在新闻出版行政管理系统已经呈现，面向大社会、服务大产业、推动大发展的新管理模式已初步建立，逐渐摆脱了以前那种管理部门"既当运动员，又当裁判员"的局面。政府职能的重新定位，使政府行为发生了新的变化，其管理方式转到突出服务上来。从审批行政到服务行政，管理职能"简政放权，便民利民"的本质逐渐凸现出来。该决定共公布了 42 项行政审批受理中心统一受理的许可事项。

（6）2008 年 11 月 24 日，原国家新闻出版总署为深入学习实践科学发展观，促进新闻出版行政机关转变职能、依法行政，对照科学发展观的要求对规范性文件进行了第三次清理，共废止 31 部规章、规范性文件。

（7）2009 年 4 月 21 日，原国家新闻出版总署为促进新闻出版行政机关转变职能、依法行政，作出了废止第四批规范性文件的决定，共废止 59 项规范性文件。

（8）通过完善法律法规推动政府职能转变，努力实现依法行政。法规越完善，监管越有效；管理越规范，发展越有利。例如原国家新闻出版总署出台的《报纸出版管理规定》和《期刊出版管理规定》明确提出了报刊出版退出机制，这在报刊管理史上是第一次。又如《著作权集体管理条例》《信息网络传播权保护条例》等一系列部门规章和规范性文件相继制定，使我国在版权领域法制建设方面走在世界前列。

新闻出版行政管理部门还在系统内部推行了行政执法责任制，原国家新闻出版总署领导和各司（厅、局）主要负责人分别签订《行政执法责任书》。

原国家新闻出版总署还积极探索综合执法制度，在北京、上海、广东、浙江等 9 个文化体制改革综合性试点地区试点，实现了行政许可与行政处罚、检查与鉴定的相对分离，有利于体现政府行为的公平、公正。同时，综合执法也在一定程度上解决了机构重叠、职能交叉、职责不清和执法力量分散、薄弱等问题，显著提高了执法效率。

从全国来看，新闻出版行政主管部门对于出版物市场的监管力度也在逐年加大，出版物市场得到进一步净化。据不完全统计，近三年全国共收缴各类非法出版物 1.18 亿件，有效维护了市场秩序，净化了文化环境，为新闻出版业的改革、发展营造了良好的氛围。

（9）在管理手段方面，为解决管理手段单一的问题，有关部门正在探索综合运用法律、行政、经济、市场、技术、思想政治工作等多种手段，向管理要效益、效率。特别是通过电子政务进行管理，例如《书号实名申领管理办法（试行）》规定"书号实名申领通过基于互联网的计算机系统（书号实名申领信息系统）实现"；《报纸、期刊年度核验办法》规定出版单位通过中国记者网"全国报纸期刊年度核验及出版许可证管理系统"提交电子年度核验数据；《报纸期刊审读暂行办法》规定"报刊审读工作应充分利用现代技术手段，逐步建立报刊审读网络系统"。这都是精简程序、便民利民的规定，是向服务型职能转化的重要举措。

（10）2011 年 3 月 19 日国务院发布《国务院关于修改〈出版管理条例〉的决定》，对《出版管理条例》进行了一次较大修订，其中部分修改涉及我国新闻出版体制改革和政府职能转变。

（11）2013 年 3 月国务院进行机构改革，将原国家新闻出版总署、原广电总局的职责整合，组建国家新闻出版广电总局。这是我国新闻出版行政管理体制的重大改革，核心任务是在我国新闻出版体制改革不断深化的基础上，以机构改革促使新闻出版行政管理部门进一步转变职能，提高新闻出版公共服务能力和水平，提高行政效能。

（12）2013 年 6 月 7 日，为期一天的新闻出版工作座谈会在京召开。国家新闻出版广电总局要求各级新闻出版行政部门把转变职能作为核心，把行政审批制度改革作为突破口和抓手，通过简政放权，进一步发挥市场在资源配置中的基础性作用，激发市场主体和社会组织的创造活力，把政府工作重点转到创造良好发展环境、提供优质公共服务、维护社会公平正义上来。新闻出版行政主管部门不仅要把该放的权坚决放开、放到位，而且要把该管的事切实管住、管好。同时，要创新行政管理方式，重点创新公共服务提供方式，优化必要的行政审批程序，加强和改善宏观管理。

（13）2013 年 7 月 11 日，国务院办公厅批准印发《国家新闻出版广电总局主要职责内设机构和人员编制规定》，根据第十二届全国人民代表大会第一次会议批准的《国务院机构改革和职能转变方案》和《国务院关于机构设置的通知》，设立国家新闻出版广电总局（正部级），为国务院直属机构。根据通知规定，国家新闻出版广电总局共取消了 20 项审批职责，其中包括取消一般题材电影剧本审查；在境外展示展销国内出版物审批；举办全国性出版物订货展销活动审批；设立出版物全国连锁经营单位审批；中外合作摄制电影片所需进口设备、器材、胶片、道具审批；军队协助拍摄电影片军事预算审批；广播电视传输网络公司股权性融资审批等。将包括国外人员参与制作的国产电视剧审查职责；设置卫星电视广播地面接收设施审批职责；音像复制单位、电子出版物复制单位设立审批职责等 7 项职责下放给省级新闻出版广电行政部门。

该通知明确规定，国家新闻出版广电总局将加强指导、协调、推动新闻出版广播影视产业发展；加强推进新闻出版广播影视领域公共服务，促进城乡公共服务一体化发展；加强推进新闻出版广播影视领域体制机制改革；加强对数字出版以及网络视听节目服务、公共视听载体播放广播影视节目的规划指导和监督管理，加大反侵权盗版工作力度；加强新闻出版广播影视国际传播能力建设，推动新闻出版广播影视"走出去"等 7 项需要加强的职责。

　　该通知还规定了国家新闻出版广电总局负责拟订新闻出版广播影视宣传的方针政策，把握正确的舆论导向和创作导向；负责起草新闻出版广播影视和著作权管理的法律法规草案，制定部门规章、政策、行业标准并组织实施和监督检查；负责统筹规划新闻出版广播影视产业发展，制定发展规划、产业政策并组织实施，推进新闻出版广播影视领域的体制机制改革；依法负责新闻出版广播影视统计工作；负责印刷业的监督管理；负责著作权管理和公共服务，组织查处有重大影响和涉外的著作权侵权盗版案件；负责处理涉外著作权关系和有关著作权国际条约应对事务；负责组织、指导、协调全国"扫黄打非"工作，组织查处大案要案，承担全国"扫黄打非"工作小组日常工作等12项主要职责。

　　根据规定，国家新闻出版广电总局是正部级单位，重新设出版管理司、电影局、新闻报刊司、电视剧司、反非法和违禁出版物司、传媒机构管理司、宣传司等22个内设机构，机关行政编制为508名。国家新闻出版广电总局加挂国家版权局牌子，在著作权管理方面，以国家版权局名义行使职权。

　　（14）为了与我国新闻出版政府职能转变配合，2013年7月18日《国务院关于废止和修改部分行政法规的决定》，删去了《出版管理条例》第35条第4款。主要是为了适应以下两个新闻出版行政职能的转变："取消设立出版物全国连锁经营单位审批。取消从事出版物全国连锁经营业务的单位变更《出版物经营许可证》登记事项，或者兼并、合并、分立审批。"

　　（15）为了与我国新闻出版政府职能转变配合，2013年12月7日《国务院关于修改部分行政法规的决定》，将《音像制品管理条例》第21条第1款修改为："申请设立音像复制单位，由所在地省、自治区、直辖市人民政府出版行政主管部门审批。省、自治区、直辖市人民政府出版行政主管部门应当自受理申请之日起20日内作出批准或者不批准的决定，并通知申请人。批准的，发给《复制经营许可证》，由申请人持《复制经营许可证》到工商行政管理部门登记，依法领取营业执照；不批准的，应当说明理由。"

　　该决定将《著作权集体管理条例》第15条修改为："著作权集体管理组织修改章程，应当依法经国务院民政部门核准后，由国务院著作权管理部门予以公告。"上述法规的修改，是针对"取消著作权集体管理组织章程修改审批"这一职能的转变而进行的。

　　从以上15个方面的政府职能转变及机构改革现状可以看出，目前新闻出版行政部门正朝着简政放权、打造服务型政府方面进行职能转变，而且在职能转变的同时，相关部门也花了大量的精力清理、修改相关的法律法规以与职能转变成果配套。

二、行政法规和部门规章滞后于职能转变情况调查

如上文所述，在新闻出版政府职能转变的过程中，虽然国务院和新闻出版行政主管部门同时对相关的行政法规或部门规章进行了清理或修订，但仍然有不少行政法规或部门规章滞后于职能转变。具体如下：

首先，相关部门规章中有关行政机关的名称更改问题。2013 年，国务院已经将原国家新闻出版总署、原广电总局合并为国家新闻出版广电总局，但是现行的《期刊出版管理规定》《报纸出版管理规定》等大量由原国家新闻出版总署发布的部门规章中，依然沿用的是"新闻出版总署"。

其次，《国家新闻出版广电总局主要职责内设机构和人员编制规定》中取消或下放了一些新闻出版行政职能，但相关部门规章并未相应修改，取消或下放的职能与滞后的法规条款具体如下所述。

1. 取消举办全国性出版物订货、展销活动审批

滞后的法律条款：

《出版物市场管理规定》第 28 条第 1 款　省、自治区、直辖市新闻出版行政部门和全国性出版、发行行业协会，可以申请主办全国性的出版物展销活动，并须提前 6 个月报新闻出版总署审批。

2. 取消出版物总发行单位设立从事发行业务的分支机构审批

滞后的法律条款：

《出版物市场管理规定》第 20 条　出版物总发行单位可以从事出版物批发、零售业务；出版物批发单位可以从事出版物零售业务。出版物发行单位设立不具备法人资格的发行分支机构，根据拟设分支机构的业务范围，分别按照设立出版物总发行、批发、零售单位的有关规定办理审批手续。出版单位设立发行本版出版物的不具备法人资格的发行分支机构，出版单位须持《出版物经营许可证》复印件及分支机构设立地址、人员情况等相关材料于分支机构设立后 15 日内到分支机构所在地省、自治区、直辖市新闻出版行政部门备案。

3. 取消期刊变更登记地审批

滞后的法律条款：

《期刊出版管理规定》第 18 条第 1 款　期刊变更名称、主办单位或主管单位、登记地、业务范围、刊期的，依照本规定第 10 条至第 14 条的规定办理审批、登记手续。

4. 取消出版物发行员职业技能鉴定职责，工作由相关协会、学会承担

滞后的法律条款：

《关于对图书发行员实行职业资格证书制度的通知》中详细规定了具体的

实施细则，具体实施单位为新闻出版行政主管部门。

目前尚未出台具体的规定或通知，明确取消的新闻行政主管部门的职责具体由哪个协会或学会负责。

5. 取消图书出版单位等级评估职责，工作由中国出版协会承担

滞后的法律条款：

《图书出版管理规定》第 39 条　新闻出版总署制定图书出版单位等级评估办法，对图书出版单位进行评估，并实行分级管理。

《经营性图书出版单位等级评估办法》第 6 条第 1 款　为使经营性图书出版单位等级评估工作顺利实施，设立经营性图书出版单位等级评估领导小组，由新闻出版总署领导担任组长，成员由总署有关司局及相关部门的负责人组成，负责整个评估工作的领导工作。评估领导小组下设办公室，设在图书出版管理司。

6. 取消报纸、期刊综合质量评估职责，工作分别由中国报业协会和中国期刊协会承担

滞后的法律条款：

《报纸出版管理规定》第 4 条第 1 款　新闻出版总署负责全国报纸出版活动的监督管理工作，制定并实施全国报纸出版的总量、结构、布局的规划，建立健全报纸出版质量综合评估制度、报纸年度核验制度以及报纸出版退出机制等监督管理制度。

《报纸出版管理规定》第 49 条第 1 款　新闻出版总署制定报纸出版质量综合评估标准体系，对报纸出版质量进行全面评估。

《期刊出版管理规定》第 5 条第 1 款　新闻出版总署负责全国期刊出版活动的监督管理工作，制定并实施全国期刊出版的总量、结构、布局的规划，建立健全期刊出版质量评估制度、期刊年度核验制度以及期刊出版退出机制等监督管理制度。

《期刊出版管理规定》第 47 条第 1 款　新闻出版总署制定期刊出版质量综合评估标准体系，对期刊出版质量进行全面评估。

7. 取消只读类光盘生产设备引进、增加与更新审批

滞后的法律条款：

《复制管理办法》第 15 条　国家对光盘复制生产设备实行审批管理。本办法所称的光盘复制生产设备是指从事光盘母盘刻录生产和子盘复制生产的设备。包括下列主要部分：用于光盘生产的金属母盘生产设备、精密注塑机、真空金属溅镀机、粘合机、保护胶涂覆机、染料层旋涂机、专用模具、盘面印刷机和光盘质量在线检测仪、离线检测仪等。

增加、进口、购买、变更光盘复制生产设备，须由新闻出版行政部门审批。其中增加、进口、购买、变更只读类光盘复制生产设备，由新闻出版总署审批；增加、进口、购买、变更可录类光盘生产设备，由所在地省级新闻出版行政部门审批，报新闻出版总署备案。

8. 将音像复制单位、电子出版物复制单位设立审批职责下放省级新闻出版广电行政部门

滞后的法律条款：

《复制管理办法》第 8 条　国家对复制经营活动实行许可制度；未经许可，任何单位和个人不得从事复制经营活动。

设立复制单位须由新闻出版行政部门审批，核发复制经营许可证，并经工商行政部门登记注册后方可进行生产。设立外商投资复制单位，除由新闻出版行政部门批准外，还须报商务部审批并颁发外商投资企业批准证书。

《复制管理办法》第 11 条第 1 款　申请设立只读类光盘复制单位的，由所在地省级新闻出版行政部门审核同意后，报新闻出版总署审批，并提交省级新闻出版行政部门的初审文件和本办法第 10 条规定的申请文件。新闻出版总署应自受理之日起 60 日内作出批准或不批准的决定，并由省级新闻出版行政部门通知申请人；不批准的，应当说明理由。

9. 将音像复制单位、电子出版物复制单位变更业务范围或兼并、合并、分立，审批职责下放省级新闻出版广电行政部门

滞后的法律条款：

《复制管理办法》第 14 条第 1 款　复制单位申请兼营或者变更业务范围，或者兼并其他复制单位，或者因合并、分立而设立新的复制单位，应当依照本办法第 9 条至第 11 条的规定办理审批登记手续。

《国家新闻出版广电总局主要职责内设机构和人员编制规定》提出要对以下职责进行加强：①加强组织推进新闻出版广播影视领域公共服务，大力促进城乡公共服务一体化发展，促进新闻出版广播影视事业繁荣发展。②加强指导、协调、推动新闻出版广播影视产业发展，优化配置新闻出版广播影视资源，加强业态整合，促进综合集成发展。③加强推进新闻出版广播影视领域体制机制改革。④加强对数字出版以及网络视听节目服务、公共视听载体播放广播影视节目的规划指导和监督管理，推动协调其健康发展。⑤加强著作权保护管理、公共服务和国际应对，加大反侵权盗版工作力度。⑥加强新闻出版广播影视国际传播能力建设，协调推动新闻出版广播影视"走出去"工作。⑦加强管理理念和方式的创新转变，充分发挥市场调节、社会监督和行业自律作用。

但目前并无配套的法律制度出台以保障上述职责的切实加强，而在新闻出版部门的基本职责中，一些服务性、扶持性的职责在现有法律法规中也并无规定，导致部分新闻出版政府职能的行使"无法可依"。

三、地方政府新闻出版（版权）职能转变情况调查

2013 年 3 月国务院进行机构改革，将原国家新闻出版总署、原广电总局的职责整合，组建国家新闻出版广电总局。2013 年 7 月 11 日，《国家新闻出版广电总局主要职责内设机构和人员编制规定》，取消了一些原国家新闻出版总署的职能，并将部分职能下放到地方或相关行业协会。对此，部分地方新闻出版行政主管部门也相应地进行了机构改革和职能转变。笔者通过访问各省（直辖市、自治区）新闻出版主管部门的网站，在部分省市公开的信息中获取了相关地方新闻出版行政职能转变的情况。

（一）大部分地区对中央新闻出版行政职能转变的回应并不及时

笔者在 2013 年 12 月所做的调查发现，当时我国大部分省（自治区、直辖市）尚未公布自身的新闻出版部门机构改革情况，也未在政府网站更新地方新闻出版行政主管部门的职能，对于中央新闻出版行政主管部门已经取消或下放的职能缺少及时回应。

以原北京市新闻出版局（版权局）当时公布的如下职能为例，其他未公布职能转变方案的省市公布的地方新闻出版行政职能与之类似，主要包括执法、地方立法、规划、行业监管、版权等方面。原北京市新闻出版局当时公布的主要职能包括：①贯彻执行国家关于新闻出版和著作权管理工作方面的方针、政策和法律、法规、规章，起草本市相关地方性法规草案、政府规章草案并组织实施。②拟定本市新闻出版事业、产业的发展规划、调控目标和政策并组织实施，制定出版、印刷、复制和发行单位总量、结构、布局的规划并组织实施，推进新闻出版领域的体制机制改革。③负责对本市出版活动和从事出版活动的民办机构的监管。④负责对本市新闻出版单位进行行业监管，实施准入和退出管理。⑤负责本市出版物内容监管，组织指导涉及党和国家重要文件文献、重点出版物和中小学教科书的出版、印刷和发行工作，制定古籍整理出版规划并承担组织协调工作。⑥负责对本市互联网出版活动和开办手机书刊、手机文学业务进行审核和监管。⑦制定本市出版物市场的调控政策、措施并组织实施，负责对出版物市场经营活动的监管。⑧负责本市新闻单位记者证的管理，负责驻本市报刊社记者站的监管。⑨负责本市印刷复制业的监管。⑩负责本市著作权管理工作，依法调解著作权纠纷。⑪组织开展本市新闻出版和著作权对外交流与合作，负责出版物的进口管理工作，协调、推动出版物的进出

口。⑫制定本市新闻出版行业科技发展规划并组织实施，组织协调新闻出版行业的科技工作。⑬依法对本市新闻出版行业的安全工作承担管理责任，对以市新闻出版局名义组织的各类活动的安全工作承担主体责任。⑭承办市政府交办的其他事项。

在 2014 年 3 月 28 日，北京市才公布《北京市新闻出版广电局（北京版权局）主要职责内设机构和人员编制规定》，对中央的安排做了响应。该规定重新比照中央新闻出版行政主管部门的职能对北京市新闻出版广电局的职能进行了调整。主要是将原北京市广电局、原北京市新闻出版局（版权局）的职责，整合划入北京市新闻出版广电局（版权局）。该规定还根据中央精神，提出要加强北京市新闻出版广电局的以下职能：①加强组织推进新闻出版广播影视领域公共服务，大力促进城乡公共服务一体化发展，促进新闻出版广播影视事业繁荣发展。②加强指导、协调、推动新闻出版广播影视产业发展，优化配置新闻出版广播影视资源，加强业态整合，促进综合集成发展，组织推动新闻出版广播影视领域"走出去"工作。③加强推进新闻出版广播影视领域体制机制改革工作。④加强对数字出版以及网络视听节目服务、公共视听载体播放广播影视节目的规划指导和监督管理，协调推动其健康发展。⑤加强著作权保护管理和公共服务，促进《著作权法》的贯彻实施。⑥加强管理理念和方式的创新转变，充分发挥市场调节、社会监督和行业自律作用。

也有部分地区在国务院方案出台之前，就在积极探索新闻出版行政职能的转变，如，2013 年 3 月天津市发出《天津市新闻出版局关于减少和调整下放行政审批事项的通知》，取消了"期刊增刊审批、中小学教科书出版、印刷、发行审批"等七项市级新闻出版行政职能。将"设立从事包装装潢印刷品和其他印刷品印刷经营活动的企业审批"等六项行政职能下放给滨海新区。将"设立从事包装装潢印刷品和其他印刷品印刷经营活动的企业审批"等五项行政职能下放给区县。湖南省、上海市等省市也在 2009 年左右进行了职能转变，取消或下放了部分职能。

随着时间推移，截至本书定稿时，又有不少省（直辖市、自治区）陆续公布了本省市的新闻出版行政职能转变方案，但也有少数几个省（直辖市、自治区）网站上公布的职能没有响应中央新闻出版行政主管部门的职能转变。

（二）部分地区对中央新闻出版行政主管部门的职能转变做了回应

通过调查发现，以下地区对中央新闻出版行政主管部门的职能转变做出了及时回应，但回应方式和程度有所不同。

1. 重庆市

2013 年 12 月，重庆市委四届三次全会通过了《重庆市人民政府职能转变和机构改革方案》以组建市文化委员会、市卫生和计划生育委员会，为市政府组成部门。同时，不再保留市文化广播电视局、市新闻出版局、市卫生局、市人口和计划生育委员会。将重庆市文化广播电视局、新闻出版局均纳入新成立的重庆市文化委员会，对中央政府的机构改革做出了回应。重庆市政府把文化与原新闻出版、广播电视行政主管部门的职能整合到了重庆市文化广播电视局。

2. 山东省

2014年1月，山东省新组建了新闻出版广电局，顺应国务院的机构改革与职能转变。在山东省新闻出版广电局网站公布的政府职能，也与《国家新闻出版广电总局主要职责内设机构和人员编制规定》中设定的国家新闻出版广电总局的主要职能相对应。

同时，该新机构也进行了职能转变改革，与《国家新闻出版广电总局主要职责内设机构和人员编制规定》中取消的部分中央新闻出版行政主管部门的职能相对应，取消了以下职能：

取消设立出版物总发行单位审批。取消图书出版单位等级评估审核职责，相关工作由省出版工作者协会承担。取消报纸、期刊综合质量评估职责，相关工作分别由省报业协会和省期刊协会承担。

将市以下部门（单位）内部资料性出版物准印审批下放设区的市新闻出版广电行政部门。根据国务院、省政府职能转变和机构改革有关规定需要取消、下放的其他职责。

为了响应中央新闻出版行政主管部门的职能转变，山东省新闻出版广电局新增加了两项职责，包括：

承接国家新闻出版广电总局下放的设置卫星电视广播地面接收设施审批职责。承接国家新闻出版广电总局下放的只读类光盘设备投产验收工作职责。

与《国家新闻出版广电总局主要职责内设机构和人员编制规定》中提出的加强中央新闻出版行政主管部门的职能相对应，山东省新闻出版广电局也提出了加强8项职责。包括：加强指导、协调、推动新闻出版广播影视产业发展；优化配置新闻出版广播影视资源；加强业态整合；促进综合集成发展；加强推进新闻出版广播影视领域体制机制改革；加强对数字出版以及网络视听节目服务、公共视听载体播放广播影视节目的规划指导和监督管理，推动协调其健康发展；加强著作权保护管理、公共服务和国际应对；加大反侵权盗版工作力度等。

3. 河北省

2013年11月25日，由原河北省新闻出版局、原河北省广播电影电视局整合而成的河北省新闻出版广电局正式挂牌。新组建的河北省新闻出版广电局在职能转变、主要职责、内设机构等方面进行了调整，加挂了河北省版权局牌子，强化市场准入、内容监管、行政执法等核心职能，进一步推动新闻出版广电领域改革，发挥市场在资源配置中的作用。但与重庆市类似，新组建的河北省新闻出版广电局尚未公布其机构设置及职能转变的具体情况。目前从其网站获取的依然是原新闻出版局的政府职能。

4. 浙江省

2013 年 12 月 30 日，浙江省新闻出版广电局挂牌成立，新部门整合了原省新闻出版局、原省广播电影电视局，也是该省贯彻落实中央深化行政体制改革、转变政府职能的举措。目前该新机构虽然成立，但并未公布具体机构设置和职能转变情况，新机构的网站也是链接到原省新闻出版局、原省广播电影电视局，能够查阅到的新闻出版政府职能尚未更新。

5. 湖北省

2013 年 6 月湖北省新闻出版广电局挂牌成立，由原省新闻出版局和原省广播电影电视局合并而成。在该新机构公布的职能中，也与国务院机构改革方案设置的国家新闻出版广电总局的职责相对应，将新闻出版与广播电视、版权管理等相关职能都整合在一起。但相应的职能转变方案尚未出台。

6. 四川省

2014 年 4 月，四川省将省广播电影电视局、省新闻出版局的职责整合，组建省新闻出版广电局。四川省政府随后公布的职能转变方案中，除了合并相应政府部门，还取消了"设立出版物全国连锁经营单位审核以及从事出版物全国连锁经营业务的单位变更《出版物经营许可证》登记事项，或者兼并、合并、分立审核"等七项中央新闻出版行政主管部门取消的职能，并且相应增加了由中央新闻行政主管部门下放的部分职能。

7. 广东省

2013 年 10 月 3 日，广东省新闻出版广电局挂牌成立，在广东省新闻出版广电局网站公布的政府职能，与《国家新闻出版广电总局主要职责内设机构和人员编制规定》中设定的国家新闻出版广电总局的主要职能相对应。

新成立的广东省新闻出版广电局也进行了力度较大的职能转变，主要有：

取消了 13 项与新闻出版有关的职责，包括：①取消设立出版物全国连锁经营单位审核。②取消从事出版物全国连锁经营业务的单位变更《出版物经营许可证》登记事项，或者兼并、合并、分立审核。③取消出版物总发行单位设立从事发行业务的分支机构审核。④取消期刊变更登记地审核。⑤取消中外合作音像制品分销企业的设立、变更许可。⑥取消出版单位配合本版出版物出版音像制品、电子出版物审核。⑦取消期刊出版增刊审批。⑧取消被查缴非法光盘生产线处理审批。⑨取消电子出版物制作单位接受境外委托制作电子出版物审批。⑩取消广播电视传输网络公司股权性融资审核。⑪取消广播电视新闻采编人员资格认定审核。⑫取消管理广播剧的职责。⑬取消中外合资、合作和外商独资出版物分销企业设立、变更审核，并入行政许可事项"出版物发行企业的设立、变更审核"实施。

下放了10项与新闻出版有关的职能：①将省内报刊在本省设立记者站（除广州、深圳外）审批下放地级市政府。②将电子媒体非卖品、计算机软件复制核准下放地级以上市政府。③将中外合资、合作印刷企业和外商独资包装装潢印刷企业设立、变更审批（出版物印刷企业除外）下放地级以上市政府。④将各地级以上市非宗教内容的内部资料性出版物准印证核发下放地级以上市政府。⑤将市属及以下报纸变更开版审批下放地级以上市政府。⑥将市属及以下期刊、报纸变更刊期审批下放地级以上市政府。⑦将设立从事包装装潢印刷品和其他印刷品印刷经营活动的企业审批下放地级以上市政府。⑧将从事包装装潢印刷品和其他印刷品印刷经营活动的企业变更印刷经营活动（不含出版物印刷）审批下放地级以上市政府。⑨将印刷业经营者兼并其他印刷业经营者（不含出版物印刷企业）审批下放地级以上市政府。⑩将印刷业经营者因合并、分立而设立新的印刷业经营者（不含出版物印刷企业）审批下放地级以上市政府。

增加了3项中央新闻出版行政主管部门下放的职能，主要包括：①音像和电子出版物复制单位设立审批。②音像和电子出版物复制单位变更业务范围或兼并、合并、分立审批。③只读类光盘设备投产验收。

与《国家新闻出版广电总局主要职责内设机构和人员编制规定》相对应，广东省新闻出版广电局也提出加强组织推进新闻出版广播影视领域公共服务等职能。

从上述已经响应中央新闻出版行政职能转变的地区情况来看，大部分与中央对应，成立了地方新闻出版广电局，只有重庆将新闻出版、广电与文化三个行政主管部门合并为一个。从已经公布的地方职能转变信息来看，广东省处于全国领先，职能转变与国务院机构改革和职能转变完全一致。不少地区虽然挂牌成立了新机构，但职能转变尚未跟上。因此，总体来看，当前新闻出版政府职能转变，地方滞后于中央，法律法规滞后于职能转变。

（三）对新闻出版法律法规完善的启示

我国新闻出版法律法规的完善，其中重要的一环是理顺"中央与地方"的关系，具体而言就是中央新闻出版行政主管部门和地方新闻出版行政主管部门之间的关系。哪些职能应该由中央新闻出版行政主管部门行使，哪些职能应该由地方新闻出版行政主管部门行使，哪些职能由地方和中央共同行使，是一个需要进一步深入研究的问题。特别是，中央还应该将哪些行政职能下放地方，地方新闻出版主管部门的哪些职能还可以进一步取消或下放，对于形成服务型政府有重要意义。只有合理划分中央与地方新闻出版行政主管部门的职能，才能提高行政效率，并给市场主体松绑。

　　从上文的调查与分析可以看出，虽然我国大部分省（自治区、直辖市）从形式上对中央安排的新闻出版政府职能转变进行了回应，也在网站公示了自己的职能。然而，对法律文本的调查却显示，部分由中央下放到地方新闻出版行政主管部门的职能并未及时体现在《复制管理办法》等部门规章中。造成了地方公布的在机构改革之后的新闻出版行政主管部门的职能与相关部门规章的规定不一致，部门规章滞后于实际的职能转变。从法理上看，中央的部门规章的效力及规范性肯定高于省级地方政府发布的非规范性的文件。造成这种与"依法行政"不符的"先上车、后买票"现象的主要原因在于，我国在进行政府职能转变和新闻出版体制改革的过程中，在效率和规范之间，往往选择效率，因为自上而下的"命令"式改革，效率肯定高于先制定或修订法律法规，再依据法律法规进行改革。这样做的后果是虽然改革的步子迈得比较大，但总是陷于体制改革—制度滞后—制定和修订制度的困境之中。由于法律法规的修订滞后于社会关系的变化，大大降低了法律法规的严肃性和权威性，会给地方新闻出版行政主管部门和出版单位造成困扰。

　　要改变这种情况，还涉及改变中央与地方政府之间的权力配置问题。多年来，我国形成了上述主要以行政手段自上而下来配置中央和地方政府的权力配置模式。❶包括新闻出版领域在内的社会转型期各个领域中央与地方政府关系的调整与改革，目前主要还是依靠政策推行而不是依法进行。学界研究发现，"我国中央政府的放权与收权缺乏法律依据，中央地方关系的变动往往依据党或政府的决议或文件，而不是国家的法律。中央与地方的权力调整仍然以行政性分权为主要形式"❷。目前不仅在新闻出版领域，在所有涉及中央和地方政府职能关系的领域都存在中央和地方职能划分无具体依据的情况，我国还没有法律具体规定哪些职能属于中央政府或行政主管部门，哪些职能应该专属于地方政府或行政主管部门，哪些职能应该由中央和地方共同承担。在缺乏法律依据的情况下，就难免会出现中央和地方政府职能错位的情况，也造成了法律法规滞后于政府实际职能的现象。从上述新闻出版法律法规滞后于职能转变的情

---

❶　薛刚凌. 论府际关系的法律调整 [J]. 中国法学，2005，(5)：46-56.

❷　任广浩. 国家权力纵向配置的法治化选择 [J]. 河北法学，2009，27 (5)：84-88.

况来看，这种现象至今依然存在。对此，有些学者建议我国制定"府际关系基本法"来规范中央政府与地方政府之间的关系，在经济改革和社会转型要求府际关系调整时，将其纳入法治轨道。

笔者认为，在我国的"府际关系基本法"尚未出台的情况下，要解决上述问题，应该让新闻出版领域法律法规的修订走在新闻出版体制改革的前面，以法律法规来规范改革。具体到中央和地方新闻出版行政主管部门的关系上，应该在改革之初严密论证，做好宏观规划，通过完善法律法规来规范新闻领域的职能转变和体制改革，而不是由改革"倒逼"法律法规的"完善"。

就中央和地方新闻出版行政主管部门之间的关系而言，应该将一些事务性、程序性比较强的政府职能继续下放给地方新闻出版行政主管部门。中央新闻出版行政主管部门应该集中精力进行改革的制度环境设计，以及提供面向全社会的公共服务。

第4章 国外新闻出版法律与政府职能调查

笔者通过查阅国内外文献，并检索相关国家机构的官方网站，对美国、英国、法国、德国、日本、韩国的新闻出版法律和政府职能进行了考察。选取上述国家的原因在于，这些国家的新闻出版业均较发达，法律体系和新闻出版管理体制具有代表性。

一、美国

（一）新闻出版法律制度

美国并无专门的新闻出版成文法律制度。主要是通过宪法第一修正案及多年来形成的复杂判例法体系来调整新闻出版中涉及的言论自由权和其他法益、与政府之间的冲突问题。为了更好地保护言论自由，美国联邦最高法院甚至在判例中禁止对言论自由权进行成文性质的立法。

为了保障新闻自由，美国大部分州都通过了《州盾法》，赋予新闻工作者保护消息来源的特权，规定一旦涉及消息来源时，新闻工作者可以保密，可以不到法庭作证。但联邦性质的法律，近年来虽然屡次在国会审读，但未获得通过。

美国还先后制定了《信息自由法》《电子信息自由法修正案》要求政府向公众和媒介公开相关政府信息，各州也通过了类似的信息公开法。

在美国，与新闻出版密切相关的私法是侵权法，其侵权法也没有硬性的、格式化的成文规定，主要由法官的判决意见以及对法律的注释（如侵权法重述）组成，形成一套看似分散但却自成体系的侵权法判例法体系，主要通过法官造法而不是立法机构立法来完善侵权法体系。美国侵权法是通过保护名誉权、隐私权等私人权利来限制新闻传媒刊载侵权内容。若出版物侵犯他人隐私或对他人进行了诽谤，一旦受害人诉至法院，相关单位和责任人就需要负法律责任。

为了限制危害国家安全、淫秽色情出版物的传播，美国也通过了一系列的法律对出版物的内容或传播方面进行限制，以保护国家利益或公共利益。

《反猥亵法》，对淫秽和色情出版物进行限制，禁止含有淫秽色情内容的出版物进入美国，并通过判例确定了淫秽出版物不属于宪法保护的言论。在1973年的米勒诉加利福尼亚案中，美国最高法院还首次确立了"淫秽"的具体判断标准。

对于儿童免受色情和淫秽内容影响的保护方面，美国的法律有更高的标准，有法官在相关案例中明确指出，关于儿童色情的内容一律应被判定为违法而不需要使用米勒案确定的标准。

在网络时代，为了保护儿童，美国国会还通过了一系列成文的法律，主要有：

《防止儿童色情法》（*Child Pornography Prevention Act*），该法律不仅限制儿童色情内容在互联网上的传播，也限制虚拟的儿童色情内容在互联网上的传播。

《传播庄重法》（*Communications Decency Act*），该法规定任何使用互联网将淫秽内容或者包含性行为、排泄行为及器官的内容传播给未成年人就是明显的侵犯未成年人权利的行为。

《儿童在线保护法》（*Child Online Protection Act*），该法于1998年通过，主要是禁止网站让儿童获得性展示方面的内容。若违反，将面临6个月监禁和5万美元的罚款，但该法律很少在现实中被适用。

《儿童互联网保护法》（*Children's Internet Protection Act*），该法也是于1998年获得通过，立法原因是一位加州家长发现她的孩子在地方图书馆中下载色情图片，她随后起诉，要求图书馆安装过滤软件以保护未成年人。其起诉并未获得支持，但美国议会据此通过了一项法案。该法主要内容是对于没有安装儿童色情过滤软件的图书馆，施以缩减联邦拨款的惩罚。

《检举以及其他工具以终止当前的儿童宣传》（*Prosecutorial Remedies and Other Tools to End the Exploitation of Children Today*），该法于2003年在美国国会获得通过，该法主要是对计算机产生的虚拟儿童色情内容予以禁止，与其他法案不同的是，该法也采用了米勒案标准来检验相关色情内容是否淫秽。

上述美国国会通过的一系列成文法虽然保护了未成年人免受色情内容影响，但也引起广泛争议，焦点就在于保护儿童和表达自由之间的界限，就上述法律是否违宪和是否能够有效保护儿童，也一直争议不断。如，对于《儿童在线保护法》仅仅规定从接收端来阻止相关内容，批评者认为该法案并不能有效跟上互联网技术的发展，对于邮件附件、流媒体视频图像、社交媒体就无法有效规制，而且该法案仅仅规制美国国内内容，而国外内容对儿童的危害则无法有效制止。而《儿童互联网保护法》则一直受到美国图书馆界的挑战，最终被美国联邦最高法院认定为违宪。《检举以及其他工具以终止当前的儿宣传》同样在一个案件中受到是否违宪的审查，只是最终被认为并未违宪。

其他内容管制方面的法律包括：

《康斯托克法》，该法禁止邮寄含有猥亵内容的印刷品。

《义务兵役法》，该法禁止以言论等形式诱导他人逃避兵役。

《国家保密法》，该法规定出版物不得泄露国家机密，不得损害国家利益。

《间谍法》和《史密斯法》，规定出版物中不得煽动暴力以推翻合法政府。

上述法律的实施主要是事后的惩罚，美国并没有先行检查出版物内容的制度。而且上述法律的实施，有通过判例法形成的严格的条件，比如"明显而即刻的危险"等标准。此外，部分州也颁布了州法来保护公共利益，对某些出版活动进行限制。

虽然有判例法的传统，美国也有一套成文的《版权法》，而且美国 1998 年还加入了《世界知识产权组织版权条约（1996）》。美国的版权法不承认作品的精神权利，更注重作品的经济权利和经济利益。而且美国的版权法非常注重作品的登记和注册，规定虽然版权的获取不以登记注册为条件，但注册后却更有利于对版权的保护。

关于出版单位的创立，美国并无特殊要求，只要与创办其他企业一样登记即可，无需再向政府部门申报。

对于新闻出版市场的管理，美国也无专门的法律。美国主要是通过不成文的广告法，来限制广告中可能涉及危害公共利益或消费者权益的内容。通过《反托拉斯法》《克莱顿法》《联邦贸易委员会法》等竞争法来保障市场的竞争秩序。通过法律建立的市场竞争秩序，让新闻出版企业在市场中发展，总的来说对新闻出版企业的干预较少。

除了法律制度，美国也通过税收优惠来促进出版产业的发展，并通过建立各类基金会来资助科技、人文类等学术性图书或杂志的出版。

（二）政府机构

美国并无专门的新闻出版政府管理机构，美国的新闻出版管理是分散于各个政府机构的职能之中的。如，由警察部门对淫秽出版物进行查处，对盗版行为进行打击。由邮政和海关部门对淫秽印刷品的邮寄和进出口进行管理。由情报、国家安全部门对涉及泄露国家秘密的出版物进行管理，教育行政部门负责教科书的管理。国会也通过法律赋予其他机构管理与机构职能相关的出版物出版，如：2010 年，美国食品与药品管理局（FDA）被国会通过的《家庭吸烟预防和烟草控制法》授权，可以通过管理烟草制品来保护公众健康，其中也包括授权给 FDA 来监控出版物中的烟草广告。而涉及互联网出版的相关内容监管或互联网广告，则由美国联邦通讯委员会（FCC）负责。

总体而言，美国与新闻出版直接相关的机构有以下三个：

1. 版权局

美国版权局与我国版权局不同，并不具备版权行政执法功能，其主要职能是版权登记。美国的版权法规定，未经登记的作品在侵权诉讼时不能获得法定赔偿，只能按实际损失进行赔偿，而经过版权局登记的作品，不管有无实际损失，法庭均支持一定的法定赔偿，这就导致美国的权利人版权登记较为积极。美国版权局的职能主要有以下几个方面：

第一，版权登记。主要是接受版权登记的函件，记录版权登记材料并签发注册登记证。

第二，将登记的版权资料提供给国会图书馆作为作品样本。

第三，为美国国会图书馆服务，如在国会的要求下可以帮助起草法律草案、研究与版权有关的问题。

第四，建立版权信息库并提供给公众查询。

第五，国际交流。美国版权局还与其他国家的政府部门合作，培训其他国家的官员，并促进其他国家对美国版权作品的保护。

2. 美国新闻署

美国新闻署虽然在1999年成为隶属于美国国务院的二级机构，但美国新闻署也不是一个行政管理机构，而是一个文化和学术交流机构。其主要职责是塑造和宣传美国的国家形象和美国文化。例如：美国新闻署通过出版物翻译计划将美国的文学作品和学术作品提供给其他国家的学者，并资助这些作品的翻译出版。

3. 版税裁判所

美国的版税裁判所属于国会的下属机构，功能是解决版税纠纷，对版税的调整、交付条件和比率进行裁决。其成员由总统任命，共有5位成员，任期为7年。

4. 联邦通讯委员会❶

美国的联邦通讯委员会也是一个独立的政府机构，其主要职能是管制美国州际和国际广播、电视、无线电、卫星和有线网络，是受美国联邦议会监管的政府独立机构。该机构网站公布的主要职能有：第一，促进宽带服务和设施的竞争、创新和投资；第二，通过确保一个合理的竞争框架来发展通讯业革命以支持国家经济；第三，鼓励高效率和最好地利用国内和国际频谱；第四，修订媒介管制规则以确保新技术的繁荣与（媒介的）多样性和地方性同步；第五，

❶ What We Do. https：//www.fcc.gov/what-we-do.

领导对国家通讯基础设施保护的加强工作。

（三）民间机构

美国新闻出版业存在大量的行业协会，在行业自律等方面起重要作用。主要有：美国职业记者协会、美国书商协会、美国大学出版社协会、美国期刊出版商协会、美国报业协会、全国报纸出版商协会、美国音乐出版商协会等。这些行业协会主要起以下作用：

第一，行业自律。美国新闻出版职业道德建设方面，以行业协会的自律为主。以美国职业记者协会为例，该协会制定的新闻伦理指南不仅在美国，而且在世界其他国家也有重要影响。

第二，维护会员利益。行业协会还代表会员单位与政府或其他行业开展对话，积极游说国会议员和政府官员以获得法律或政府对新闻出版行业的支持。

第三，提供信息和培训服务。上述行业协会还积极通过自己的网站向会员单位提供行业信息，并通过举办培训班和研讨会等形式对会员单位员工进行培训。

第四，组织评选活动。各种新闻出版业协会还组织相关出版物评奖活动，通过评奖引导行业发展。

第五，组织展览和参加国际交流。行业协会定期举办各种新闻出版物展览，还作为行业代表积极参与美国与其他国家的出版物交流活动。

二、英国

（一）新闻出版法律制度

英国同美国一样为普通法系国家，以判例法而不是成文法为主要法律渊源。也同样没有专门的新闻出版法律。英国与美国一样非常注重出版自由，英国作为欧盟成员国，1998 年英国议会通过了《1998 年人权法》，已经将《欧洲保护权和基本自由公约》转化为英国的国内法，该法在英国将隐私权等人格权作为一项成文法权利。与美国类似，英国也于 2005 年通过了《信息自由法》以保障公民和新闻媒体能够充分获得政府有关部门的信息。

英国其他与新闻出版相关的主要法律还有《数字经济法 2010》《版权和商标（违法行为与执行）法 2002》《版权、工业品外观设计和专利法 1988》《数据保护法》《儿童保护法》《企业法》《广播法》《淫秽出版物法》《图书贸易制法》《官方机密法》《竞争法》《通信法》《公平交易法》。上述法律建立了完善的版权保护制度和保障市场竞争的制度，也与美国类似，通过保护弱势群体、保护国家利益、社会公共利益对新闻出版进行必要的监管。

与美国一样，英国也是通过税收和资助制度来调节出版业的发展。英国政府对图书、期刊、报纸从不征收增值税，使得英国新闻出版业得到长足的发展。而为了提高本国新闻出版业的国际竞争力，英国政府还对图书出口贸易进行资助。

（二）政府机构

与新闻出版直接相关的政府机构主要有：

（1）出版登记所。隶属于英国财政部，该所负责英国出版公司的登记注册工作。在英国成立出版公司不需要行政许可，但需要登记注册。

（2）皇家文书局。为英国出版业提供信息服务，管理和利用政府相关的信息资源，管理和授权使用英国皇家版权资料和议会版权资料，是一个服务性机构。

（3）贸易工业部。该部主要职能并非新闻出版方面，但该部负责收集进出口数据，也支持对出版业的免税政策，同时也会资助出版行业到国外参加书展。

（4）教育技能部。是英国的教育行政部门，与新闻出版业的关系主要是该部负责教育经费调拨，而教育经费中有相当一部分是用来购买教材，对教育和学术出版影响非常大。

（5）通讯办公室。英国的通讯办公室成立于2003年，主要是对电子媒介进行管理的机构。因此，对于新闻出版业的主要影响在于其对网络出版和网络广告方面的监管。通讯办公室最大的特点在于把电子领域的通讯和出版的管制机构合并为一个机构，有利于对网络传播领域的管制和规范。

（三）民间机构

相对于美国而言，英国与新闻出版相关的民间机构不仅有相关协会，还有一些独立的委员会，对新闻出版业的监管力度非常大。主要的机构有：

（1）发行稽核局（ABC）。英国的发行稽核局是由广告商、广告代理商和出版商联合组成的非营利机构，其职能是对报刊发行量、网站访问量和商业展览的人流量进行稽核审计，提供证明。这些数据能够为出版业和广告业提供重要参考。该机构还按照行业设有各种专门委员会，如，全国性报纸委员会、地区性报纸委员会、杂志委员会、管理委员会。

（2）全国读者调查委员会。该协会同样由广告商和出版商共同发起，主要是对新闻出版物的读者进行抽样调查，提供报纸的阅读人数等信息。

（3）新闻投诉委员会。这是英国新闻出版业成立的一个全国性新闻仲裁机构，具有很强的独立性。其主要职能是处理公众对英国报刊的投诉，其处理方式先调解，调解不成再做出裁决，其权威性和公正性获得英国社会的认可。该委员会对于新闻业自律建设具有重要作用，该委员会制定了报刊业《行为准则》，对英国的报刊出版单位具有很强的约束力。

除了上述机构，英国还有出版商协会、书商协会等行业协会组织，也在行业自律和提供专业服务方面起重要作用。

三、法国

法国为大陆法系国家，以成文法为主，而与提倡自由竞争的英美文化产业政策不同，法国提倡"文化例外"，反对文化市场的自由贸易，因而其新闻出版法规和相关政府职能中有更多对本国文化进行保护的内容。

（一）新闻出版法律制度

法国在其宪法中明确规定了表达自由的相关内容。对于新闻出版业而言最重要、影响最直接的法律是《新闻出版自由法》。《新闻出版自由法》既保障出版商的权利，也规定了他们的义务。法国的《关于新闻多样化和公开性的法律》与《竞争法》一起促进新闻出版业的竞争。法国的新闻出版和印刷完全自由，因没有专门机构对其进行管理，无需行政审批。

法国还制定了较为完备的《知识产权法典》，对版权❶等知识产权进行保护。法国《民法典》中有隐私权等人格权的相关规定，通过私的权利对新闻出版中的违法侵权行为进行救济。

为了保护青少年等弱势群体和社会公共利益、国家利益，法国《刑法》中有禁止出版和传播未经政府许可公开的军事情报或秘密资料的相关规定。法国还通过《1949 年 7 月 16 日法》《1955 年 11 月 28 日法》《1965 年 9 月 28 日法》《1981 年 7 月 29 日法》等一系列法案，禁止出版可能诱使青少年犯罪的内容，禁止刊载有关青少年自杀的内容，也禁止出版有可能导致青少年离开监护人的内容。通过这些法律来保护青少年。

同样，法国政府也通过降低新闻出版业的税收，通过直接资助和补贴来促进本国新闻出版业发展。法国还对出版业贷款实施特殊的保障制度，并成立法国图书文化基金对出口图书提供必要的帮助。

（二）政府机构

主要为图书与阅览司，该机构属于法国文化部，是全国性的出版管理机构，但其主要职能并非行政许可，而是信息服务和公众服务。其主要职能包括：第一，出版业调查研究和数据统计，协助文化部制定相关的政策。如，该

---

❶　本书中版权等同于著作权，可以互换通用。之所以两个词语都在使用而未完全统一，主要原因是我国的版权行政主管部门是"版权局"，但我国的版权法律却是《著作权法》，《著作权法》中将版权局又称为"著作权行政管理部门"，可见这两个词语只是习惯的使用问题。我国《著作权法》第 57 条明确规定："本法所称的著作权即版权。"不少学者的著作中，这两词也是通用的。

机构协助文化部制定了要求新闻出版行业培训员工的法律，协助制定了作者版税制度和制定了《图书单一价格法》等法律制度。第二，通过国家出版中心对出版业提供财政资助。主要是资助经营困难的中小出版社和书店摆脱困境，并间接资助法国出版业参与国际整整。第三，促进公众阅读活动的展开。这一职能主要通过管理国家图书馆等公共图书馆进行。

（三）民间机构

法国的新闻出版行业协会众多，主要有全国出版联合会、新闻出版机构对等人数委员会、法国书商联合会、法国杂志和信息公会、全法报刊联合会、法国报业联盟、法国唱片业出版公会、法国出版业国际署等。与英美的行业协会主要起到行业自律和行业服务功能不同，法国的相关协会还接受政府委托，部分行使政府的新闻出版管理职能，如，新闻出版纸张行业协会对法国各个新闻出版企业行使纸张分配权，新闻出版机构对等人数委员会则负责落实政府对新闻出版业财政税收方面的支持任务。

除了上述行业协会接受政府委托行使部分政府职能外，法国的新闻出版行业协会也协调本行业与政府或其他行业之间的关系，制定行业规定和伦理规范进行行业自律。还为会员提供行业信息和提供培训。通过评选活动对新闻出版活动进行指导，也向其他国家和地区推广法国图书。

四、德国

（一）新闻出版法律制度

德国作为联邦制国家，新闻出版方面的法律既有全国性质的，也有各州性质的。与新闻出版相关的法律主要有：①《基本法》，即德国宪法，其中明确规定了新闻自由，德国的宪法具有可诉性，因此其中的条款具备约束力。②《出版社权利法》，该法实质上是德国著作权法的一部分，主要调整出版社与作者之间的契约关系。德国也有较为完备的《著作权法》来保护著作权。③德国还制定了《出版法》，但该法主要是针对政府出版物管理。

同时，德国《民法典》中对于个人权利的保护也起到限制新闻出版活动侵权的作用。德国《商法典》同样适用于新闻出版企业，规范他们的日常活动。德国同样也通过制定《传播危害青少年之文学作品法》来限制淫秽内容的出版，保护青少年。德国也有完备的竞争法律体系来保障出版业的市场竞争。

除了法律制度，德国也对新闻出版业提供资金支持、税收优惠等其他扶助新闻出版业发展的制度。

（二）政府机构

作为联邦制国家，德国的出版业管理既有联邦层面的，也有州层面的。具体主要有：

第一，联邦政府文化媒体专员和各州文化部。前者由德国总理任命，其主要职责是制定德国的文化传媒产业税收政策，通过税收调节新闻出版业发展。而各州的文化部则一方面行使控制有害图书传播的职能，另一方面也有审批教材的职能。

第二，青少年媒体审定处。该机构隶属于德国联邦家庭、老人、妇女和青少年部，对可能影响青少年的出版物内容进行审查，这种审查主要是事后的追惩。

第三，联邦政治进修中心。该机构设在德国内政部，其下面还设有出版物检查中心，负责检查出版物的政治倾向问题，主要目的是为了防止一些政治教育的出版物中出现政治或党派倾向。

第四，联邦新闻信息局。这是一个政府信息公开机构，主要起向各大媒体提供信息的职能。

（三）民间机构

德国的新闻出版行业协会也在行业自律、影响政府政策和法律制定方面发挥重要作用。

布尔森协会是德国出版商、书商和批发商、出版发行商成立的组织，是德国出版发行业唯一的行业组织，该协会起制定行业政策的作用，制定的政策经政府批准成为会员必须遵守的规范，使该协会代替政府部门成为图书出版业的监督机构。如，该协会制定的《价格约束条例》《书业竞争法》等都有很强的效力。除此之外，该协会的部分管理措施还直接上升为政府的法律，如：《出版社权利法》《图书定价法》。当然作为行业协会，该协会同样具有维护会员利益、提供行业信息和培训服务等功能。

新闻理事会，由新闻出版单位和记者代表组成，主要受理对新闻出版业的投诉。当然，除了该协会，德国还有一些专业记者协会，如，经济新闻工作者联合会、女记者联合会、体育记者联合会等，都履行行业自律和会员服务方面的功能。其他还有报纸出版商协会和期刊出版商协会，分别是报业和期刊业的行业自律组织。

五、日本

（一）新闻出版法律制度

日本《宪法》规定了言论和出版自由，该法是保障日本新闻出版自由的基本法。除此之外，为了保护青少年，日本制定了《青少年保护条例》来禁止淫秽或对青少年有不良影响的内容的出版或传播。而对于该条例的实施，并不是由政府机构负责，主要由司法机构进行。日本的《破坏活动防止法》规定了禁止对有关内乱和外患等暴力主义破坏活动内容的传播，以及相关法律责任。这是从国家利益和公共利益角度对新闻出版活动的内容管制。

日本有较为完备的著作权法体系，主要包括《著作权法》《著作权法实施规则》《著作权法实施令》《著作权等管理事业法》。日本还颁布了《以发行日本刊物报纸为目的股份有限公司股份及所持有股份转让限制的相关法律》对发行企业股份转让做出特别规定。而《文部科学省著作教科书制造原价计算规则》《文部科学省著作教科书相关法律》等相关法律则规定教材出版与发行的相关制度。

值得注意的是，日本为了扶持以新闻出版业为代表的文化产业发展，有专门立法促进本国相关产业发展。主要有《文化艺术振兴基本法》《内容产业促进法》。上述法律将日本内容产业提升到国家战略发展的重要位置，并提出了税收优惠、人才培养、技术开发支持等多项具体措施。而这些措施实质上对应政府在扶持文化产业方面的各项具体职能。

此外，日本还有《反不正当竞争法》《禁止垄断法》《大规模零售店铺法》等完备的竞争法体系，以保障包括新闻出版业在内的各行业的市场秩序。

除上述法律制度，日本也有对新闻出版业的税收优惠和政府其他方式的资助，以促进行业发展。

（二）政府机构

日本与新闻出版相关的政府机构非常分散，而且政府机构主要的作用是服务而不是行业监管。相关的主要政府机构有：文部省，主要涉及出版机构登记和中小学教科书的审定、制定并实施出版业资助政策。隶属于文部省的文化厅则是和日本新闻出版业关系最为密切的政府部门，该部门是日本处理著作权相关事务的官方机构，严格按照日本《著作权法》的规定行事。通产省，对新闻出版业发展有一定的资助力度。而对于新闻出版业的监管，日本主要由司法机关而不是政府机关进行。

（三）民间机构

日本的新闻出版业行业协会与其他国家不同，该国的部分协会获得了政府部门授权，承担了部分政府职能。如，日本全国出版协会等6家行业协会根据文化厅的授权，具有市场管理和调节职能，还具备著作权争议仲裁的职能。日本的其他行业协会也在行业自律方面起重要作用，如，日本书籍出版协会。相关行业协会还制定了不少行业性规定，以维持新闻出版业的正常秩序，如，《再贩卖价格维持契约》《统一折扣制度》等。

六、韩国

（一）新闻出版法律制度

对包括新闻出版业在内的文化产业的扶持政策通过法律形式固定下来，是韩国新闻出版法律制度的特色，通过制度的有力保障，韩国的文化产业近年来发展迅猛。除了《大韩民国宪法》作为基本法保障新闻出版自由以外。韩国与新闻出版相关的法律主要有：

《文化产业振兴基本法》，该法明确规定新闻出版业属于文化产业，要求政府制定振兴文化产业的基本计划和具体实施步骤，并要求文化观光部每年制作年度报告，定期提交给国会。规定了对相关产业公司进行支持的力度和标准。设置文化产业振兴基金，规定对包括新闻出版业在内的文化产业的税收优惠。设置由7个相关部处的长官构成的文化产业振兴委员会，以调整文化产业政策。

《出版及印刷振兴法》，是规定对出版印刷业的支持以及相关审查制度和机构的法律。

《新闻通信振兴有关的法律》《关于保障新闻等的自由和职能的法律》是两部为保障舆论多样化、新闻自由而制定的专门法律，以促进新闻业健康发展。

《青少年保护法》，是限制有害于青少年的内容传播的法律。

《媒体仲裁与受害救济法》，主要是为了解决新闻侵权纠纷而制定。

《报业法》，是韩国为了适应当今媒介融合和网络化趋势制定的法律，该法律赋予网络传播机构"网络报纸"的法律地位，与报纸、广播电视具有平等的言论地位。

《地区报业发展支持特别法》，主要是为促进地方新闻出版业的多元化发展而制定，主要规定对地方报业发展的具体支持措施。

韩国还有非常完备的《著作权法》及其配套规定，也加入了世界知识产权组织的相关条约。此外，《垄断规制和公平交易法》有力保障了韩国新闻出版业的竞争秩序。而《电信事业法》《互联网内容过滤法令》等法律则对互联网出版进行了规制。

（二）政府机构

与韩国新闻出版业直接相关的政府部门是韩国文化观光部，该部近年来新设了文化媒体局，行使制定新闻传媒以及互联网等数字媒体的振兴措施。

而文化交流部还间接领导着一个带有官方色彩的民间机构——著作权委员会。该委员会的前身是著作权审议调停委员会，其经费由政府拨款70%、民间出资30%。委员会成员由文化观光部长进行提名，主席、副主席则由选举产生。该委员会事实上是韩国的版权管理机构。其主要职能包括著作权登记、法定许可、赔偿金标准制定、著作权纠纷调解、著作权权利信息管理，推进与著作权相关的研究。虽然著作权委员会不是完全的官方机构，但该委员会依据韩国《著作权法》而设立，属于法定机构。

文化观光部领导的另一个具有官方色彩的民间机构是地区报业发展委员会，该委员会依据《地区报业发展支持特别法》而设立，成员也是由文化观光部部长委任，包括相关的报业协会、记者协会、言论学会推荐的三名成员。委员会的主要职能是选定地区报纸和周刊作为优先支援对象，主要职能就是实施政府的文化产业政策扶持措施。

（三）民间机构

除了相关的行业协会，韩国民间机构的最大特色是具有公共机构的特点，也就是他们虽然不是政府机构，但具有等同于政府的权威，而且这些机构的设立都是直接依据相关法律。对新闻出版业影响最大的两个民间机构是言论仲裁委员会和出版伦理委员会。

（1）言论仲裁委员会。该委员会依照《媒体仲裁与受害救济法》的规定设立，该法规定"为了调解、仲裁及审议由于媒体等的报道或者媒介引发的纠纷，设立言论仲裁委员会。"因而，该委员会主要职能是对新闻侵权导致的纠纷进行调解和仲裁。其处理程序是，一般由受新闻侵权的自然人或法人提出申请，言论仲裁委员会再根据申请受理。虽然言论仲裁委员会的裁决不具备直接的法律效力，但由于言论仲裁委员会中有现职法官参与，其权威性获得社会认可，言论仲裁委员会的裁决对法庭判决结果有影响力。因而，韩国言论仲裁委员会解决纠纷的成功率非常高。除了调解和裁决职能，该委员会也具有教育职能，内部还成立民间言论受害商谈中心，向公众提供新闻侵权的解决方法，对媒体和企业进行宣传和教育。

（2）出版物伦理委员会。该委员会依据韩国《出版及印刷振兴法》第16条规定而设立，该法规定："为了把出版物伦理的社会责任具体化，审查出版物是否存在有害性，设置韩国出版物伦理委员会。"该委员会承担了韩国新闻出版有害信息审查制度。委员会下设五个审查委员会，分别对图书和电子图书、报纸和期刊等连续出版物、广告、漫画类出版物、外国出版物中的有害内容进行审查。根据各个审查委员会的审查结果，分别给予"提请注意""要求解释""给予警告""要求更正""要求刊登终止""要求取消""要求谢罪"等不同程度的处罚结果。委员会将青少年保护作为重要目标之一。

七、国外新闻出版法律制度和政府职能及其相互关系的启示

通过梳理上述不同国家的新闻出版法律制度和政府职能，总体来看，虽然属于不同的法系、具体的法律制度和相关政府职能有很大的区别，但上述新闻出版业均较为发达的六个国家的新闻出版法律制度和政府职能也有很多共同特点，值得我国借鉴：

第一，对新闻出版企业的行政许可非常少。如前文所述，我国的新闻出版行政法规和部门规章的主要内容是设置具体的新闻出版行政主管部门行政审批程序和相关事项。而上述六国的新闻出版法律法规中，均未要求对新闻出版企业进行特别的行政许可程序，新闻出版企业的成立与其他企业一样登记注册即可。

第二，对新闻出版业的内容监管不由新闻出版行政主管部门进行。上述六国中，有些国家如英国、美国均没有设置专门的新闻出版行政主管部门，有些国家虽然有相关的机构，但这些机构并不负担新闻出版内容监管等"执法"功能。相应的功能依据该国的法律，交由具备执法或司法功能的部门或甚至专业的民间组织进行。这样能够有效保证相关监管的专业性，也节约了大量社会成本。如，美国、英国、日本等国将查处淫秽物品等执法监管职能交由司法机关或警察机关进行，而韩国则依据相关法律成立出版物伦理委员会来审查出版物的内容。特别是上述国家通过行业协会和依法设立的专门委员会对新闻出版企业进行监管的模式值得我国借鉴，将社会组织和社会力量吸纳进对新闻出版业的监管体制之中。

第三，在司法途径之外，建立专门的社会监督与救济机构来监督新闻出版业的运行。如，英国的新闻投诉委员会、韩国的言论仲裁委员会、德国的新闻理事会等机构均可以受理来自公众对新闻出版企业的投诉，通过投诉与仲裁机制对新闻侵权进行救济，也有效监督了新闻出版业的健康运行。

第四，新闻出版相关政府机构的职能以服务为主。上述国家都有一些与新闻出版直接相关的政府机构，然而这些政府机构的主要职能是给新闻出版企业和公众提供相关的服务，并非监管机构。

第五，建设强大的新闻出版民间组织。上述国家的行业协会，以及依据法律或自发形成的各种专业委员会具有非常强大的职能，部分组织已经代替政府行使相关职能。而这些组织的建设离不开政府的支持，一些国家的政府直接对相关民间机构进行拨款，一些国家的政府部门通过对相关组织的认可来提升其权威性。部分国家，如韩国，则是直接通过法律赋予民间机构权威性。因此，这些民间机构在行业自律、促进行业发展、内容监管、行业信息服务等方面发

挥着巨大的作用。

第六，高度重视版权的登记与管理工作。上述国家都非常重视版权保护，都建立有较为专业的版权登记与统计机构，与我国的各级版权局还具有版权执法功能不同。上述国家的版权管理机构，主要职能是对版权进行登记和信息管理，如，版权业最为发达的美国，虽然没有专门的新闻出版行政主管机构，却有版权局这样的版权登记管理机构。

第七，从整体看，对新闻出版业干预较少，政府完全在法律规定范围内活动。不少国家都有违宪审查机制，由于对新闻出版业的监管往往和各国宪法中规定的言论自由等权利联系在一起，因而，各国的干预都较为慎重。上述国家对政府的职能，不管是监管职能还是服务性职能，都有较为细致的规范，政府严格在法律规范内活动。一般而言，对于传统新闻出版部门，大部分国家的政府干预非常少，而对于新兴的网络传播领域，由于对通讯业管制的传统，政府的干预则较多。

第八，上述国家新闻出版业的制度环境与其文化产业政策与法规密切相关。因为新闻出版属于文化产业的一部分，因而新闻出版制度环境必然受到各国文化产业相关立法的影响。上述各国文化产业立法模式可归纳为三种：第一，自由竞争的美国模式。美国以市场为主导，以法律创造竞争环境保障产业发展，旨在建立完全自由竞争的文化产业发展法律环境，对文化产业没有专门的扶持法律和条款。第二，有文化产业基本法的东亚模式，由政府主导，政府政策落实为法律推动产业发展，代表国家是韩国和日本。两国都有专门扶持文化产业的基本法，韩国还有大量专门支持文化产业发展的法律，政府在文化产业发展中具有推动作用。第三，混合模式。以英国、德国、法国为代表，将自由竞争与国家扶持并举，虽无文化产业基本法，但部分法律中有扶持本国文化产业的条款。如：德国各州有独立的文化立法，既提倡国家扶持文化产业，也鼓励企业自我发展；英国的文化管理提倡"一臂之距"原则，政府不直接参与，但法律中有扶持本国文化产业的条款；法国无文化产业基本法，提倡"文化例外"，反对文化市场的自由贸易。这些国家通过法律对文化产业的扶持力度不如韩国和日本，但大于美国。对我国从政府职能角度完善新闻出版法律法规的启示在于，我国新闻出版法律法规的完善还应置于整个文化产业发展的大环境下。

第5章　政府和新闻出版宏观市场：
经济调节职能与法律完善

政府干预市场，即对媒体机构及内容进行干预的原因在于新闻出版物不仅仅是私人消费内容，而且具有公共利益性质。按照西方学者的理论，这个公共利益包含了消费者利益和公民利益两个方面。前者是经济的，主要通过干预，保障新闻出版产业有一个良性竞争环境，使新闻出版业健康发展，并进而保证消费者以合理的价格获得产品。但是，更为重要的，也是新闻出版产业不同于其他产业的特点在于，新闻出版物还具有政治和文化的意义。对新闻出版业的政府管制也要考虑公民利益，因此，各国都有对有害内容进行规制的法律规范，其实质是规范新闻出版单位及其从业人员的行为。❶ 笔者认为，前者属于政府对宏观的新闻出版市场的干预，即从整个产业角度对新闻出版业的干预。后者则是对微观的市场主体的干预，通过一系列规范，让微观市场主体的运行符合公共利益。本章主要讨论我国新闻出版法规中涉及的政府与宏观市场的关系，对于微观市场主体的监管，将在下一章讨论。

一、经济调节职能的内涵

2013 年 11 月中共中央出台《中共中央关于全面深化改革若干重大问题的决定》之后，有观点认为"该《决定》没有提经济调节"，而提的是"宏观调控"，因此，今后经济调节职能应该改为宏观调控职能。❷ 笔者认为，该《决定》原文为"政府要加强发展战略、规划、政策、标准等制定和实施，加强市场活动监管，加强各类公共服务提供。加强中央政府宏观调控职责和能力，加强地方政府公共服务、市场监管、社会管理、环境保护等职责。"上述表述只是强调中央政府应该加强宏观调控职责和能力，而宏观调控实质上包含在经济调节职能之中，或者说宏观调控只是经济调节的手段之一。而且该《决定》

---

❶ Peter Lunt, Sonia Livingstone. Media Regulation: Governance and the interests of citizens and consumers. London: SAGE Publications Ltd, 2012.

❷ 政府职能不再提"经济调节"［EB/OL］. http://finance.qq.com/a/20131116/004938.htm.

中这部分内容是在第四部分"四、加快转变政府职能"之下的"（15）全面正确履行政府职能"之中阐述的，从语境看，该《决定》并非系统阐述我国政府应该具备哪些职能，而是强调应该加强的政府职能，因此，该《决定》中阐述的是我国现有政府职能的一部分而不是全部。综上所述，我国当前的政府职能最权威的提法还应当是《国务院工作规则》中的表述。

《国务院工作规则》中明确提出政府的经济调节职能是："健全宏观调控体系，主要运用经济、法律手段和必要的行政手段，引导和调控经济运行，调整和优化经济结构，发展对外经济贸易和区域经济合作，实现经济增长、增加就业、稳定物价和国际收支平衡"。《国务院机构改革和职能转变方案》中提出的政府职能转变的具体措施"（八）改善和加强宏观管理"也明确提出："强化发展规划制订、经济发展趋势研判、制度机制设计、全局性事项统筹管理、体制改革统筹协调等职能。完善宏观调控体系，强化宏观调控措施的权威性和有效性，维护法制统一、政令畅通。消除地区封锁，打破行业垄断，维护全国市场的统一开放、公平诚信、竞争有序。"

由此可知，新闻出版政府职能中的经济调节职能应该体现在以下几个方面：①为新闻出版产业提供发展的制度环境。包括制度和机制的设计、统筹新闻出版体制改革等。②为新闻出版业制定发展规划。③消除新闻出版业中的市场壁垒和行政壁垒，创造开放和公平的市场环境。④通过经济、法律和必要的行政手段引导和调节新闻出版业的运行。这里的引导和调节手段，是以经济和法律手段为主，以行政手段为辅，只有在"必要"的时候才能使用行政手段进行调节。

新闻出版行政主管部门在制定发展规划时，也包含了制定统筹改革的规划，即其中包含了为新闻出版产业提供制度环境的具体内容。从这个角度看，为新闻出版产业提供制度环境的职能与为新闻出版业制定发展规划密切相关。因此，以下将经济调节职能归纳为三个方面来阐述我国新闻出版法律法规的完善问题。

二、政府统筹改革和规划制定职能与法律完善

在我国现行的新闻出版行政法规和规章中，体现最多的是新闻出版行政主管部门制定发展规划的职能。涉及的具体法规有：

《出版管理条例》第10条 国务院出版行政主管部门制定全国出版单位总量、结构、布局的规划，指导、协调出版产业和出版事业发展。

《图书出版管理规定》第4条 新闻出版总署负责全国图书出版的监督管理工作，建立健全监督管理制度，制定并实施全国图书出版总量、结构、布局

的规划。

《报纸出版管理规定》第 4 条　新闻出版总署负责全国报纸出版活动的监督管理工作，制定并实施全国报纸出版的总量、结构、布局的规划……

《期刊出版管理规定》第 5 条第 1 款　新闻出版总署负责全国期刊出版活动的监督管理工作，制定并实施全国期刊出版的总量、结构、布局的规划，建立健全期刊出版质量评估制度、期刊年度核验制度以及期刊出版退出机制等监督管理制度。

《出版物市场管理规定》第 4 条第 1 款　新闻出版总署负责全国出版物发行活动的监督管理，负责制定全国出版物发行业发展规划。

分析上述条款，我们发现部门规章并非是对行政法规《出版管理条例》的简单重复；《出版管理条例》中是"制定"相关规划，而《图书出版管理规定》《报纸出版管理规定》《期刊出版管理规定》是"制定并实施"相关规划，这说明下位规章突破了上位行政法规。虽然只有两个字的差别，但是对新闻出版行政主管部门行使职权则完全不同，仅制定规划行使的是统筹全局、引导行业发展的职能。但若要制定并"实施"规划则不仅仅是制定出版业中市场主体的总量、结构和布局的规划，还要通过行政手段来干预和控制，以使市场主体的总量、结构和布局符合所制定的规划。这种方式带有强烈的计划经济色彩，会导致资源由行政而非市场进行配置，既不符合职能转变的要求，也不符合新闻出版市场体制改革的方向。这样的规定为新闻出版行政主管部门干预市场留下了法律依据。

因此，建议将来修订《图书出版管理规定》《报纸出版管理规定》《期刊出版管理规定》等与《出版管理条例》配套的部门规章时，应将"制定并实施……总量、结构、布局的规划"修改为"制定……总量、结构、布局的规划"。此外，制定的依据是什么，规划制定的具体程序，制定好的规划是否需要公布、以何种程序和方式公布等，在相关法规中都无具体规定，这些还需要进一步细化。以《新闻出版业"十二五"时期发展规划》的具体内容为例，当前我国新闻出版行政主管部门制定的规划还是纲要性质的，对整个新闻出版业主要起指导意义和政策导向的作用。但从该《规划》角度看，很多内容还有必要细化。《新闻出版业"十二五"时期发展规划》中"推动'十二五'时期新闻出版业发展的主要措施"之一"加强依法行政"的具体表述为："健全保障新闻出版业发展的法制体系，推动新闻出版法规、规章的制定和修订，完善出版单位法人制度、主管主办制度、新媒体出版管理等法律制度。提高依法行政水平，推进服务政府、法治政府、责任政府、廉洁政府建设。建立完善新闻出版企业准入、评估、考核、奖惩、退出等机制和资产、经营、收益分配等监管制度，改进事业单位管理办法和业绩评价、考核办法，规范企事业单位的行为，加强行风建设。制订新的书号核发管理办法。完善审读、舆情监测、信息沟通和应急管理机制，进一步规范新闻采编秩序和报刊经营秩序。依法加强和改进新闻出版统计工作。"

上述表述的确是纲要性质的，指出了加强依法行政应该抓的重点工作，但对这些工作如何具体实施，上述工作的现状如何，应该达到什么样的目标，并没有具体"规划"。因此，建议在《出版管理条例》中对新闻出版行政主管部门应该如何制定规划，规划的具体要求，应该遵循怎样的程序，对规划的评估等，都要有更为详细的规定。通过制度，促进新闻出版行政主管部门制定更科学、更细致并能够具体实施的新闻出版业发展规划，而不仅仅是纲要性质的文件。

三、消除市场壁垒和行政壁垒职能与法律完善

消除市场壁垒和行政壁垒，创造开放和公平的市场环境对于新闻出版业的发展具有重要的意义，应该是新闻出版行政主管部门经济调节职能中最为重要的一环。然而在当前的法律法规中涉及新闻出版行政管理部门的创造良好市场环境的职能并没有具体规定，使得在实践中新闻出版行政管理部门基本不作为。笔者认为消除市场壁垒和行政壁垒，实质是消除经济垄断和行政垄断对市场竞争的限制，使得新闻出版企业能够在良性竞争中优胜劣汰，也能够保护消费者利益。对于在市场竞争中形成的经济垄断，我国已经于2008年出台了《反垄断法》，其后又陆续出台了一系列与《反垄断法》配套的相关规定，能够较为有效地规制市场中的垄断，创造竞争环境。但需要注意的是，反垄断法的具体实施实质是一个经济分析的过程，需要大量的行业经济数据，如，对相关企业是否具有市场优势地位的界定就需要判断企业在相关市场中的市场份额，对于新闻出版行业来说，这些数据只有新闻出版行政主管部门获得的最有公信力。因而，新闻出版行政主管部门有必要也有义务配合我国的反垄断执法。虽然当前我国新闻出版业目前阶段是发展大型新闻出版集团，可能尚未形成优势地位的垄断企业，但新闻出版企业通过维持转售价格等方式来实施限制竞争的协议却有发生，判断这些协议对市场竞争的损害都需要新闻出版业的宏观数据。因此，在我国新闻出版法律法规中应规定新闻出版行政主管部门配合反垄断执法的义务。

建议在《出版管理条例》中增加一条："各级新闻出版行政主管部门须配合反垄断执法或司法机构进行反垄断执法，不得拒绝提供反垄断执法所需的必要行业数据，以保护市场的公平竞争和消费者利益。"以体现新闻出版行政主

管部门在反垄断执法时的配合义务。

而在新闻出版业中的行政壁垒主要是地方政府的行政垄断，特别是我国新闻出版体制改革以前，新闻出版行业长期依赖行政保护来获得利润。体制改革后，我国发改委和新闻出版主管等部门也采取了一些措施来减少行政垄断对市场竞争的限制，取得了一些成效。然而，由于体制改革本身尚在进行，我国新闻出版行业一直有依赖行政保护的传统，使得不少企业不是努力去出版优秀的作品，而是采取对政府部门进行公关的手段来通过行政保护获取高额利润，这类现象不可能一下子根除。因而，消除地方新闻出版行业的行政垄断也应该成为新闻出版行政主管部门一个重要的职能。

建议在《出版管理条例》中增加一条：

"新闻出版行政机关滥用行政权力实施排除、限制新闻行业竞争行为的，由上级新闻出版行政主管部门责令改正，对直接负责的主管人员和其他责任人员应依法给予处分。非新闻出版行政机关滥用行政权力实施排除、限制新闻行业竞争行为的，同级新闻出版行政主管部门应向上级新闻出版行政主管部门报告，由上级新闻出版主管部门通知其同级的行政主管机关责令其改正，并对直接负责的主管人员和其他责任人员依法给予处分。"

由此，通过法律赋予新闻出版行政主管部门处理新闻出版业行政垄断的职能，实现其创造公平开放的市场环境的职能目标。

四、引导和调节新闻出版业运行职能与法律完善

总体来说，新闻出版行政主管部门引导和调节新闻出版业的运行本身都需要在法律框架下进行，只是有的调节手段体现在新闻出版行政法规中，有的手段并无具体行政法规规定，但也需要符合其他法律或法规的规定。

值得注意的是经济手段，由于新闻出版业的文化和公共物品属性，世界上不少国家都有相应的税收、财政优惠来扶持本国的新闻出版产业发展。当前我国新闻出版法律法规多是以管理为主，而缺少扶持的具体措施，2005 年为了推动包括新闻出版产业在内的文化产业体制改革，相关部委曾在文化体制改革试点地区和针对一些试点单位实施了税收优惠政策取得较好的效果。但这种优惠并没有制度化和常态化。

2009 年我国财政部和国家税务总局发布了两个文件《财政部、国家税务总局关于文化体制改革中经营性文化事业单位转制为企业的若干税收优惠政策的通知》和《关于支持文化企业发展若干税收政策问题的通知》。这两个文件都带有明显的临时性措施的特点，惠及的面比较窄。其中第二个文件又在2014 年 12 月发布《关于继续实施支持文化企业发展若干税收政策的通知》使

其重新生效。除了临时性、惠及面窄的缺点，上述税收优惠措施中并没有体现新闻出版行政主管部门在引导和调节新闻出版产业运行上的重要职能，新闻出版行政主管部门的职能目前主要体现在程序性地审批对电影产业的税收优惠。

笔者认为，虽然财政或税收等优惠政策是属于财政或税务行政主管部门的职能范围，但是否给予新闻出版产业税收优惠政策，给予什么样的优惠力度，给予哪些企业优惠，只有新闻出版行业的业务主管部门最有发言权。因为新闻出版行政主管部门最了解新闻出版行业状况。因而，建议《出版管理条例》或我国将来出台"文化产业促进法"时，应明确新闻出版主管机关在具体措施上的制定权，而实施则由财政或税收部门进行。

建议在上述法律法规中加入这样的条款：

"在给予新闻出版产业税收或财政优惠或扶持时，应由新闻出版行政主管部门根据新闻出版产业的发展情况评估优惠或扶持的力度、惠及的范围，并根据新闻出版行业发展情况向税务或财政主管部门提供具体的优惠措施建议，由税务或财政行政主管部门评估后予以实行。"

从具体规章的完善上来看，在部分领域还存在新闻出版行政主管部门的规划职能与其他部委的规划职能冲突的情况。如，《音像制品管理条例》第 6 条规定："国务院出版行政主管部门负责制定音像业的发展规划，确定全国音像出版单位、音像复制单位的总量、布局和结构。"而《音像制品批发、零售、出租管理办法》第 7 条第 1 款规定："文化部负责制定全国音像市场发展规划，宏观调控全国音像市场。"两部规章都具有同等法律效力，但前者的主体是国务院出版行政主管部门即国家新闻出版广电总局，后者的主体则是文化部，显然不可能由两个部门同时实施规划和宏观调控。

第6章　政府和新闻出版微观市场：
市场监管职能与法律完善

政府和新闻出版微观市场的关系，实质上就是政府对市场主体的资质、行为、从业人员等方面的具体监管制度。这一监管的正当性，就在于新闻出版物在经济、社会和文化方面都涉及公共利益，因此，才有不同于对一般市场主体的监管制度。我国的新闻出版行政法规和部门规章纷繁庞杂，其中大部分的行政法规和部门规章以及具体法规和规章中的主要内容就是市场监管。从立法技术上来说，有关市场监管的重复立法较多，部分法规已经不适应新闻出版体制改革的需要，部分法规的内容也与我国国务院制定的政府职能转变方案不符，迫切需要修订。本章分析当前我国新闻出版行政法规和规章在市场监管职能方面存在的主要问题并给出具体的法律法规完善建议。

一、对出版单位资质的行政许可问题

与不少发达国家对新闻出版单位的设立采取备案制或登记制不同，我国出于文化与意识形态安全等方面的考虑，一直以来对出版单位的设立采取的是由新闻出版行政主管部门进行审批的行政许可制度。《出版管理条例》第12条明确规定："设立出版单位，由其主办单位向所在地省、自治区、直辖市人民政府出版行政主管部门提出申请；省、自治区、直辖市人民政府出版行政主管部门审核同意后，报国务院出版行政主管部门审批。设立的出版单位为事业单位的，还应当办理机构编制审批手续。"《期刊出版管理规定》《报纸出版管理规定》等下位的部门规章与《出版管理条例》是一致的，只是将出版的单位具体化的为期刊社或报社。在新闻出版行政主管部门审批通过后，设立的是出版企业需持出版许可证到工商行政管理部门登记；设立的是事业单位的，需向事业单位登记管理机关登记。笔者调查发现，在具体实践中，我国新闻出版行政主管部门采取的是总量控制原则，即一般要新设立出版单位或申办新的期刊或报纸很难获得批准，只能采取变更现有出版单位名称或主办单位，或报纸、期刊变更名称的方式才能获得国务院新闻出版行政主管部门的许可。例如，一些单位申请出版英文期刊，只能将现有中文期刊进行更名。

这种总量控制的方式，对于维持新闻出版秩序有积极作用，能够保障新闻出版业不出乱子。但这种方式带来的弊端也在实践中逐步显现：首先，这种控制模式使得新闻出版行业的进入存在行政壁垒，难以形成由市场进行优胜劣汰的竞争环境。其次，导致出版资质成为牟利的资源。如，虽然有关法规明确禁止刊号、书号买卖，但由于出版资质很难获取，一些社会资本采取给予原出版单位的主办单位高额的转让费用后，然后由他们成立的公司组建新的出版单位的方式来变相购买刊号。由于总量的控制，一些出版物无法满足市场需求，如，在我国的学术期刊领域，由于期刊数量不能满足需求，出现了买卖版面，论文代理等乱象，期刊以版面费牟利盛行。

笔者认为，按照职能转变的大方向来看，应该部分放开对出版单位的资质许可，对于不涉及国家安全和意识形态安全等领域的出版单位可试点放松资质许可，如，科技类、学术类、非时政类的报刊。对此，《国务院机构改革和职能转变方案》有明确的表述，即"按照市场主体能够自主决定、市场机制能够有效调节、行业组织能够自律管理、行政机关采用事后监督能够解决的事项不设立审批的原则"。因而，在出版单位资质许可方面的职能转变方向是应该适度放开，将部分出版单位的监管重点放到事后监督上来。退一步，也可以采取分类审批的方式，将部分类型的出版单位审批下放给地方新闻出版行政主管部门进行，以降低市场进入壁垒。笔者建议在将来修订《出版管理条例》及相关配套规章时将上述职能转变的方向制度化。

从具体法规来看，我国当前的行政法规和部门规章仅规定了审批的程序，并未规定审批的具体依据，仅规定"不批准的，应当说明理由"，但不批准的具体理由无具体法律依据，在实践中只能由行政机关把握，申请者根本无法预期审批是否能够被通过，有可能导致申请者针对新闻出版行政主管部门进行"公关"活动。为提高审批的透明度，不论是否放开审批，都应将相关许可的标准和具体依据通过行政法规予以明确化，这样能够使市场主体清晰地预测哪些新闻出版领域可以进入，哪些不能进入，进而调整自己的行为，这更有利于新闻出版业的健康发展。

二、对出版单位成为市场主体的限制问题

回顾我国新闻出版体制改革的过程，其实质就是将大部分新闻出版单位推向市场，塑造新闻出版单位的市场主体地位。虽然取得一定成效，但改革进行了多年以后，我国尚存大量不属于"市场主体"的出版单位。因此，2009 年 4 月原国家新闻出版总署出台《关于进一步推进新闻出版体制改革的指导意

见》（以下简称《指导意见》）明确"推动经营性新闻出版单位转制，重塑市场主体"为进一步推进新闻出版体制改革的主要任务之一。2011年5月初中共中央办公厅、国务院办公厅正式下发了《关于深化非时政类报刊出版单位体制改革的意见》（中办发【2011】19号）也有类似的表述。2012年原国家新闻出版总署发布的《关于报刊编辑部体制改革的实施办法》对报刊出版单位的转企改制做了具体部署，而转企改制实质上就是塑造"市场主体"。2014年国家新闻出版广电总局发布通知，提出新闻出版改革八项工作重点，也提出继续推进转企改制和落实《关于报刊编辑部体制改革的实施办法》。因而，我国新闻出版体制改革的重点工作之一就是塑造新闻出版单位为"市场主体"，而我国的新闻出版政府行政职能的转变的重点是创造与"市场主体"相适应的制度环境。

市场主体的本质特征在于以下几个方面：❶

（1）意思自治。意思自治是指市场主体能够自主决定其市场行为，是市场经济中法的灵魂。虽然《公司法》中有条款限制公司的意思自治，但仍然以任意性条款为主，如《公司法》中的很多条款用的是"可以""依照公司章程规定"等任意性规范。从外部关系上看，意思自治要求出版单位有独立的人格，即从私法层面上相对于主管、主办单位和新闻出版主管部门完全独立，除非有法律的强制性规定，否则主管和主办单位不能干预其经营和运行。出版单位与股东也必须具有各自独立的人格。

出版单位的意思自治不仅体现在其与外部的交易—经营行为上，更体现在内部事务上。也即出版单位的治理结构、管理制度、对管理层和员工的激励制度、利润如何分配等内部事务均应按照其章程规定的程序和规则自行决定，不受外界干扰。

（2）有限责任。有限责任被国外学者称为意义超过蒸汽机的发明，这一制度让公司独立于股东，即经营权与所有权分离，从而降低了风险，鼓励资本投入公司，极大地推动了经济的发展。有限责任的内涵在于两个方面：首先，是股东对公司的有限责任。对此，《公司法》规定有限责任公司股东以其出资额为限对公司承担责任，股份有限公司股东以其所持股份为限对公司承担责任。对于出版单位而言，要使股东有限责任成立，关键是明确产权。如，办公场所、固定资产、出版单位获得的拨款等相关资产的归属必须明确。因为相关资产是属于出版单位、股东还是属于股东投入公司的资本，在清算时所需承担的责任是完全不同的。其次，出版单位以其全部资产对公司债务承担责任。对

---

❶ 本章中部分内容来自笔者原来发表的论文；张小强，赵大良，刘茂林. 论出版单位的法律地位与定位［J］. 科技与出版，2012（2）：68-71.

此，不仅《公司法》有明确规定，《出版管理条例》第 16 条也规定出版单位取得法人资格后，"以其全部法人财产独立承担民事责任"。对于出版单位而言，要明确其责任承担范围的前提依然是明确产权，因为其法人财产与股东财产划分不清晰的情况下，其责任承担范围无法明确，若股东违法损害出版单位或债权人利益，就可以依据公司法中的公司人格否定制度追究股东责任，此时股东与出版单位不再承担有限责任。

（3）治理结构规范。完善出版单位的治理结构是《指导意见》强调的改革目标。《公司法》通过一系列强制性或任意性条款为公司设计了一种有效的分权制衡机制，以使公司高效率运行并平衡各方利益。在出版单位应具备的治理结构中：股东会是出版单位最高权力结构，可以修改出版单位章程，决定董事、监事人选等重大事项；董事会是出版单位的决策机构，决定经营计划和投资方案，决定高层管理人员的聘任及其报酬等事项；社长、副社长等属于高级管理层，是出版单位的执行机构，负责执行董事会制定的经营计划等；而监事会属于出版单位的监督机构，监督董事会和高级管理层。股东会与董事会及高级管理层之间形成一种委托代理关系而非具有行政色彩的上下级关系，他们以及监事会相互独立、互相监督，最终形成了合理的分权制衡结构和激励机制。出版单位改制成为公司后，必然要适用公司法的规定，按照上述模式完善治理结构。

然而，我国现行的新闻出版行政法规和部门规章设计的制度环境，使得即使出版单位改制成为企业也很难成为上述真正意义上的市场主体。主要的限制来自两个方面：

第一，主办主管制度的限制。现行主办主管制作为新闻出版行政管理的一种形式无可非议，但法律依据是 1993 年新闻出版总署颁布的《关于新闻出版单位主办单位和主管单位职责的暂行规定》（以下简称《暂行规定》），其中有许多内容超出了行政管理的范畴。该《暂行规定》第 6 条明确规定主管单位、主办单位与出版单位之间必须是领导与被领导的关系，且要求出版单位主要负责人员是主办单位的在职人员。这显然限制了出版单位的人格独立和意思自治。《暂行规定》第 4 条还规定主办单位与出版单位办公室场所应在同一城市或同一行政区域。第 8 条规定的主办单位职责同样限制了出版单位的意思自治和责任独立：该条第（1）款规定主办单位可以决定出版单位的出版物的发行或不发行并对出版单位的错误承担领导责任，第（3）款规定出版单位形成政策性亏损时主办单位应给予补偿，第（6）款甚至规定主办单位要承担出版单位停办后的资产清算、人员安置和其他善后工作。这显然不适应主办单位由领导向股东的角色转换，限制了主办单位与出版单位在人格上的独立性。《暂行规定》第 9 条规定的主管单位的职责也有部分超出了行政机关的行政职责范畴，带有浓厚的行政干预色彩，与我国当前行政法中依法行政的理念不符。

第二，资本结构单一化的限制。国务院 2005 年颁布的《国务院关于非公有资本进入文化产业的若干决定》（以下简称《若干决定》）中明确规定非公有资本不得设立报刊社和出版社，这就意味着出版单位必须是公有的。现实中大多数出版单位转为公司，往往其原主办单位会成为唯一股东，因此就会成为两类特殊的有限责任公司——一人公司或国有独资公司。虽然《公司法》也设计了一些机制让这两类公司的治理结构完善，然而上述股东单一的公司存在先天的缺陷，合理治理结构的形成要难于股份多元化的公司。因为对股东而言，其影响公司最重要的手段是"用手投票"和"用脚投票"——前者是指直接决定公司事务，后者是指转让所持公司股份。对出版单位而言，事业单位或国家的单一持股使得股东的决策容易与公司法人的决策混同，决策不科学，甚至会出现股东利用出版单位损害债权人利益或与股东关联交易的情况出现。同时，在出版单位经营不善时，由于限定了非公有资本的进入，无法形成一个有效的股权转让市场，出版单位的股东很难"用脚投票"。因为除了少数出版集团获得国有资产授权经营，由出版集团作为国有资产经营公司行使股东角色，很多出版单位改制后，其唯一股东往往是事业单位，未获得国有资产经营授权而无法转让出版单位股权，故绝大多数出版单位股权根本无法转让。即使上市，严格意义上并不是出版单位上市，而是出版集团上市，出版单位作为上市出版集团的子公司或者出版单位的部分业务打包成为出版集团的子公司，如发行、网络传播等，依然没有解决出版单位的完全市场主体地位问题。同时，即使上市和获得国有资产授权经营，受出版单位资本性质的限制，能够转让的股份份额和受让主体都会受到局限。

《若干决定》除严格限制非公有经济不能投资进行内容生产的新闻出版单位外，还对社会资本进入内容的传播领域——印刷、复制等领域有严格的资本比例限制，规定社会资本虽然可以进入但是持股比例只能低于 49%，也即社会资本不得控股上述领域。笔者认为，在不能控股的情况下，会影响社会资本进入上述行业的积极性。

2014 年 5 月 26 日，国务院出台《出版单位变更资本结构审批办法（试行）》，该办法第 2 条明确规定："出版单位变更资本结构审批，是指涉及非国有资本投资出版单位前由国务院新闻出版广电行政主管部门实施的行政许可审批。"第 3 条规定："具有下列情形之一的，无须报批：（一）国有资本投资出版单位；（二）出版单位经批准上市融资；（三）境内资本投资非国有网络出版单位。"这说明，当前的制度对非国有资本投资国有出版单位的限制制度并没有改变，该办法仅仅是对《若干决定》的补充。

因而，笔者认为，要想切实使得改制成功后的出版单位成为真正的市场主体，必须修订上述法规。对于主管主办制度而言，应探索在转制以后的主管主办新形式，必须解除出版单位与其主办或主管单位之间的"依附"关系，主办单位应该转变为"股东"，不能直接参与出版单位的经营，出版单位经营的风险，主办单位也只能依照其投资额度承担有限责任，而不应承担带有计划经济色彩的"领导"责任。还应放宽社会资本对新闻出版业的投资限制，使得资本在新闻出版业的流入和流出较为自由。只有这样，才能让出版单位成为意思自治的法人，承担有限责任、能够有符合市场经济要求的治理结构，也即成为真正的市场主体。这也符合《国务院机构改革和职能转变方案》中提出的"除涉及国家安全、公共安全等重大项目外，谁投资、谁决策、谁收益、谁承担风险"的基本原则。

而从现有制度的实施情况来看，虽然国家有各种制度限制，但民营资本依然以各种变通模式进行事实上的经营出版。如，与图书、期刊出版单位通过合作方式出版图书期刊，通过隐匿自己为真实出版单位的方式出版期刊。这些实践说明，既然当前的制度并没有完全堵住民营资本的进入，不如适度放开并予以规范。

三、对出版物内容和质量的监管

(一) 重大选题备案制度的完善

重大选题备案制度是一种事前的内容监管制度。《出版管理条例》第20条规定："图书出版社、音像出版社和电子出版物出版社的年度出版计划及涉及国家安全、社会安定等方面的重大选题，应当经所在地省、自治区、直辖市人民政府出版行政主管部门审核后报国务院出版行政主管部门备案；涉及重大选题，未在出版前报备案的出版物，不得出版。具体办法由国务院出版行政主管部门制定。期刊社的重大选题，应当依照前款规定办理备案手续。"

1997年10月原新闻出版署出台了《图书、期刊、音像制品、电子出版物重大选题备案办法》，其中明确规定了十五种重大选题："（一）有关党和国家的重要文件、文献选题；（二）有关党和国家曾任和现任主要领导人的著作、文章以及有关其生活和工作情况的选题；（三）涉及党和国家秘密的选题；（四）集中介绍政府机构设置和党政领导干部情况的选题；（五）涉及民族问题和宗教问题的选题；（六）涉及我国国防建设及我军各个历史时期的战役、战斗、工作、生活和重要人物的选题；（七）涉及"文化大革命"的选题；（八）涉及中共党史上的重大历史事件和重要历史人物的选题；（九）涉及国民党上层人物和其他上层统战对象的选题；（十）涉及苏联、东欧以及其他兄弟党和国家重大事件和主要领导人的选题；（十一）涉及中国国界的各类地图选题；（十二）涉及香港特别行政区和澳门、台湾地区图书的选题；（十三）大型古籍白话今译的选题（指 500 万字以及 500 万字以上的项目）；（十四）引进版动画读物的选题；（十五）以单位名称、通讯地址等为内容的各类'名录'的选题。"并规定"前款所列重大选题的范围，新闻出版署将根据情况适时予以调整并另行公布。"

此后，原新闻出版行政主管部门陆续颁布了若干与上述规定配套的规定，具体包括《关于对描写党和国家主要领导人的出版物加强管理的规定》《关于出版"文化大革命"图书问题的若干规定》《关于出版"名录类"图书的管理规定》《关于加强军事题材出版物管理的规定》等。这些规定过于庞杂，从新闻出版政府职能转变的角度来看，存在以下问题：

（1）虽然重大选题备案是《出版管理条例》赋予新闻出版行政主管部门的管理职能，但这一职能也应该有明确的行使依据和范围。《图书、期刊、音像制品、电子出版物重大选题备案办法》中却规定新闻出版行政主管部门可以根据情况适时予以调整并另行公布，这样的规定弹性过大，赋予新闻出版行政主管部门的权力过大，不符合当前职能转变应该简政限权、依法行政的思路。

（2）与《图书、期刊、音像制品、电子出版物重大选题备案办法》配套的管理规定过于繁多，不利于规章的执行。

对此，笔者认为应当梳理现有的关于重大选题备案的各种规定，将相关的规章合并为"重大选题备案指南"，在该指南中对各种重大选题给予详细的解释并作出更为具体的实施细则。鉴于随着形势的变化，有些重大选题可能会发生变化，如，部分当前的重大选题可能将来不再属于应予备案的重大选题，随着形势变化也可能出现新的重大选题。对此，可以通过法律法规规定重大选题的审查机制，但应该有较为严格的程序，不能简单规定为由新闻出版行政主管部门根据情况调整。建议将《图书、期刊、音像制品、电子出版物重大选题备案办法》第 3 条修订为："前款所列重大选题的范围，新闻出版行政主管部门每三年组织一次评估，评估应当由党的宣传部门、国务院文化行政主管部门、民族与宗教行政主管部门等与重大选题备案内容有关的部门派出专门人员组成评估委员会，评估委员会中还应当有出版单位的代表、文化出版、安全领域的专家参加，委员会评估出版物有关内容对国家安全、社会稳定等可能产生的影响后提出重大选题的调整范围并实施。"通过上述修订，每隔一定周期对重大选题进行评估，并且评估人员有多部门人员和社会力量参与，有助于制定较为合理的重大选题备案范围。

（二）有害内容监管制度的完善

对有害内容的监管是新闻出版行政主管部门应该履行的重要职能，我国新闻出版行政法规和规章中也有相应内容。《出版管理条例》第 25 条规定："任何出版物不得含有下列内容：（一）反对宪法确定的基本原则的；（二）危害国家统一、主权和领土完整的；（三）泄露国家秘密、危害国家安全或者损害国家荣誉和利益的；（四）煽动民族仇恨、民族歧视，破坏民族团结，或者侵害民族风俗、习惯的；（五）宣扬邪教、迷信的；（六）扰乱社会秩序，破坏社会稳定的；（七）宣扬淫秽、赌博、暴力或者教唆犯罪的；（八）侮辱或者诽谤他人，侵害他人合法权益的；（九）危害社会公德或者民族优秀文化传统的；（十）有法律、行政法规和国家规定禁止的其他内容的。"第 26 条规定："以未成年人为对象的出版物不得含有诱发未成年人模仿违反社会公德的行为和违法犯罪的行为的内容，不得含有恐怖、残酷等妨害未成年人身心健康的内容。"《出版管理条例》第 62 条也规定了出版含有上述内容出版物的法律责任。《期刊出版管理规定》等部门规章中也重申了出版物不得登载上述有害内容。《互联网信息服务管理办法》中也有类似的规定。

然而，上述规定都较为笼统，对于到底哪些属于上述有害内容、如何鉴定，必须有配套的法律规定，新闻出版行政主管部门才能够依法行政，才能够有效监管上述有害信息，否则上述条款可能会流于形式。而我国当前对有害信息界定的法律法规尚不完善。

《全国人民代表大会常务委员会关于惩治走私、制作、贩卖、传播淫秽物品的犯罪分子的决定》（1990 年 12 月）第 8 条对淫秽物品进行了界定："本决定所称淫秽物品，是指具体描绘性行为或者露骨宣扬色情的诲淫性的书刊、影片、录像带、录音带、图片及其他淫秽物品。有关人体生理、医学知识的科学著作不是淫秽物品。包含有色情内容的有艺术价值的文学、艺术作品不视为淫秽物品。"并且规定："淫秽物品的种类和目录，由国务院有关主管部门规定。"

1997 年修订的《刑法》中再次重申了上述规定，后来刑法经过多次修订，但上述对淫秽物品的界定并没有改变，2014 年最新修订的《刑法》中依然保留了上述规定。而且现行《刑法》附件二还规定"全国人民代表大会常务委员会制定的下列补充规定和决定予以保留，其中，有关行政处罚和行政措施的规定继续有效；有关刑事责任的规定已纳入本法，自本法施行之日起，适用本法规定……2. 关于惩治走私、制作、贩卖、传播淫秽物品的犯罪分子的决定……"

　　《刑法》虽经过多次修订，但有关淫秽物品的界定仍沿用了 1990 年的规定，而且《全国人民代表大会常务委员会关于惩治走私、制作、贩卖、传播淫秽物品的犯罪分子的决定》中的行政处罚和行政措施继续有效，说明我国立法者认为淫秽物品的认定应该是我国新闻出版行政主管部门的责任，因此，这就实质性规定了我国新闻出版行政主管部门在制定淫秽物品认定标准上的职责。但我国对有害信息进行界定的法规仅有 1988 年原新闻出版行政主管部门颁布的《关于认定淫秽及色情出版物的暂行规定》，其中规定了："淫秽出版物是指在整体上宣扬淫秽行为，具有下列内容之一，挑动人们的性欲，足以导致普通人腐化堕落，而又没有艺术价值或者科学价值的出版物"，并具体列出了"淫亵性地具体描写性行为、性交及其心理感受；公然宣扬色情淫荡形象"等七种淫秽出版物。界定"色情出版物"为"是指在整体上不是淫秽的，但其中一部分有第 2 条（1）至（7）项规定的内容，对普通人特别是未成年人的身心健康有毒害，而缺乏艺术价值或者科学价值的出版物。" 1989 年原新闻出版行政主管部门发布的《关于部分应取缔出版物认定标准的暂行规定》，在重复规定色情内容的基础上，增加了"宣扬封建迷信"的出版物，"是指除符合国家规定出版的宗教出版物外，其他违反科学、违反理性，宣扬愚昧迷信的出版物"。2005 年原新闻出版行政主管部门出台了《关于认定淫秽与色情声讯的暂行规定》，在 1988 年《关于认定淫秽及色情出版物的暂行规定》的基础上增加了两种。1989 年与 2005 年的两个规定虽然比《出版管理条例》具体一些，但从新闻出版行政主管部门行使职能的角度来看，仍然较为笼统，还存在不少非常不确定性的描述。如，"足以诱发犯罪的、其他令普通人不能容忍的对性行为的淫亵性描写"，这些标准较为主观，弹性太大，难以在执法过程中具体实施。而且 1989 年规定颁布的时间离现在已经过去近 30 年，现在的信息传播模式与当年相比已经发生了巨大改变，上述规定主要集中在"出版物"和"声讯"两种类型，而色情信息的载体在当前是多种多样的，如：网络游戏、社交媒体、网络视频、网络音频等等新的传播形式层出不穷，上述规定根本无法适应当前执法的需要。

　　在《关于认定淫秽及色情出版物的暂行规定》中虽然规定"新闻出版署组织有关部门的专家组成淫秽及色情出版物鉴定委员会，承担淫秽出版物、色情出版物的鉴定工作。各省、自治区、直辖市新闻出版局组织有关部门的专家组成淫秽及色情出版物鉴定委员会，对本行政区域内发现的淫秽出版物、色情出版物提出鉴定或者认定意见报新闻出版署。"这一规定明确了新闻出版行政主管部门是认定上述有害信息的主体，然而对于鉴定委员会的人员组成或选拔程序并无规定，有可能导致该委员会组成不够专业，无法胜任鉴定工作或人员构成不稳定而导致鉴定标准不一致，在没有鉴定具体法律依据的情况下，鉴定委员会也很难统一鉴定的尺度。

当前我国出现的儿童读物和视听作品成人化等问题非常突出，需要新闻出版行政主管部门实施有效监管，净化儿童成长的环境。当前我国保护儿童免受有害出版物影响的主要制度规定在 1999 年生效的《预防未成年人犯罪法》中。该法第 30 条规定："以未成年人为对象的出版物，不得含有诱发未成年人违法犯罪的内容，不得含有渲染暴力、色情、赌博、恐怖活动等危害未成年人身心健康的内容。"第 31 条规定："任何单位和个人不得向未成年人出售、出租含有诱发未成年人违法犯罪以及渲染暴力、色情、赌博、恐怖活动等危害未成年人身心健康内容的读物、音像制品或者电子出版物。任何单位和个人不得利用通讯、计算机网络等方式提供前款规定的危害未成年人身心健康的内容及其信息。"第 32 条规定："广播、电影、电视、戏剧节目，不得有渲染暴力、色情、赌博、恐怖活动等危害未成年人身心健康的内容。广播电影电视行政部门、文化行政部门必须加强对广播、电影、电视、戏剧节目以及各类演播场所的管理。"

我国《未成年人保护法》第 33 条规定："国家采取措施，预防未成年人沉迷网络。国家鼓励研究开发有利于未成年人健康成长的网络产品，推广用于阻止未成年人沉迷网络的新技术。"第 34 条规定："禁止任何组织、个人制作或者向未成年人出售、出租或者以其他方式传播淫秽、暴力、凶杀、恐怖、赌博等毒害未成年人的图书、报刊、音像制品、电子出版物以及网络信息等。"

《出版管理条例》第 26 条规定："以未成年人为对象的出版物不得含有诱发未成年人模仿违反社会公德的行为和违法犯罪的行为的内容，不得含有恐怖、残酷等妨害未成年人身心健康的内容。"

上述《未成年人保护法》和《预防未成年人犯罪法》《出版管理条例》虽然都有禁止向未成年人传播危害其身心健康的内容的规定，但还存在以下问题：

第一，与对淫秽色情内容的监管一样缺乏认定的具体标准。在没有具体标准的情况下，新闻出版部门难以有效实施监管。这是当前对未成年人读物监管困难的原因之一。

第二，缺乏具体的监管制度。上述法律法规中保护未成年人免受有害内容影响的制度，只是原则性地"禁止"有害内容，却没有法律责任，更没有详细规定新闻出版行政主管部门具体应如何监管这些内容。上述法律条款既没有规定监管方的具体义务，也没有规定被监管对象的具体法律责任，造成监管执法法律依据不足。相比之下，只有落实具体的监管主体和客体，监管程序才能真正把监管落到实处。对此，部分国家的经验值得借鉴，如本书第四章所述的韩国的出版物伦理委员会五个审查委员会，分别对图书和电子图书、报纸和期刊等连续出版物、广告、漫画类出版物、外国出版物中的有害内容进行审查，这种专门机构审查的方法能够有效对出版物中有害内容进行监管。

为了打击对有害内容的非法出版活动，我国成立了由原国家新闻出版总署、文化部等行政主管机关和司法机关参与的联合执法部门——扫黄打非办公室。但是，联合多部门的行使决定了该办公室的主要职能是打击非经正规出版单位出版的出版物和明显属于《出版管理条例》中规定的有害内容。对于处于模糊地带但又可能对青少年或其他社会群体带来不良影响的正规出版物则无法有效监管。

究其原因：①上述法律规定存在的问题未解决；②有相当大一部分有害内容，特别是针对特定群体而言，并没有违反法律，但却违反了社会伦理道德。对违反社会伦理道德理的规范模式也是多方面的，除了通过法律赋予政府监管职能外，社会监管也同等重要。

综上所述，笔者认为，我国新闻出版行政主管部门在有害信息监管方面存在制度建设不够和专门机构缺失的问题。法律依据不足使新闻出版行政主管部门只能有效监管明显属于违法的内容，对于很多有危害但却没有在法律法规中有明确规定的内容无具体的执法依据。而有害信息的认定本身是较为专业的活动，需要专门机构来进行。此外，有害信息不仅应由新闻出版行政主管部门予以监管，也是新闻出版业行业自律应有的内容，还应该从行业自律方面入手进行有效监管。此外，鉴于有害内容不仅包含违法内容，也包含违反伦理道德的内容，应把政府监管与社会力量监管结合起来，通过合理的制度吸纳社会力量进入监管体系。

因而，应该从制度完善和机构建设两个方面来加强新闻出版行政主管部门对有害内容的有效监管。

第一，应该从有害内容损害的客体保护角度，立法完善有害内容的监管制度。如，世界不少发达国家都在青少年保护的相关法律中明确了对暴力、自杀方面内容的具体监管和审查制度，保护青少年免受不良影响。而我国的《未成年人保护法》《未成年人预防犯罪法》则并无相关制度。我国当前正在起草的《反恐怖法》中也应加入对可能诱导青少年参加恐怖活动的媒介内容予以监管。除了可以在上述专门立法中增加相关条款，另一个更为可行的方式是参照德国等国家制定《传播危害青少年之文学作品法》的模式，制定专门的立法监管危害青少年的淫秽、暴力内容，监管含有诱导青少年自杀或犯罪等有害内容的传播。对各种有害内容的具体界定，应该立法予以明确，使新闻出版行政机关的监管有法可依。

第二，可以参考其他国家的做法，在新闻出版行政主管机关中成立专门的有害媒体内容监管部门。例如韩国依据其《出版及印刷振兴法》设立的带有官方色彩的民间机构——出版物伦理委员会（下设五个审查委员会），来承担韩国新闻出版有害信息审查职能。德国在其联邦家庭、老人、妇女和青少年部设有专门的青少年媒体处，对可能危害青少年的媒体内容进行审查。成立专门的内容审查机构，显然能够更为有效地监管媒体中的有害内容。我国的新闻出版行政主管部门可以在内部设立专门的有害内容监管部门，或吸收业内专家成立各种专门的审查委员会，采取事后审查的方式，定期对媒体中存在的有害信息进行评估，只有这样才能有效监管有害内容。在《出版管理条例》等法规、规章中可以对新成立的专门内容审查机构或委员会的人员组成、具体职能予以明确。在上述监管部门中，应适当吸纳相关社会团体、社会组织和社会公益人士进来，让政府和社会力量整合共同监管有害内容。对此，我国部分地区正在尝试将家长吸纳进入监管队伍，有了一些可供借鉴的经验。如，首都互联网协会通过招募未成年人家长组成评审团对网络有害内容进行监督。❶

第三，完善有害内容的认定标准。根据当前形势，重新制定认定淫秽色情内容的具体标准，还应该制定"认定对未成年人有不良影响的出版物及信息的规定"，在制定过程中，应该广泛听取社会各界的意见，特别是家长和青少年研究专家的意见，确定一个较为合理而明确的标准。在2015年国家新闻出版广电总局新闻出版课题指南中，有一项为"淫秽色情出版物及相关信息的认定研究"，课题说明为："本课题旨在解决'扫黄打非'工作中淫秽色情出版物及信息认定标准的可操作性问题，以进一步提升'扫黄打非'工作法治水平。本课题要通过法律法规梳理、案例分析、实地调研、专家论证、征求各方意见等方式，将传播淫秽色情出版物及信息的新形式纳入规范对象，明晰淫秽色情出版物及相关信息的认定标准，明确淫秽色情出版物及信息的鉴定主体和程序，为制订《关于认定淫秽色情出版物及相关信息的规定》提供具体建议方案。"这说明我国新闻出版行政主管部门已经在为重新制定认定淫秽色情类有害内容做相关研究。

在对有害内容进行认定时，应将有害内容与有害内容的载体做出区分，在当前网络传播环境下，在相关规定中对有害内容载体的规定应该更为灵活，以适应新的传播环境，如，可以在将来的《关于认定淫秽色情出版物及相关信息的规定》中做出明确规定，将有害内容与其载体区分对待："上述淫秽色情

---

❶　北京："妈妈评审团"的净网行动［EB/OL］. http://news.xinhuanet.com/legal/2014-04/24/c_1110387 852.htm.

内容的认定，与内容的载体和传播渠道无关，本规定认定的淫秽色情内容的传播载体和渠道包括但不限于以下类型：

1）报纸、期刊、图书等出版物；

2）网络文学作品、网络视频、网络音频、网络图像（包括漫画与动态图片）；

3）网络游戏；

4）QQ、微博、微信等社交媒体或聊天软件；

5）网络聊天室；

6）声讯、手机短信等通信服务；

7）闭路电视；

8）其他能够传播淫秽色情信息的渠道。"

笔者认为，与制定《关于认定淫秽色情出版物及相关信息的规定》相比，制定《认定对未成年人有不良影响的出版物及信息的规定》有更为重要的意义，也更为紧迫。

首先，从社会公共利益的角度看，我国的未成年人是我国社会的共同财富，关乎国家未来。媒介中一些隐性的有害内容对未成年人的不良影响，远大于淫秽色情出版物对成年人的影响。这也是不少国家专门制定保护青少年免受有害媒介内容影响的法律制度的原因。

其次，淫秽色情信息相对于危害未成年人的内容而言，前者相对容易识别、容易防范，而后者则相对隐蔽，不易防范，而且范围更广。因此，对于后者，更应该制定明确的认定标准，通过法律法规确定认定机构和认定程序，以及出版、传播者的法律责任，并通过法律制度化吸纳社会力量进入监管体系，形成政府和社会共同治理的有效体系。

（三）审读和核验制度完善

审读和核验制度是新闻出版行政主管部门对出版物的内容与质量进行监管的重要手段，有效促进了出版物质量的提高和出版单位的依法出版。审读是对出版物本身进行检查，而核验则是对出版单位及其出版物同时审查。

在《图书出版管理规定》中规定了图书的审读和核验制度，《报纸期刊审读暂行办法》中规定了期刊和报纸的审读制度，《报纸期刊年度核验办法》规定了期刊和报纸的年度核验制度。不少省市也出台了相应的出版物审读办法等规定，如，《黑龙江省新闻出版局出版物审读暂行办法》《重庆市出版物审读办法》等。上述规定基本能满足新闻出版行政主管部门依法对出版物进行审读和对出版单位进行年度核验。

然而，笔者的调查发现，部分地区的审读和年度核验也存在一些问题，导致审读和年度核验可能流于形式，不能有效监管出版物的内容和质量，也不能有效监管出版单位。这些问题主要是上述相关的部门规章或地方性的规定中对审读和核验往往仅规定了审读或核验的具体项目，而没有规定比较详细的审读或核验的具体程序，导致在实践中重内容而轻程序，使出版单位有漏洞可钻。

笔者调查发现的主要问题有：

第一，审读中没有实行回避制度。在地方新闻出版行政主管部门组织的审读工作中，为了省事，地方新闻出版行政主管部门往往从当年参加审读的出版单位中抽调人员进行审读，这种做法最终形成了出版单位之间交叉审读。由于审读人员自己所在单位出版的出版物也被其他单位的审读员审读，全部的审读人员容易形成了"利益共同体"，有可能相互降低审读标准，很难严格依照法律法规和出版规范严格审读出版物，最终形成一个敷衍新闻出版行政主管部门的审读报告。

第二，审读和核验的出版物由出版单位提供，这就给出版单位在审读和核验工作中造假提供了便利。笔者调查发现，在审读或核验工作中，当地方新闻出版行政主管部门指定了具体出版物（如：期刊的具体期数）后，为了达到在审读或核验时质量过关，有期刊将该期期刊重新编辑加工后制作成全新的"样刊"提交上去，这就使得审读和核验时很难真正发现问题。

因此，为了使新闻出版行政主管部门更好地履行监管出版物内容和质量的职能，将审读和核验这两个最为重要的监管环节做好，建议在上述部门规章中明确审读和核验的程序性规定，避免出版单位钻政策的漏洞。

建议在《图书出版管理规定》中增加两条："当年有图书提交审读的出版单位人员不得担任审读员。""提交审读或核验的图书由新闻出版行政主管部门在市场上购买。"

在《报纸期刊审读暂行办法》增加两条："当年有出版物提交审读的出版单位人员不得担任审读员。""提交审读的出版物由新闻出版行政主管部门在市场上购买。"在《报纸期刊年度核验办法》也应相应增加一条"提交审读的出版物由新闻出版行政主管部门在市场上购买。"

四、对新闻出版从业人员的资质许可制度的完善

笔者对新闻出版单位的实际调查发现，在对新闻出版从业人员的资质许可职能方面，不少出版单位的从业人员认为新闻出版行政主管部门的从业人员资质许可中的继续教育制度存在一些问题。《出版专业技术人员继续教育暂行规定》第7条中规定："出版专业技术人员每年参加继续教育的时间累计不少于72小时。其中，接受新闻出版总署当年规定内容的面授形式继续教育不少于

24 小时。其余 48 小时可自愿选择参加省级以上新闻出版行政部门认可的继续教育形式"。对于出版从业人员（非采编人员）而言，要想获得每年的注册必须接受国务院新闻出版行政主管部门组织的面授培训。调查发现，实际执行中出现不少问题：一些出版工作者认为新闻出版行政主管部门组织的培训流于形式，并没有实质提高参训人员的业务水平，其重点在于收费，效果不好。由于这些培训往往在北京进行，外地的出版从业人员参加培训非常不便。部分出版单位为了节约差旅费，甚至采取了缴费而不参加实际培训的方式，即只派一位人员到现场，缴纳多位人员费用以获得多个合格证。这种做法使得培训并没有达到应有的目的。

对新闻采编人员的继续教育则缺乏具体规定，仅在 2009 年颁布的《新闻记者证管理办法》第 28 条第 2 款规定："新闻机构应建立健全新闻记者持证上岗培训和在岗培训制度，建立健全用工制度和社会保障制度，及时为符合条件的采编人员申领新闻记者证。"这只是原则性规定，具体的培训时间和培训方式，由新闻出版行政主管部门根据情况确定。2014 年采编人员更换新版记者证，国家新闻出版广电总局在 2013 年发布的《关于开展新闻采编人员岗位培训的通知》中，明确要求"各地各部门负责组织培训的单位要认真组织新闻单位所有采编人员集中学习 6 集电视教学片，自学《新闻记者培训教材2013》，可聘请专业教师围绕教材大纲和内容，开展'中国特色社会主义'、'马克思主义新闻观'、'新闻伦理'、'新闻法规'、'新闻采编规范'和'防止虚假新闻'等专题培训，并结合本单位工作实际开展学习讨论，确保集中培训和学习讨论时间不少于 18 个学时，切实提高新闻采编队伍素质"。但笔者对部分新闻单位参与培训的采编人员调查发现，培训基本以观看教学片为主，培训效果并不理想。而《2014 年新闻采编人员岗位培训考试管理办法》则规定副高以上职称的人员可以免考，因而，有相当多的采编人员没有参加培训。

笔者认为，从职能转变角度看，无论是对编辑出版从业人员还是新闻采编从业人员，应该转变当前由新闻出版行政主管部门统一安排培训的方式。统一安排是一种管理模式的政府职能行使方式，应该转变为服务模式的政府职能行使方式，即对新闻出版从业人员的继续教育应该从行业实际需求、方便和服务从业人员的角度出发。国务院新闻出版行政主管部门可以将培训的具体实施交给社会和地方新闻出版行政主管部门，如，相关的行业协会或专业的继续教育机构、高等教育机构。国务院新闻出版主管部门的主要职能，应该是通过考查、甄别不同培训的效果，对相关培训获得的学分予以认可，并通过抽查制度来保障培训的效果。因而，建议修订《出版专业技术人员继续教育暂行规定》时，删去"接受新闻出版总署当年规定内容的面授形式继续教育不少于 24 小时"的规定，并补充规定新闻出版行政主管机关对哪些培训产生的学分予以认可以及对培训进行抽查以规范培训效果的具体措施。在《新闻记者证管理办法》中也应该补充类似规定。

五、程序性规定的完善

在我国关于新闻出版的法律规定中，绝大多数为部门规章和规范性文件，法律和行政法规较少。一旦新闻出版行政主管部门的职能发生变化或上位的行政法规发生修订，需要修订的部门规章非常多。而部门规章的修订也有相应的程序和修订过程，由于涉及规章较多，修订周期会比较长，很容易出现部门规章与行政法规不一致的情形。特别是一些程序性上规定的不一致，容易引起法律实施中的混乱，也降低了新闻出版行政法规和规章的权威性。

2011 年 3 月 19 日国务院令第 594 号公布《国务院关于修改〈出版管理条例〉的决定》，将《出版管理条例》第 14 条修改为："国务院出版行政主管部门应当自受理设立出版单位的申请之日起 60 日内，作出批准或者不批准的决定，并由省、自治区、直辖市人民政府出版行政主管部门书面通知主办单位；不批准的，应当说明理由。"这一修改将国务院出版行政主管部门许可出版单位资质的期限从 90 日改为 60 日。虽然《出版管理条例》做了修改，但下位的《期刊出版管理规定》等部门规章并未及时修订，《期刊出版管理规定》第 13 条规定："新闻出版总署应当自收到创办期刊、设立期刊出版单位的申请之日起 90 日内，作出批准或者不批准的决定，并直接或者由省、自治区、直辖市新闻出版行政部门书面通知主办单位；不批准的，应当说明理由。"《报纸出版管理规定》《图书出版管理规定》等部门规章中规定的期限也依然是 90 日。即，在关于期限问题上，行政法规与部门规章的规定相冲突。

从《出版管理条例》与《行政许可法》的一致性来看。《行政许可法》第 42 条第 1 款规定："除可以当场作出行政许可决定的外，行政机关应当自受理行政许可申请之日起 20 日内作出行政许可决定。20 日内不能作出决定的，经本行政机关负责人批准，可以延长 10 日，并应当将延长期限的理由告知申请人。但是，法律、法规另有规定的，依照其规定。"虽然《出版管理条例》规定的期限长于《行政许可法》的期限，但依据"法律、法规另有规定的，依照其规定"这一特殊条款不能算违法。但《行政许可法》设定期限的目的是为了提高行政效率，新闻出版行政主管部门并未公布将期限设定为 60 日的理由，建议将来修订《出版管理条例》时删去有关期限的内容，直接以《行政许可法》规定的最短期限为实施期限。而当前最为紧迫的任务是修订其他相关的部门规章，让部门规章与上位的行政法规保持一致。

从长远看，为了避免上述情况出现，我国的新闻出版法律法规应该避免当前以部门规章和规范性文件为主的立法模式，应该提高法律的层级，减少法律规范的数量。如，完全可以在完善《出版管理条例》的基础上，逐步废除《期刊出版管理规定》《图书出版管理规定》《报纸出版管理规定》等下位的部门规章，因为这些部门规章中的大部分内容只是重复了《出版管理条例》的规定。在一些规定尤其是程序性规定与《出版管理条例》完全一致时，下位部门规章没有存在的必要，一旦上位法修订而部门规章未及时修订，容易造成部门规章与其上位行政法规不一致甚至混乱。

六、政府市场监管行政执法职能与刑事司法衔接制度完善

《出版管理条例》第25条、第26条规定了出版物中禁止出版的内容，违反该规定的行为严重的会构成犯罪，但行政执法与刑事司法衔接不畅的问题，在我国包括新闻出版领域在内的各种行政执法领域都存在。导致在实践中，往往以罚代刑，一些构成犯罪的行为在被行政处罚之后没有及时移送司法机关，也未追究有关人员的刑事责任。就新闻出版领域而言，行政执法与刑事司法的衔接出现问题，主要原因在于《出版管理条例》没有明确移送的具体情况，在实务中，行政法规与刑法规定衔接不畅。

（一）政府职能履行依据不足：新闻出版行政执法与刑事司法衔接不畅的实体法原因

1. 非法经营活动的行政执法与刑事司法的衔接及存在问题

我国《出版管理条例》第61条规定："未经批准，擅自设立出版物的出版、印刷或者复制、进口、发行单位，或者擅自从事出版物的出版、印刷或者复制、进口、发行业务，假冒出版单位名称或者伪造、假冒报纸、期刊名称出版出版物的，由出版行政主管部门、工商行政管理部门依照法定职权予以取缔；依照刑法关于非法经营罪的规定，依法追究刑事责任；尚不够刑事处罚的，没收出版物、违法所得和从事违法活动的专用工具、设备，违法经营额1万元以上的，并处违法经营额5倍以上10倍以下的罚款，违法经营额不足1万元的，可以处5万元以下的罚款；侵犯他人合法权益的，依法承担民事责任。"

《刑法》第225条规定："违反国家规定，有下列非法经营行为之一，扰乱市场秩序，情节严重的，处5年以下有期徒刑或者拘役，并处或者单处违法所得1倍以上5倍以下罚金；情节特别严重的，处5年以上有期徒刑，并处违法所得1倍以上5倍以下罚金或者没收财产：（一）未经许可经营法律、行政法规规定的专营、专卖物品或者其他限制买卖的物品的；（二）买卖进出口许

可证、进出口原产地证明以及其他法律、行政法规规定的经营许可证或者批准文件的；（三）未经国家有关主管部门批准非法经营证券、期货、保险业务的，或者非法从事资金支付结算业务的；（四）其他严重扰乱市场秩序的非法经营行为。"

从刑法规定看，《出版管理条例》中规定的违反出版活动适用的是《刑法》第225条规定的兜底条款，即"严重"扰乱市场秩序的非法经营行为，但到底何种程度是"严重"，是根据行为的性质还是所经营出版物的数量，并没有具体说明，只能由法官自由裁量。《出版管理条例》中也未给出应依法移送公安机关的具体标准。

2. 出版禁止内容的行政执法与刑事司法的衔接及存在问题

我国《出版管理条例》第62条规定："有下列行为之一，触犯刑律的，依照刑法有关规定，依法追究刑事责任；尚不够刑事处罚的，由出版行政主管部门责令限期停业整顿，没收出版物、违法所得，违法经营额1万元以上的，并处违法经营额5倍以上10倍以下的罚款；违法经营额不足1万元的，可以处5万元以下的罚款；情节严重的，由原发证机关吊销许可证：

（一）出版、进口含有本条例第25条、第26条禁止内容的出版物的；

（二）明知或者应知出版物含有本条例第25条、第26条禁止内容而印刷或者复制、发行的；

（三）明知或者应知他人出版含有本条例第25条、第26条禁止内容的出版物而向其出售或者以其他形式转让本出版单位的名称、书号、刊号、版号、版面，或者出租本单位的名称、刊号的。"

与之相对应的刑法条款主要有：

《刑法》第250条规定了"出版歧视、侮辱少数民族作品罪"："在出版物中刊载歧视、侮辱少数民族的内容，情节恶劣，造成严重后果的，对直接责任人员，处3年以下有期徒刑、拘役或者管制。"

《刑法》第363条规定了"制作、复制、出版、贩卖、传播淫秽物品牟利罪"和"为他人提供书号出版淫秽书刊罪"："以牟利为目的，制作、复制、出版、贩卖、传播淫秽物品的，处3年以下有期徒刑、拘役或者管制，并处罚金；情节严重的，处3年以上10年以下有期徒刑，并处罚金；情节特别严重的，处10年以上有期徒刑或者无期徒刑，并处罚金或者没收财产。

为他人提供书号，出版淫秽书刊的，处3年以下有期徒刑、拘役或者管制，并处或者单处罚金；明知他人用于出版淫秽书刊而提供书号的，依照前款的规定处罚。"

《刑法》第364条规定了"传播淫秽物品罪""组织播放淫秽音像制品

罪"："传播淫秽的书刊、影片、音像、图片或者其他淫秽物品，情节严重的，处2年以下有期徒刑、拘役或者管制。组织播放淫秽的电影、录像等音像制品的，处3年以下有期徒刑、拘役或者管制，并处罚金；情节严重的，处3年以上10年以下有期徒刑，并处罚金。制作、复制淫秽的电影、录像等音像制品组织播放的，依照第2款的规定从重处罚。向不满18周岁的未成年人传播淫秽物品的，从重处罚。"

2001年6月最高人民法院和最高人民检察院联合出台的《关于办理组织和利用邪教组织犯罪案件具体应用法律若干问题的解释》中，规定了出版、印刷、复制、发行宣扬邪教内容出版物也属于"组织、利用会道门、邪教组织、利用迷信破坏法律实施罪"，具体规定为："组织和利用邪教组织并具有下列情形之一的，依照刑法第300条第1款的规定定罪处罚……（五）出版、印刷、复制、发行宣扬邪教内容出版物，以及印制邪教组织标识的……实施前款所列行为，并具有下列情形之一的，属于'情节特别严重'：（三）出版、印刷、复制、发行宣扬邪教内容出版物以及印制邪教组织标识，数量或者数额巨大的；……"

通过梳理《出版管理条例》和《刑法》的规定发现，对于出版禁止内容的刑罚，在《刑法》中有明确规定的是《出版管理条例》第25条中的："（四）煽动民族仇恨、民族歧视，破坏民族团结，或者侵害民族风俗、习惯的；（五）宣扬邪教、迷信的；""（七）宣扬淫秽、赌博、暴力或者教唆犯罪的。"

《出版管理条例》第25条第（1）~（3）项、第（6）项、第（8）~（9）项规定的禁止内容和第26条规定的危害青少年的内容并没有在刑法中有明确的规范。即使《刑法》中有规定，对于何为"情节严重"行政执法部门并无裁量的专业能力，这就会使他们移送时非常慎重。

国务院2001年颁布的《行政执法机关移送涉嫌犯罪案件的规定》第3条规定："行政执法机关在依法查处违法行为过程中，发现违法事实涉及的金额、违法事实的情节、违法事实造成的后果等，根据刑法关于破坏社会主义市场经济秩序罪、妨害社会管理秩序罪等罪的规定和最高人民法院、最高人民检察院关于破坏社会主义市场经济秩序罪、妨害社会管理秩序罪等罪的司法解释以及最高人民检察院、公安部关于经济犯罪案件的追诉标准等规定，涉嫌构成犯罪，依法需要追究刑事责任的，必须依照本规定向公安机关移送。"从上述内容来看，《行政执法机关移送涉嫌犯罪案件的规定》要求行政执法机关自行判断刑事司法问题，相当于要求行政执法机关裁决刑事司法问题。行政执法不同于刑事司法，可以通过控辩双方举证，由法官根据案件情况自由裁量，而行政执法必须有非常明确的标准，因为行政执法是由政府单方面进行的，执法者与被执法者的地位不平等。若没有具体依据，很容易造成行政权力的滥用。从上文梳理的《出版管理条例》和《刑法》相关内容的具体规定来看，不论是行政法规还是刑法，都没有可供我国新闻出版行政主管部门在执法时参考的具体标准，这就必然造成移送难的问题。

虽然《行政执法机关移送涉嫌犯罪案件的规定》第 16 条第 2 款规定："行政执法机关违反本规定，对应当向公安机关移送的案件不移送，或者以行政处罚代替移送的，由本级或者上级人民政府，或者实行垂直管理的上级行政执法机关，责令改正，给予通报；拒不改正的，对其正职负责人或者主持工作的负责人给予记过以上的行政处分；构成犯罪的，依法追究刑事责任。"然而，对于什么情况属于"应当向公安机关移送"，依然要依据实体法来判断，而上述对实体法的梳理却显示在新闻出版领域，新闻出版行政主管部门并无具体的移送标准。这也就使得上述处罚条款很难实施。

（二）行政系统与司法系统对接不畅：新闻出版行政执法与刑事司法衔接不畅的程序法原因

行政执法与刑事司法的衔接问题，不仅出现在新闻出版领域，在我国很多涉及行政执法的领域都存在这一问题。2001 年《国务院关于整顿和规范市场经济秩序的决定》公布，要求加强行政执法与刑事司法的有效衔接；《行政执法机关移送涉嫌犯罪案件的规定》也于 2001 年公布，详细规定了行政执法机关移送的程序。2004 年最高人民检察院联合其他部门颁布了《关于加强行政执法机关与公安机关、人民检察院工作联系的意见》，2006 年最高人民检察院联合其他部门颁布了《关于在行政执法中及时移送涉嫌犯罪案件的意见》。

2011 年 2 月，中央办公厅会同国务院办公厅颁布了《中共中央办公厅、国务院办公厅转发国务院法制办等部门〈关于加强行政执法与刑事司法衔接工作的意见〉的通知》，该通知是通过中共中央办公厅和国务院办公厅联合向各级行政机关颁布《关于加强行政执法与刑事司法衔接工作的意见》，进一步强调行政执法与刑事司法的衔接问题。该通知中明确指出："做好行政执法与刑事司法衔接工作，事关依法行政和公正司法，事关经济社会秩序维护，事关人民群众切身利益保障。近年来，特别是《行政执法机关移送涉嫌犯罪案件的规定》实行以来，各地区各有关部门建立健全行政执法与刑事司法衔接工作机制，行政执法机关移送涉嫌犯罪案件工作得到加强，一大批危害社会主义市场经济秩序和社会管理秩序的犯罪行为受到刑事制裁，有力遏制了违法犯罪活动。但也要看到，在一些行政执法领域，有案不移、有案难移、以罚代刑的问题仍比较突出。"从通知的表述，以及意见由中共中央办公厅和国务院办公厅联合颁布的特点来看，中央是站在政治高度要求加强行政执法与刑事司法的衔接，这说明我国行政执法与刑事司法衔接问题虽然有一定成效，但一直以来并未完全得到有效解决。在《行政执法机关移送涉嫌犯罪案件的规定》颁布 10 年后，需要由中共中央办公厅和国务院办公厅出面对相关意见予以颁布，充分说明上述规定的实施效果并不理想。

笔者对《行政执法机关移送涉嫌犯罪案件的规定》进行梳理后发现：从程序法角度看，案件的移送要给新闻出版行政主管部门带来大量具体的工作，在执法人员力量有限及上述实体法并未对移送标准做出规定的情况下，不移送案件到司法机关是他们理性的选择。笔者将《行政执法机关移送涉嫌犯罪案件的规定》和《关于加强行政执法与刑事司法衔接工作的意见》两个规范中涉及的具体程序作了梳理，分为行政机关需要做的工作，与其他机关的工作衔接，涉及的交接程序三个方面进行比较，详见表 6-1。

表 6-1　行政机关与司法机关工作衔接程序梳理

规范条款	行政执法机关需要做的工作	与其他机关的工作衔接	涉及的交接程序
《行政执法机关移送涉嫌犯罪案件的规定》第 5 条	1. 指定 2 名或者 2 名以上行政执法人员组成专案组专门负责； 2. 核实情况后提出移送涉嫌犯罪案件的书面报告； 3. 本机关正职负责人或者主持工作的负责人审批上述书面报告，负责人应当自接到报告之日起 3 日内作出批准移送或者不批准移送的决定； 4. 决定不批准的，应当将不予批准的理由记录在案	决定批准的，应当在 24 小时内向同级公安机关移送	行政执法机关移送案件至公安机关

续表

规范条款	行政执法机关需要做的工作	与其他机关的工作衔接	涉及的交接程序
《行政执法机关移送涉嫌犯罪案件的规定》第 6 条	向公安机关移送涉嫌犯罪案件，应当准备的材料： 1. 涉嫌犯罪案件移送书； 2. 涉嫌犯罪案件情况的调查报告； 3. 涉案物品清单； 4. 有关检验报告或者鉴定结论； 5. 其他有关涉嫌犯罪的材料		
《行政执法机关移送涉嫌犯罪案件的规定》第 7 条		1. 在回执上签字； 或 2. 不属于本机关管辖的，应当在 24 小时内转送有管辖权的机关，并书面告知移送案件的行政执法机关	公安机关书面通知行政执法机关
《行政执法机关移送涉嫌犯罪案件的规定》第 8 条		1. 依法决定立案的，应当书面通知移送案件的行政执法机关； 2. 认为没有犯罪事实，或者犯罪事实显著轻微，不需要追究刑事责任，依法不予立案的，应当说明理由，并书面通知移送案件的行政执法机关，相应退回案卷材料	公安机关书面通知行政执法机关（退回案卷材料）
《行政执法机关移送涉嫌犯罪案件的规定》第 9 条	接到不予立案通知后 1. 自接到不予立案通知书之日起 3 日内，提请作出不予立案决定的公安机关复议； 2. 建议人民检察院依法进行立案监督； 3. 对公安机关不予立案的复议决定仍有异议的，应当自收到复议决定通知书之日起 3 日内建议人民检察院依法进行立案监督	1. 收到行政执法机关提请复议的文件之日起 3 日内作出立案或者不予立案的决定，并书面通知移送案件的行政执法机关； 2. 接受人民检察院依法进行的立案监督	提请公安机关复议；公安机关书面通知行政执法机关

续表

规范条款	行政执法机关需要做的工作	与其他机关的工作衔接	涉及的交接程序
《行政执法机关移送涉嫌犯罪案件的规定》第 12 条	对公安机关决定立案的案件，应当自接到立案通知书之日起 3 日内将涉案物品以及与案件有关的其他材料移交公安机关，并办结交接手续		移交涉案物品与材料给公安机关，办理交接手续
《行政执法机关移送涉嫌犯罪案件的规定》第 13 条	处理公安机关审查后认为不需要追究刑事责任的案件	公安机关对发现的违法行为，经审查，不需要追究刑事责任，但依法应当追究行政责任的，应当及时将案件移送同级行政执法机关	公安机关移送案件到行政机关
《关于加强行政执法与刑事司法衔接工作的意见》（二）	协助公安机关	公安机关立案后依法提请行政执法机关作出检验、鉴定、认定等协助的，行政执法机关应当予以协助	
《关于加强行政执法与刑事司法衔接工作的意见》（三）	行政执法机关向公安机关移送涉嫌犯罪案件，应当移交案件的全部材料，同时将案件移送书及有关材料目录抄送人民检察院	行政执法机关在移送案件时已经作出行政处罚决定的，应当将行政处罚决定书一并抄送公安机关、人民检察院；未作出行政处罚决定的，原则上应当在公安机关决定不予立案或者撤销案件，人民检察院作出不起诉决定，人民法院作出无罪判决或者免予刑事处罚后，再决定是否给予行政处罚	抄送处罚决定书；等待法院判决结果

续表

规范条款	行政执法机关需要做的工作	与其他机关的工作衔接	涉及的交接程序
《关于加强行政执法与刑事司法衔接工作的意见》（五）	处理检察院作出不起诉的案件	人民检察院对作出不起诉决定的案件，人民法院对作出无罪判决或者免予刑事处罚的案件，认为依法应当给予行政处罚的，应当提出检察院建议或者司法建议，移送有关行政执法机关处理	检察院移送行政机关

　　从表6-1中可以看出，行政机关移送的案件，如果公安机关不予受理，还是要退回行政机关进行行政处罚。如果公安机关受理、检察院起诉，行政机关也要协助取证，在没有行政处罚的情况下，还要等待起诉到法院的判决结果，根据判决结果再决定是否给予行政处罚。表6-1显示，若行政机关启动了案件的移送程序，该案件有可能在行政机关和司法机关之间来回移送，期间要涉及大量的案件材料交接工作和人员之间的往来，有时移送案件后，行政机关还要等待司法机关的判决结果，确实耗时耗力、效率低下。相比而言，行政处罚的效率更高，也不涉及两个机关之间的交接问题，自然是行政机关的理性选择。

　　移送难的另外一个原因是行政机关与司法机关是两套各自独立的体系，在具体的衔接上没有专门机构，两套系统的信息沟通不畅。为解决上述问题，保障行政处罚案件的顺利移送，最高人民检察院曾在2004年出台《关于加强行政执法机关与公安机关、人民检察院工作联系的意见》，其中明确提出了信息共享机制："加强联系配合，建立信息共享机制。各级行政执法机关、公安机关、人民检察院要在充分发挥各自职能作用的基础上，做到信息共享、密切合作。要建立情况信息通报制度，并在加强保密工作的前提下，逐步实现各行政执法机关信息管理系统与公安机关、人民检察院的信息联网共享。行政执法机关定期向公安机关、人民检察院通报查处破坏社会主义市场经济秩序案件情况以及向公安机关移送涉嫌犯罪案件情况；公安机关定期向行政执法机关通报行政执法机关移送案件的受理、立案、销案情况；人民检察院定期向行政执法机关通报立案监督、批捕、起诉破坏社会主义市场经济秩序犯罪案件的情况。建立联席会议制度，定期或不定期召开不同层次的联席会议，沟通情况，统一认识，共同研究执法中遇到的新情况、新问题，协调解决疑难问题。"

　　该意见也规定行政、公安、检察三个机关应相互配合："积极开展联合调查研究，及时解决工作中遇到的突出问题。行政执法机关、公安机关、人民检察院应当有针对性地共同开展专题调研活动，分析破坏社会主义市场经济秩序犯罪的新情况、新特点，提出相应对策。行政执法人员和公安、检察人员应当加强业务交流，相互学习业务知识、业务技能，增进相互之间的理解和信任，并不断总结办案经验，提高业务水平。"但上述规定是原则性的规定，并不是行政机关必须作为的具体义务性规定。

为此，2011 年颁布的《关于加强行政执法与刑事司法衔接工作的意见》第 10 条规定了衔接工作联席会议机制："建立行政执法与刑事司法衔接工作联席会议制度。牵头单位要定期组织召开联席会议，由有关单位相互通报查处破坏社会主义市场经济秩序、妨害社会管理秩序等违法犯罪行为以及衔接工作的有关情况，研究衔接工作中存在的问题，提出加强衔接工作的对策。"但该规定并没有规定联席会议的具体工作机制，如，行政机关和司法机关之中，谁应该牵头，参加人员、工作机制等。因此，这一规定还不能完全解决两套体系衔接不畅的问题。

为了解决新闻出版领域行政执法案件移送难问题，我国部分省市还尝试建立了联络员制度，通过联络员专门督促案件的移送。例如，广东省制定了《广东省新闻出版、版权行政执法与刑事司法相衔接联络员工作办法》，该办法第 2 条规定："各地级以上市新闻出版、版权行政管理部门确定一名科级干部担任联络员，联络员所在岗位与执法工作有关，能够反映本地区、本部门行政执法状况，有一定文字及信息采集能力。联络员因工作岗位变动，应及时更换调整，并报备案。"第 3 条规定了联络员工作职责和工作内容："（一）负责宣传我国关于行政执法与刑事司法衔接工作的法律、法规及相关政策文件。（二）组织开展对本地区新闻出版、版权文化综合执法渎职犯罪的预防工作。（三）督促指导涉嫌犯罪案件的移送工作。（四）收集、整理、传递本地区行政执法信息及重大典型案例。（五）及时反馈文化综合执法过程中存在的问题及意见、建议。（六）按时参加联络员会议，并通报本地区执行行政执法与刑事司法衔接工作情况。（七）向所在单位领导汇报联络员会议精神，提出落实意见、建议。"从上面的规定来看，联络员作为专门负责行政执法与刑事司法的衔接工作，的确能够起到一定作用。但笔者认为，联络员也有一定局限性：首先，联络员还是新闻出版行政执法部门的内部执法人员，督促作用有限。其次，联络员并非专门负责行政执法与刑事司法的衔接工作，还有日常执法任务，难以保障工作效果。总的来说，联络员只是起到"提醒"的作用，很难从根本上改变行政执法移送难的问题。

（三）完善新闻出版行政执法与刑事司法衔接制度的建议

1. 制定《新闻出版行政执法案件移送标准》

从前述论述可知，移送难首先是实体法不完善，没有具体的案件移送标准。为了解决移送标准问题，部分地区制定了本地的移送标准，如，四川省制定的《新闻出版版权行政执法机关移送涉嫌犯罪案件实施办法》第5条中规定："达到以下标准的涉嫌犯罪案件应当移送：（一）非法经营案件。违反国家规定，出版、印刷、复制、发行非法出版物，涉嫌下列情形之一的，应当移送：（1）个人非法经营数额在5万元以上的，单位非法经营数额在15万元以上的；（2）个人违法所得数额在2万元以上的，单位违法所得数额在5万元以上的；（3）个人非法经营报纸5000份或者期刊5000本或者图书2000册或者音像制品、电子出版物500张（盒）以上的，单位非法经营报纸15000份或者期刊15000本或者图书5000册或者音像制品、电子出版物1500张（盒）以上的。"

上述标准较为具体，让新闻出版行政主管部门移送案件有具体依据。但该移送标准存在的问题是：上述标准由地方版权行政主管部门单独制定，没有司法系统参与，难以保证按照该标准移送，是否有较多达到犯罪标准的侵权案件却没有被移送司法机关很难确定。由各地制定标准的另一个弊端是，有可能导致全国各地标准不一，以至于同一类型的行为在一地区被移送，在其他地区则未被移送。

因此，我国应适时制定在全国范围适用的《新闻出版行政执法案件移送标准》，依据《出版管理条例》《刑法》相关规定，将案件的移送条件细化，这样能够让新闻出版行政执法机构在决定是否移送案件时有具体的标准，也能够通过细化的标准，让《行政执法机关移送涉嫌犯罪案件的规定》第16条规定的行政执法机构不移送时受到的行政处罚或刑事处罚在实践中能够真正得以实施。移送标准应该由新闻出版行政主管部门会同最高人民检察院、最高人民法院、公安部共同制定，而不能由其中一家单独制定。这是因为，移送标准不同于司法定罪标准，其目标应该是将大部分涉嫌犯罪的行政违法行为包含进来，移送标准应该具有明确的可操作性。对此，可以参考调查已经颁布的移送标准的执行情况。

2. 建立联合执法机制和机构

国外新闻出版领域之所以不存在行政执法与刑事司法衔接的问题，正因为它们的新闻出版执法由司法和警察系统执行，其新闻出版政府部门往往不具备行政执法职能。我国现在已经形成了行政执法与刑事司法并存的局面，要解决两套系统并存带来的衔接问题，必须建立由新闻出版行政主管部门和司法系统共同参与的联合执法机制和机构。如，可以让公安机关、检察院在同级新闻出版行政主管部门中派驻办案人员和检察官，参与新闻出版行政执法，遇到有需要移送的案件，直接由检察官移送司法系统。这样就能有效避免新闻出版行政主管部门有案不移的问题。

3. 简化移送程序

在建立联合执法机制和机构的基础上，还应修订《行政执法机关移送涉嫌犯罪案件的规定》，应简化移送程序。具体简化的思路是，不能在案件移送启动后出现如表6-1所示的行政机关和司法机关之间来回反复移送、反复交接的现象。建议修订《行政执法机关移送涉嫌犯罪案件的规定》时，从程序上让移送出去的案件不再移送回来。并通过立法赋予司法系统类似新闻出版行政处罚的权力或处罚建议权，当移送的案件公安机关决定不处理时、检察院决定不起诉或法院决定不起诉时，不再让案件移送回行政机关，而是直接由决定不处理或不起诉的机关直接依据新闻出版行政法规给予行政处罚并将处罚结果通知行政机关。当法院立案时也不再让行政机关等待法院的判决结果再决定是否进行行政处罚，而是由法院在判决时直接给予处罚或处罚建议。通过简化，能够避免行政机关与司法机关两个系统之间反复往来的程序，大大提高执法和司法效率。实施上述措施的前提是新闻出版行政执法移送标准需要明确，否则也有可能造成行政机关为了省事将大量案件移送司法机关处理的情况。

第7章 新闻出版、政府和社会：社会管理、公共服务职能与法律完善

本书第5~6章讨论了政府和市场之间的关系。本章将讨论在新闻出版法律法规中如何合理地确立政府和社会的关系。从我国职能转变角度来看，这包括两个方面：第一，我国新闻出版政府主管部门应如何有效管理新闻出版领域的社会组织，以发挥社会组织应有的社会功能；第二，我国新闻出版政府主管部门如何在提供公共服务时满足社会的需求，并让自己的一些具体义务通过社会更好地实现。前者属于政府社会管理职能，后者属于公共服务职能。

一、社会管理职能与新闻出版法律法规的完善

根据《国务院工作规则》，社会管理职能主要指："完善社会管理政策和法律、法规，依法管理和规范社会组织、社会事务，妥善处理社会矛盾，维护社会秩序和社会稳定，促进社会公正。加强城乡基层群众性自治组织和社区建设。培育并引导各类民间组织的健康发展，充分发挥其作用。依法建立健全各种突发公共事件应急机制，提高政府应对公共危机的能力"。上述政府职能描述中与新闻出版行政主管部门有关的是管理和规范社会组织，以及充分发挥各类民间组织的作用。即《国务院机构改革和职能转变方案》职能转变指导思想中的"处理好政府与社会"的关系问题，国务院提出的改革社会组织的具体措施为："加快形成政社分开、权责明确、依法自治的现代社会组织体制。逐步推进行业协会商会与行政机关脱钩，强化行业自律，使其真正成为提供服务、反映诉求、规范行为的主体。探索一业多会，引入竞争机制。重点培育、优先发展行业协会商会类、科技类、公益慈善类、城乡社区服务类社会组织。成立这些社会组织，直接向民政部门依法申请登记，不再需要业务主管单位审查同意。民政部门要依法加强登记审查和监督管理，切实履行责任。坚持积极引导发展、严格依法管理的原则，促进社会组织健康有序发展。完善相关法律法规，建立健全统一登记、各司其职、协调配合、分级负责、依法监管的社会组织管理体制，健全社会组织管理制度，推动社会组织完善内部治理结构。"

　　因而，新闻出版在社会管理职能上的转变，其实质就是合理划分政府和社会组织之间的功能，通过加强与新闻出版相关的社会组织——行业协会的建设，将一些没有必要由新闻出版行政主管部门承担的职责转交给行业协会。这样能够让新闻出版行政主管部门集中资源管理应该尤其监管的核心事务，提高行政效率。相比新闻出版行政主管部门，行业协会对新闻出版产业和新闻出版单位更为了解，出台的一些措施更为有效。新闻出版行政主管部门的优势在于执行法律，而行业协会不仅可以约束会员单位遵守法律，更能够在约束会员单位遵守新闻出版伦理上发挥积极作用。笔者对美国、英国、法国、德国、日本等过的新闻出版行业协会的调查发现（详见本书第四章），这些国家的新闻出版行业协会在约束会员单位遵守新闻出版伦理甚至有害内容监管方面的职能主要是由行业协会而不是政府部门承担。上述国家的行业协会有着非常强的组织能力和执行能力，设有一些常设性的专门机构，而政府相关部门对行业协会的权威性也非常认可。

　　2013 年 7 月《国家新闻出版广电总局主要职责内设机构和人员编制规定》中明确出版物发行员职业技能鉴定职责，图书出版单位等级评估职责，报纸、期刊综合质量评估职责分别交由相应的行业协会承担，这是新闻出版行政管理部门社会职能实施性的转变。这种职能转变的方向无疑是正确的，但笔者调查发现，目前我国新闻出版行业协会的建设还比较薄弱，影响了其发挥作用，也导致按照《国务院机构改革和职能转变方案》来进行职能转变存在困难。当前我国行业协会存在的两大问题是：

　　第一，行业协会相对于新闻出版行政主管部门不独立。《社会团体登记管理条例》第 17 条第 2 款规定："社会团体备案事项，除本条例第 16 条所列事项外，还应当包括业务主管单位依法出具的批准文件。"我国各种行业协会实施的双重管理体制，即由民政部门对其进行登记管理，而由新闻出版行政主管部门作为其业务主管单位。《社会团体登记管理条例》中还明确规定："业务主管单位履行下列监督管理职责：（一）负责社会团体筹备申请、成立登记、变更登记、注销登记前的审查；（二）监督、指导社会团体遵守宪法、法律、法规和国家政策，依据其章程开展活动；（三）负责社会团体年度检查的初审；（四）协助登记管理机关和其他有关部门查处社会团体的违法行为；（五）会同有关机关指导社会团体的清算事宜。"因而，当前我国新闻出版行政主管部门可以通过各种方式直接介入新闻出版行业协会的内部管理和事务运作，使行业协会相对于新闻出版行政主管部门而言形成了一种附属地位，并没有真正成为独立的社会组织。如上述职能转变中，承担出版物发行员职业技能鉴定职责等的行业协会，如，中国期刊协会，并非真正意义上的社会组织，而是附属于新闻出版行政主管部门来行使行业管理的行政组织。这样的职能转变在实质意义上只是换了一个行政管理部门，并未真正将相应的政府职能交由独立的社会组织来履行。

第二，大部分行业协会组织松散，对会员单位无约束力。除了上文所述依附于新闻出版行政主管部门的行业协会设有常设机构外，绝大多数新闻出版行业协会的管理者是由会员单位人员兼职，并无常设机构。行业协会名义上是法人，但实质上的组织非常松散。另外，大多数行业协会依靠会员单位缴纳的会费运作，经费非常有限。因而我国的新闻出版相关行业协会既无常设机构，又缺乏经费，加上政府部门的干预，除了接受相关政府部门委托其进行的一些评比活动，在行业自律等方面基本无所作为。长期形成的这种依附于政府部门的运作方式，也导致行业协会权威性不足。

因而，当前可以从两个方面加强新闻出版相关行业协会的建设：①应该让新闻出版行业协会完全独立于新闻出版行政主管部门。应该按照《国务院机构改革和职能转变方案》提出的职能转变方向，成立新闻出版相关协会，"直接向民政部门依法申请登记，不再需要业务主管单位审查同意。"对此，应相应修订《社会团体登记管理条例》。而新闻出版行政主管部门，也应逐步从相关行业协会的业务主管单位，转变为平行的协作单位或业务指导单位。并在修订《出版管理条例》等新闻出版行政法规或部门规章时，明确行业协会在行业自律和期刊评比等方面的职能。②应加强行业协会的组织建设。应该通过修订新闻出版相关法规，让新闻出版行业协会获得政府的资金投入，并设立一些常设的专门委员会等常设机构，提高行业协会的组织能力。为了改变行业协会当前权威性不足的现状，可在新闻出版法规修订时，在相关法规中认可行业协会在出版物评比、等级认定结果以及对新闻出版单位伦理失范的惩戒，提升其权威性，促进行业协会自律功能的发挥。

二、公共服务职能与新闻出版法律法规的完善

对新闻出版产业而言，政府提供的公共服务体现在两个方面：一方面，向新闻出版物的消费者——社会公众提供因在市场无法获利而市场主体不愿意提供的公共产品——公益性的新闻出版物；另一方面，政府还要服务于新闻出版市场主体，为他们提供市场无法提供的相关服务。

（一）为社会公众提供公益性出版物的制度完善

当前我国新闻出版行政主管部门提供公益性出版物的主要做法，是对社会效益好而无法通过市场收回成本的新闻出版物提供公共财政支持。新闻出版物与其他产品不同，既具有商品属性，更具备精神文化传播功能，前者体现的是

经济效益，后者体现的是社会效益。一般而言，社会效益好的新闻出版物也具备较好的经济效益。但是，也有不少社会效益好的出版物经济效益较差，难以通过正常的市场交换收回生产这类出版物投入的成本。而这类出版物又有重要的文化价值，社会影响巨大。我国《出版管理条例》第 4 条规定："从事出版活动，应当将社会效益放在首位，实现社会效益与经济效益相结合。"可见社会效益对于新闻出版活动的重要性。在当前的体制改革中将出版单位塑造为市场主体，要求他们通过在市场竞争中做大做强的同时，不能要求他们不顾营利的压力而无偿地出版公益性的出版物，因此，由公共财政支持成为解决方式之一。

《出版管理条例》第 55 条规定："国家支持、鼓励下列优秀的、重点的出版物的出版：（一）对阐述、传播宪法确定的基本原则有重大作用的；（二）对弘扬社会主义核心价值体系，在人民中进行爱国主义、集体主义、社会主义和民族团结教育以及弘扬社会公德、职业道德、家庭美德有重要意义的；（三）对弘扬民族优秀文化，促进国际文化交流有重大作用的；（四）对推进文化创新，及时反映国内外新的科学文化成果有重大贡献的；（五）对服务农业、农村和农民，促进公共文化服务有重大作用的；（六）其他具有重要思想价值、科学价值或者文化艺术价值的。"第 56 条规定："国家对教科书的出版发行，予以保障。国家扶持少数民族语言文字出版物和盲文出版物的出版发行。国家对在少数民族地区、边疆地区、经济不发达地区和在农村发行出版物，实行优惠政策。"《出版管理条例》仅规定了支持的具体出版物大的类型，但并没有规定具体的支持措施。

2008 年，原国家新闻出版总署和财政部联合发布了《国家出版基金资助项目管理办法》对如何支持上述类型的出版物做出了具体规定。该办法第 12 条规定："国家出版基金主要用于对不能通过市场资源完全解决出版资金的优秀公益性出版物的直接成本补助。主要资助范围包括：1. 具有相当规模，代表现阶段思想政治、文学艺术、科学文化最高研究水平的出版项目。2. 具有填补某一学科领域空白，对我国政治、经济、文化、社会发展等具有积极推动作用的出版项目。3. 具有重要思想价值、科学价值或文学艺术价值，对弘扬民族优秀文化和及时反映国内外新的科学文化成果有重大贡献的出版项目。4. 具有很高史料价值，集学术之大成的出版项目。5. 对维护国家稳定、民族团结具有特殊意义的出版项目。6. 优秀盲文、少数民族文字出版项目。7. 优秀'三农'、未成年人读物出版项目。8. 对推动中国文化'走出去'具有重要意义和作用的出版项目。9. 国家委托的重点出版项目。10. 其他优秀公益性出版项目。"这十种类型基本涵盖了《出版管理条例》中提及的公益性出版物类型。

除了上述国家层面的出版基金对图书类出版物的资助，不少地方新闻出版行政主管部门还设立了出版专项资金对科技性、学术性和公益性期刊进行资

新闻出版（版权）法律完善研究

第 7 章　新闻出版、政府和社会：社会管理、公共服务职能与法律完善

助。国家自然科学基金和国家社科基金行政管理部门也设立了专项出版基金对科技和学术期刊进行资助。

上述各种出版基金，在促进我国公益性出版物的出版方面取到了重要作用。但在实践中也存在以下不足：

（1）基金覆盖面比较窄。2014 年国家出版基金的规模增加到 4.5 亿元，相比此前的 2 亿元无疑增长幅度是巨大的，但相对于我国公益性出版物的实际需求还有不少差距。在资金有限的情况下，通过限制每个单位的申报数量来扩大基金覆盖的出版单位数量。《国家出版基金资助项目管理办法》规定："每个出版机构一般每年只能申报 2 个资助项目（含联合申报项目），并且只能承担 1 个资助项目。出版机构有未结资助项目（含联合申报项目）时，一般不得申报新的资助项目。丛书或其他介质成套出版物按一个资助项目申报。"这种撒胡椒面的方式，虽然扩大了基金的覆盖单位数，也导致大量优秀的公益性出版物得不到资助。地方新闻出版行政主管部门设立的期刊专项基金，其覆盖面也不高，如，重庆市 2013 年仅有 26 种期刊获得资助，而且资助的金额相对于办刊经费而言并不高。覆盖面窄还表现为，当前国家层面的基金仅支持图书的出版，对杂志、报纸等其他出版物没有覆盖。

（2）这种支持的方式不是以具体的公益性出版物的需求为导向，而是自上而下发起的一种基金分配模式，可能会导致部分公益性出版物的供给与需求脱节。如，一些出版社为了获得出版基金，会策划一些针对农民的"三农"类图书，这些图书的选题策划是以获取基金支持为目标，而不是直接以农民的真实需求为目标。导致图书出版后，农民读者并不认可，违背了国家设立出版基金的初衷。

我国当前增加公益性出版物供给的方法，除了提高各种出版基金的财政拨款力度，扩大基金的覆盖面；还需要按照政府职能转变的方向，改变这种公益性出版物的提供方式。应该借鉴发达国家的做法，将直接提供资助的方式转化为市场交换的方式，这样成本更低、效率更高，能够让公益性出版物符合公众需求。对此，《国务院机构改革和职能转变方案》中明确指出："公平对待社会力量提供医疗卫生、教育、文化、群众健身、社区服务等公共服务，加大政府购买服务力度。"

笔者认为，可以由新闻出版行政主管部门牵头，与分管农村、民族、青少年等事务的行政主管部门共同出台一部向社会力量购买公益性出版物的管理办法。由分管具体领域的主管部门利用其熟悉和分管相关领域的优势来提出市场需求，由新闻出版行政主管部门根据市场需求向社会上的出版单位公开购买公益性出版物，可以采取招投标等多种引入竞争的方式。以三农读物为例，可以由农业

部提出具体需求，国家新闻出版广电总局向社会上的出版单位组织招投标。

（二）向市场主体提供公共服务的制度完善

对新闻出版业的市场主体而言，最重要的公共服务是市场信息的提供。国外经验表明，如果由新闻出版行政主管部门或相关行业机构及时提供市场信息，不仅能够促进新闻出版业和广告等相关产业良性发展，通过市场全局性信息的提供，使新闻出版企业能够制定更合理地战略规划，减少市场风险；也能维护新闻出版业的竞争秩序，避免市场主体为了自身利益，提供发行量等方面的虚假统计信息。

提供公共服务是新闻出版行政主管部门的义务，而不是权力。但我国新闻出版行政管理部门长期以来都是"管理型"政府，而不是"服务型"政府，相关部门规章的大多数条款规定的是出版单位的义务和政府的相关权力，而较少规定政府的义务。2005年原国家新闻出版总署出台了《新闻出版统计管理办法》，就是典型的以出版单位义务性条款为主的部门规章。该办法第3条规定："从事新闻出版管理的行政部门、从事新闻出版活动的单位和个体工商户必须依照有关统计法律、法规和本办法的规定报送统计资料，不得拒报、迟报、虚报、瞒报、伪造和篡改统计资料。"《新闻出版统计管理办法》规定的新闻出版行政主管部门公开统计信息的义务也是针对同级人民政府而言的，如该办法第25条规定："新闻出版行政部门应依法向同级人民政府统计机构提供统计资料。各级人民政府统计机构应及时向新闻出版行政部门提供有关综合统计资料。"义务性规定的缺失，导致新闻出版行政主管部门公布的行业统计信息非常少，已经公布的行业统计信息数据量也很小。笔者调查新闻出版行政主管部门网站上的信息公开栏目发现，当前新闻出版行政主管部门主动公开的信息，多以主管部门的招标采购公告等涉及政务的信息为主，部分信息也并非每年都提供。如，在整个产业的报告上，仅有2012年度的《2012年新闻出版产业分析报告》，其他年度则没有。这份由原国家新闻出版总署提供的算是最为详细的行业统计信息中，部分市场主体决策需要参考的分类统计信息也不够全面。

因此，笔者建议，将来修订《新闻出版统计管理办法》时，应补充增加新闻出版行政主管部门公开或依申请提供新闻出版具体行业统计数据信息的义务。由于《新闻出版统计管理办法》是由原国家新闻出版总署制定的规章，由行政机关自身制定的规章中设置自身义务较难实现，建议相关的制度升格为国务院制定的行政法规，甚至升格为法律。只有提高制度的效力层级，才能在法律法规中体现新闻出版行政主管部门的具体义务，才能更有效约束新闻出版行政主管部门提供公共服务。

第8章　政府与版权宏观市场：
经济调节职能与版权法律完善

　　本书前面章节所阐述的新闻出版法律法规中政府的经济调节、市场监管、社会管理和公共服务，针对的都是有形的产品或信息——具体新闻出版物或出版物中包含的信息（内容），以及围绕产品的生产和流通过程，对出版主体的行政许可，基于公共利益需要对内容方面的监管等等。与有形的新闻出版物不同，版权（即著作权）是无形的"权利"，这一权利又与新闻出版物的生产和传播有密切关系，甚至能够影响整个产业，因此，我国新闻出版行政主管部门与版权行政主管部门的架构是"一个部门，两块牌子"。从政府职能角度看，我国版权行政主管部门的政府职能依然包含经济调节、市场监管、社会管理和公共服务几个方面，本书以下章节也从政府职能的上述四个方面来讨论版权管理政府职能与完善我国著作权法以及其他相关法律法规的关系。需要注意的是，版权的权利属性，意味着版权的实现需要国家强制力做保障，因而版权还有司法保护，其中版权行政执法不仅涉及与刑事司法的衔接问题，更涉及与民事司法的关系问题，本书下一章将予以讨论。

一、版权及其交易需要政府干预的原因

　　各国版权法的立法模式不同，但大致包含精神性权利和财产性权利，对版权相关产业有重要影响的是财产性权利，财产性权利可以通过市场进行交易。因而版权的利用主要是通过市场实现的。通过市场，版权权利人获得报酬，交易相对方支付对价后获得对版权或出版物的再利用。在市场中的版权交易使创作者、传播者获得相应回报，激励了作品的创作和传播，最终促进整个版权产业的发展。有关版权的交易，主要通过具有行为能力的民事主体之间的契约实现，如果这种交易能够通过市场达到最优，则政府干预版权及其交易就无必要。但在现实中，由于版权的特点，版权交易往往达不到最优的社会效果，需要各国立法干预，具体原因如下：

　　第一，版权交易的专业性和复杂性。版权不同于一般物品，进行版权交易

首先需要了解有关版权的规定。我国版权法与欧洲大陆版权法，都将版权视为一种法定权利——既有精神权利也有经济权利。美国将则将版权视为一种利益平衡，视版权为财产权，而不承认精神权利，虽然美国 1988 年加入《伯尔尼公约》后部分承认精神权利，但也仅仅限于"视觉艺术（visual art）"这类作品。因而，版权涉及的权利内涵一般人较难掌握。例如，我国《著作权法》第 10 条规定的若干著作财产权，普通人就很难在短时间内熟悉其含义，并不完全清楚权利的许可或转让会给自己带来什么后果。版权及其交易的复杂性，在我国还体现在版权案件的审级上。《最高人民法院关于审理著作权民事纠纷案件适用法律若干问题的解释》第 2 条规定："著作权民事纠纷案件，由中级以上人民法院管辖。各高级人民法院根据本辖区的实际情况，可以确定若干基层人民法院管辖第一审著作权民事纠纷案件。"这说明，著作权等知识产权纠纷相对于一般民事纠纷要更为复杂，一般基层法院难以应对，因此由中级人民法院或由高级人民法院根据情况指定的部分基层法院管辖。我国不少高级人民法院和中级人民法院还成立了专门的知识产权审判法庭。

2013 年 11 月公布的《中共中央关于全面深化改革若干重大问题的决定》探索建立知识产权法院。2014 年 8 月 30 日全国人大常委会通过了《全国人民代表大会常务委员会关于在北京、上海、广州设立知识产权法院的决定》，在北京、上海、广州设立知识产权法院。2014 年《最高人民法院关于北京、上海、广州知识产权法院案件管辖的规定》进一步明确了上述三个试点城市知识产权法院与中级、基层法院之间的管辖权划分。

在这种情况下，版权交易很可能给缺乏法律知识的普通人带来不利的后果。若任由交易双方自由缔约，将可能造成交易的不公平，这种不公平将导致对版权权利人的激励下降，不能实现版权法鼓励作品创作的目标。为此，各国版权法中都对版权交易方式作出了较为具体的规定，例如：我国《著作权法》第三章专门规定了"著作权许可使用和转让合同"，对版权合同的性质和不同类型合同中必须列明的主要条款做出了具体规定。这样的规定，相当于给版权交易双方提供了一个可供参考的标准契约，即使双方缺乏版权知识，也能签订一个对双方而言较为公平的契约。

第二，降低交易成本的需要。即使版权交易的双方具备版权方面的知识，但由于交易双方对市场信息的掌握不够充分，交易双方的协商成本会比较高。为了降低交易双方的交易成本，又衍生出了由行政或司法机关对版权交易中的标的物支付价金进行直接或间接干预的制度。如，不少国家设立了相应的委员会，由委员会定期审定版权交易（有的国家仅干预强制许可的情形）的价格是否合理，我国则由版权行政主管部门发布规范性文件来规范版权交易的价格。

第三，版权交易涉及公众利益。版权主要是通过法律规定平衡版权涉及各方的利益。涉及的主体不仅包括交易相对人，也包括权利人和公众之间的利益平衡。因为版权是赋予权利人垄断作品利用的权利，而公众获取知识的需要必然与权利人垄断作品的利用产生矛盾。为了平衡权利人与公众利益，各国的版权法中又衍生出各种版权的例外或强制交易制度，如，合理使用、法定许可等限制权利人的制度，也有保护期限、思想与表达的二分法等制度来限制保护的内容和保护的强度。而随着数字环境发展，在数字环境下也衍生出了破解与反破解例外等类似制度，以在新的数字环境下使权利人、传播者与社会公众利益达成新的平衡。不少国家设置了专门机构来判断合理使用是否"合理"，平衡版权权利人与公众利益之间的关系。

二、部分国家干预版权及其交易的方式——间接的经济调节模式

1. 法国：设立独立的网络版权保护机构

法国知识产权法典中规定了设立专门机构来调节在网络环境下版权权利人与公众利益的平衡。法国《知识产权法典》（法律部分）第三编第一章第三节专门规定了"网络作品与权利保护高级公署"（以下简称"高级公署"）。法国《知识产权法典》L331-13 条明确规定了高级公署的性质："网络作品传播与权利保护高级公署是独立的公共机关。高级公署因此具有法人资格。"并且规定了高级公署的三项职能目标："第一，鼓励发展对用于提供在线公共通信服务的电子通信网络上合法和非法使用具有著作权或邻接权的作品和制品的监控及合法供应的任务；第二，在用于提供在线公共通信服务的电子通信网络上对上述作品和制品进行保护的任务；第三，调整和监督著作权或邻接权所保护作品和制品的保护与识别技术措施的任务。"

并且规定："为完成这些任务，高级公署可建议对法律法规进行任何修订。它可就文学和艺术产权保护的法律或法规草案向政府提供咨询意见。此外，它还可以向政府或议会委员会就其主管领域提出的任何问题提供咨询意见。"❶ 从上述法律规定来看，高级公署的主要职能是监督权和立法建议权。而高级公署下面还设立了特委会和权利保护委员会。高级公署的主要职能由特委会完成。法国《知识产权法典》还明确规定了特委会成员不接受任何机关的指示，这说明特委会是一个完全独立于行政机关的机构。

从高级公署特委会的构成来看，特委会的九名成员分别来自法国的文化、

---

❶ 《十二国著作权法》翻译组 . 十二国著作权法［M］. 北京：清华大学出版社，2011：106. 本章参考引用的各国著作权法文本未特别说明，均引自该书。

新闻出版、网络管理行政机关的推荐以及法国的司法系统和立法机关。法国《知识产权法典》L331-16 条规定，九名特委会成员分别来自：行政法院一名；最高法院一名；审计法院一名；文学和艺术产权高等理事会一名；分管电子通信、消费和文化的各部部长联合推荐三名；国民议会议长和参议院议长各任命一名。这样的人员构成保证了特委会的权威性。而高级公署下设的权利委员会有三名成员，则分别来自行政法院、最高法院和审计法院。权利委员会的主要职责有三个：组建职业维护机构；组建法国的著作权集体管理组织——报酬收取及分配协会；组建国家电影中心。

根据法国《知识产权法典》，作为独立机构的特委会具备一定的执法权，可以评估版权保护技术措施涉及各方的利益平衡情况，并根据法律的授权采取处以罚金等具体措施。如，法国《知识产权法典》L331-31 条规定，高级公署应监督技术措施不兼容而造成的额外限制，或者剥夺相关受益人的权利等，即当高级公署有义务评估技术保护措施对使用人或其他相关主体的限制是否过大，评估利益平衡的情况。

为了防止版权权利人滥用市场优势地位限制竞争，法国《知识产权法典》还规定了高级公署与竞争执法部门的协调机制。如，"高级公署署长可就其所知的技术领域的滥用优势地位妨碍自由竞争等问题提交竞争管理局审查。"这是通过与法国的竞争执法部门协调，将版权保护与反垄断统一起来，防止利用技术措施限制竞争，属于间接地消除市场壁垒。

从上述分析可以看出，法国对版权及其交易的干预并非直接通过政府某个部门的职能实现，而是通过有行政、司法、立法部门人员构成的独立机构来实现，其优势在于具有独立性和权威性，不易受外部干扰。

2. 韩国：吸纳了社会专业人士的著作权委员会

与法国的高级公署完全来自行政、司法、立法部门不同，韩国《著作权法》中则规定了著作权委员会，其职能是建立作品的公平使用制度，审议受著作权法保护的著作权及其他权利，斡旋和调节著作权纠纷。因而，如果说具有经济调节作用的话，这种调节也是间接的，而不是直接的。韩国著作权委员会的最大作用在于评估版权涉及各方的利益平衡。韩国《著作权法》第 113 条规定了著作权委员会的主要职责："斡旋或调停纠纷；审议著作权管理服务提供者的收费标准，以及文化体育观光部长或者三名以上委员共同提出的事项；建立公平的作品利用秩序，以及促进作品的合理使用；为了保护著作权而进行国际合作；开展著作权的研究、教育及提高社会的认识；配合制定著作权政策；配合制定有关技术性保护措施及权利管理信息的政策；建立并运营著作权信息管理系统；就著作权侵权提供专家意见；根据著作权法，向网络服务提供商提出修正劝告，提请文化体育观光部长官提出修正命令（注：指针对网络服务提供商传输非法复制品时）；履行法律法令赋予委员会的职责；履行文化体育观光部长官委托的职责。"

从上述具体职责来看，韩国著作权委员会兼有专家智囊和职能部门性质，该委员会由在版权实务及版权管理上有丰富经验的专业人士构成。韩国著作权法规定著作权委员会是一个独立的法人，由 20~25 名委员组成，包括一名主席和两名副主席。并且规定了委员的产生机制，即："委员会的成员由文化体育观光部长官从以下符合条件的人中任命产生，包括：（1）在大学或者其他公认的研究机关中，担任或曾经担任副教授及以上职称，并且专业是有关著作权的人；（2）曾经担任法官或是检察官的人，以及有律师资格的人；（3）四级以上的公务员，或者曾经在与此相当的公共机关任职，并且在著作权或者文化产业领域有实际经验的人；（4）曾经是有关著作权或者文化产业的团体成员的人；（5）此外，在著作权或者文化产业拥有业务学识和丰富经验的人。"

韩国的著作权委员会虽是在韩国文化体育观光部主导下成立的，但由于成员是来自社会各界中的版权专业人士，使得该委员会具备相当程度的独立性。这种组织方式保证了韩国著作权委员会在调停、提供专家意见等方面的权威性。

3. 美国：版权使用费法官制度

法国和韩国干预版权及其交易的管理模式都是间接的，法国的高级公署和韩国的著作权委员会都有一定的执法权和政策建议权。法国侧重的是对网络环境版权的保护问题；而韩国的著作权委员会所涉及的范围更广，但主要是政策建议而非直接执法。与上述两国不同，美国在版权产业以及版权的保护方面，较为强调市场的作用，一般不直接干预版权及版权交易。但为了平衡版权权利人和公众的利益，提高交易效率和降低交易成本，不少国家的著作权法都规定了强制许可制度。在美国《版权法》第 112 条、第 114~119 条等条款中分别规定了不同情况下对录音等制品的强制许可。强制许可与合理使用不同，前者需要使用人向权利人支付对价，因而强制许可可以看做是法律强制版权交易双方缔约。这就产生了一个新的问题——交易对价问题，在自由交易的市场环境中，通过讨价还价，双方对交易对价能够达成一致，而在强制许可情形下，由于是先使用后付费，交易已经先于对价支付完成，若任由双方协商交易对价，则可能对权利人极为不利。为了解决上述问题，使得在强制许可情形下版权权利人也能获得与市场交易相符的报酬，美国《版权法》中规定了版权使用费法官制度。

版权使用费法官并不是隶属于美国司法系统的专门法院，而是隶属于美国国会图书馆馆长的裁判机构。美国《版权法》第 801 条规定版权使用费法官总共有三名，均由国会图书馆馆长任命，其中一位为首席法官。国会图书馆馆长在任命版权使用费法官时应与版权局长磋商。

版权使用费法官的职能就是调整美国《版权法》第 112 条、第 114~119 条等条款中规定的强制许可制度中的版权使用费支付标准及支付条件。版权使用费法官确定支付标准的原则主要包括："（A）使公众最大限度地获得独创作品；（B）使版权人对其独创作品获得合理报酬，版权使用人在现行经济条件下获得合理收益；（C）反映版权权利人和使用人在向公众提供产品中各自的创作贡献、技术贡献、资本投入、成本、风险以及为创作性表达及传播媒介开拓新市场方面的贡献；（D）最大限度地减少对有关行业结构及通行的行业惯例的有害影响。"

上述原则性规定，反映了美国的版权使用费法官制度是尽力减少强制许可对市场的影响，并平衡公众和权利人之间的利益。

此外，美国版权法还规定，版权使用费法官在确定收费标准时，应该考虑的两个具体因素：通货膨胀或货币贬值，以及有线通信行业行业收费标准的变化。

美国版权使用费法官审理程序的启动，不同于一般的司法诉讼，而是带有集体协商性质。美国《版权法》第 803 条规定：在程序开始前，由版权使用费法官在《联邦公告》上发布公告，征集参加审理程序的公告。实质上，这种公告程序相当于向社会上版权交易涉及的各方当事人发出公告，由利益相关人自行提出审理申请。因而，美国的版权使用费法官的审理程序，既不是完全的依职权进行，也不是依当事人申请随时启动。是每年在固定时间举行，而启动方式是向社会征集申请，一旦版权强制许可费用过低，相关利益团体自然会提出申请。相当于每年评估在强制许可条件下，版权权利人和当事人的权利是否平衡。这种模式的优点是非常灵活，能够根据市场行情变化或其他环境变化随时调整强制许可的费率，平衡权利人和公众的利益。

三、我国版权行政主管部门干预版权交易的方式及弊端

我国版权管理的模式与前述新闻出版其他方面的管理一样，版权行政主管部门是通过规范性文件来干预市场中的版权交易。其出发点当然是保护版权，激励权利人创作作品。《使用文字作品支付报酬办法》（2014 年）第 1 条规定："为保护文字作品著作权人的著作权，规范使用文字作品的行为，促进文字作品的创作与传播，根据《中华人民共和国著作权法》及相关行政法规，制定本办法。"但笔者认为，这种以部门规章的方式直接干预版权交易的方式，存

在不少弊端。

1. 对契约自由的过度干预

1999 年公布的《出版文字作品报酬规定》❶ 第 3 条规定：“除著作权人与出版者另有约定外，出版社、报刊社出版文字作品，应当按本规定向著作权人支付报酬。”其中明确规定，在双方没有约定时，“应当”的措辞完全是一种强制性、义务性规范，这就使一些版权权利人不便或没有约定报酬支付的情况下，当事双方必须以版权行政主管部门的规章来支付报酬。2014 年公布实施的《使用文字作品支付报酬办法》第 2 条规定：“除法律、行政法规另有规定外，使用文字作品支付报酬由当事人约定；当事人没有约定或者约定不明的，适用本办法。”修订后，措辞去掉了“应当”，应该说是一种进步。

笔者认为，不论是否有“应当”这样的字眼，既然在《出版文字作品报酬规定》中明确了文字作品的报酬支付标准，出版单位会参考《使用文字作品支付报酬办法》来与作者签订出版合同，法院在裁决涉及支付报酬纠纷，也会依据版权行政主管部门的规范做出判决。

为了观察在实际的判决中法院是否以版权局的规章作为依据，笔者在北大法宝数据库中以“出版文字作品报酬规定”为关键词检索获得 334 个案例，以“使用文字作品支付报酬办法”为关键词检索获得两个案例。这说明，法院的确在以版权行政主管部门出台的规章作为解决版权支付报酬方面发生的纠纷和依据。版权行政主管部门的规章一方面会给出版单位示范，另一方面成为法院判决依据，会实实在在影响到版权交易市场。

为了观察这些案例中法官究竟在怎样使用原《出版文字作品报酬规定》，笔者将部分案例中的相关措辞列示如下：

……合作作者的实际损失及现代金报社的违法所得不能确定，所以法院参照国家版权局发布的《出版文字作品报酬规定》的标准，以每千字不低于 50 元的标准酌情确定。❷……

……考虑到涉案翻译作品的知名度、印刷数量以及两被告的过错程度等因素，以国家版权局《出版文字作品报酬规定》（1999 年）规定的版税计算标准为基础，两被告的侵权……

……对于财新公司要求中金在线公司支付擅自使用其作品的稿酬费用的请求，参照国家版权局《出版文字作品报酬规定》之规定，酌情判定……

……故摘编是在双方达成合意的基础上进行的，不构成侵权；对于报酬问

---

❶　该规定于 2014 年 11 月 1 日起废止，取而代之的是 2014 年 11 月 1 日起施行的《使用文字作品支付报酬办法》。

❷　案例来源于“北大法宝”数据库，网址：http://www.pkulaw.cn/.

题，《出版文字作品报酬规定》第 9 条规定，稿酬计算方式为：摘编的字数除以涉案图书的……

　　……特依据《出版文字作品报酬规定》第 6 条第 1 项、第 16 条、第 19 条……

　　……该主张的经济损失略高，本院参照出版文字作品报酬规定，综合考虑涉案作品的知名程度、侵权行为的情节、过错程度……

　　上述法院判决书的具体内容显示，《出版文字作品报酬规定》的确在当事人没有明确约定，或侵权发生的时候，成为法官判决支付报酬标准的具体依据。2014 年的新规定从总体上减少了对契约自由的干预，但政府对版权交易领域的契约自由干预色彩依然非常浓厚。当然，如果版权局出台的规范足够灵活和合理，与版权的市场环境相适应，那么这种规定确有制定的必要，但检视 1999 年和 2014 年的两个规定，其中仍然存在不少问题，笔者在下文分析。

　　2. 规章的制定没有依据版权交易市场的实际情况

　　在版权行政主管部门制定报酬支付标准前，应对版权交易的实际情况和交易相对人做充分的调查。

　　而事实上，《出版文字作品报酬规定》第 6 条中规定的基本稿酬计算方法为："（一）原创作品：每千字 30~100 元。（二）演绎作品：1. 改编：每千字 10~50 元；2. 汇编：每千字 3~10 元；3. 翻译：每千字 20~80 元。"

　　《使用文字作品支付报酬办法》第 5 条中规定的基本稿酬计算方法为："（一）原创作品：每千字 80~300 元，注释部分参照该标准执行。（二）演绎作品：1. 改编：每千字 20~100 元；2. 汇编：每千字 10~20 元；3. 翻译：每千字 50~200 元。"

　　从上述规定可以看出，我国版权局对文字作品报酬的规定非常具体，给出了最低和最高标准。但不论是在 1999 年的规定，还是在 2014 年的规定中，都没有给出上述标准的具体计算依据。2014 年修订时，版权局政策法规司负责人说明了提高上述标准的依据：

　　"付酬标准的确定一方面要适应我国经济社会发展特别是物价水平和居民收支水平的现状，另一方面要兼顾作者和使用者的利益平衡问题。据此，我们专门就 1999 年至 2013 年间图书、报纸、期刊的平均定价变动情况与全国城镇居民人均可支配收入、全国城镇居民家庭人均现金消费支出等的增长情况进行了对照测算，同时考虑到全国居民消费价格指数上涨的幅度，以及《办法》将在当前和今后一个时期内适用，对稿酬标准作了调整。根据 1999~2013 年全国城镇居民人均收支基本涨幅在 1~3.5 倍左右，图书、期刊、报纸平均单册（份）定价涨幅为 1~2 倍的情况，考虑到《办法》出台后将在相当长的时间内适用，我们据此将原《规定》的付酬标准调整为：原创作品每千字80~300元（2~3倍），改编作品每千字20~100元（2倍），汇编作品每千字10~20元（2倍），翻译作品每千字50~200元（2.5倍），报刊刊载及转载作品每千字100元（2倍）。"❶

可以看出，虽然付酬标准主要涉及版权权利人和作品使用者，但我国版权局在制定报酬支付标准时并未调查版权交易情况。"国家版权局通过中国政府法制信息网公布《办法》（征求意见稿），公开征求社会各界的意见和建议，并召开多次座谈会，征求作者、使用者和权利人组织等利益相关方的意见建议"，这种座谈会的方式是否具有代表性以及实际效果，值得商榷。版权局并未大规模调查版权权利人和作品使用方对《办法》（征求意见稿）的实际看法和版权交易的实际情况。从最终的规章文本来看，制定的依据是我国的宏观经济变动情况和图书、报纸、期刊的平均价格变动情况。从传媒经济学角度看，图书、期刊、报纸的价格并不能反映这些出版物刊载作品的版权价值。期刊、报纸有可能以广告为营利方式而定价较低。而所谓居民价格消费指数等宏观经济指标只能反映出整体经济的走势，可以反映出作品支付报酬的标准是大致应该降低还是提高，但并未反映出具体降低或升高的标准。因为版权交易市场有自己的规律，它反映的是社会和市场对作品的需求情况。例如，在作品创作很丰富、市场对作品利用需求不旺的情况下，即使物价指数上涨，报酬支付标准也会自然降低；在作品极为稀缺，市场对版权需求旺盛的情况下，即使物价指数下跌，报酬支付标准也会得到提高。

而"兼顾作者和使用者的利益平衡"在《使用文字作品支付报酬办法》中更未充分得到体现，因为要兼顾作者和使用者的利益，更应该考察当前市场中的版权交易价格对作品创作和作品传播的影响，应该更为广泛地向全国各地的版权权利人和作品使用者征求意见。

3. 规章的灵活性不足

首先，统一标准没有体现地区和行业差异。版权局制定的规章适用于全国，但我国幅员辽阔，各地经济发展水平差异很大，新闻出版产业的差距也很大，但规章的制定考虑了统一性，却没有考虑不同地区、不同类型出版单位之间的差异。表面上看，这种统一的规定似乎很公平，但实质上并不公平。这样的规定，使得规章事实上形成了一种标准的合同条款，使得经济发达地区和欠发达地区，经营形势不好和经营形势很好的出版单位适用同一种支付报酬的标准。忽视了新闻出版产业这种文化产业的多样性和特殊性。

---

❶ 国家版权局政策法制司负责人就《使用文字作品支付报酬办法》答记者问［EB/OL］.［2015-02-22］. http：//www.gapp.gov.cn/news/1656/228171.shtml.

其次，部门规章的修订周期跟不上版权产业及其发展环境的发展。1999年，版权局出台了《出版文字作品报酬规定》，至 2014 年这一部门规章才得到全面修订，在长达 15 年的时间里都没有做任何变动。而在这 15 年的时间里，我国的文化产业、文化体制已经发生深刻变革，这一规定已经落后于版权产业发展环境多年。部门规章的修订周期本身就是比较长的，2014 年版权局政策法规司负责人认为新的《使用文字作品支付报酬办法》"出台后将在相当长的时间内适用"。而在一个相当长的周期中，具体、确定的报酬支付标准必然跟不上形势发展。

事实上，我国版权行政主管部门考虑过规章容易过时的情况，《出版文字作品报酬规定》第 19 条规定："本规定第 6 条规定的基本稿酬标准为可变标准，国家版权局将根据国家公布的物价涨落指数和书价涨落情况，不定期作相应调整。"但自 1999 年该规定出台后，直到 2014 年重新修订上述规定才做了调整。在《使用文字作品支付报酬办法》中，这一条被删去，因为上述条款缺少相应的落实措施，由哪个具体部门落实、如何落实，上述规章中并无具体规定，使得该条款虚置。

为了体现新闻出版不同领域的差异性，《出版文字作品报酬规定》第 18条规定："社会科学、自然科学纯理论学术性专业报刊，经国家版权局特别批准可适当下调付酬标准。报刊转载、摘编其他报刊上已发表的作品，著作权人或著作权人地址不明的，应在 1 个月内将报酬寄送中国版权保护中心代为收转。到期不按规定寄送的，每迟付 1 月，加付应付报酬 5% 的滞付费。"第 21条规定："出版社、报刊社可根据本规定，视具体情况制定实施本规定的付酬办法，并报国家版权局备案。少数享受国家财政补贴或情况特殊的出版单位，经国家版权局特别批准，可适当下调付酬标准。"上述规定允许学术性报刊或特殊领域的出版可以下调付酬标准，但下调付酬标准需要经我国版权行政主管部门批准。虽然上述规定体现了版权产业不同领域的差异性，但规定本身却是版权行政主管部门对版权交易或市场的直接干预。从行政法原理看，这是由部门规章设定行政许可，违背了行政法中规定的行政许可只能由法律或行政法规设定的基本原则，因此，2014 年修订时删除了上述条款。上述条款的删除，却也使相关规定中没有了体现新闻出版不同领域差异性的条款。

4. 没有体现网络环境下版权的利益平衡新特点

1999 年《出版文字作品报酬规定》第 2 条规定："本规定只适用以纸介质出版的文字作品。"因而，在 2014 年以前，我国版权行政主管部门对版权交易市场的干预仅限于传统的印刷出版物。而 2014 年修订后的《使用文字作品支付报酬办法》则将网络环境的文字作品也纳入其中。该办法第 14 条第 1 款规定："以纸介质出版方式之外的其他方式使用文字作品，除合同另有约定外，使用者应当参照本办法规定的付酬标准和付酬方式付酬。在数字或者网络环境下使用文字作品，除合同另有约定外，使用者可以参照本办法规定的付酬标准和付酬方式付酬。"上述规定扩大了办法的范围，基本上把所有文字作品都纳入到该办法的规范范围之中。

虽然新的办法将网络环境纳入其中，但笔者认为，该办法还存在以下问题：

第一，没有体现网络环境的特点。根据国外对版权交易的经验，即使政府或司法机关有必要干预版权交易，这种干预的原则首先是权衡版权权利人和公众利益。在权衡利益平衡的基础上，干预的结果应该与市场中双方博弈得到的结果一致。在我国的《使用文字作品支付报酬办法》中，除了明示该办法既适用于纸质媒介，也适用于网络以外，并没有体现网络环境版权交易特点的条款。笔者认为，同为文字作品，在网络环境中的传播与印刷模式的传播，应该有不同的特点。如：在印刷环境衡量作品的优劣往往是印数和销量，而网络环境则是通过点击、下载等来衡量。而且网络环境与印刷模式的商业模式有很大的区别，因此，作品在印刷环境和网络环境的版权交易价格应该是有区别的，至少不能完全适用同一个标准。而且网络环境下，作品一旦上网，可以迅速、广泛地传播开来，因而，网络环境中的版权权利人与公众的利益平衡也与传统印刷环境有很大的不同。网络环境与印刷环境版权交易的另一个差别在于，印刷模式下的版权交易经过多年的演变，已经有一套比较成熟的模式，而网络的传播模式还在不断改变，有各种新型传播模式出现，是在动态发展的。正是这种差异，世界上部分国家，如法国等国家对版权交易的管理上，仅干预网络环境下的版权交易，而没有干预传统环境中的版权交易。

第二，对转载的付酬问题没有规定。我国《著作权法》第 33 条规定："作品刊登后，除著作权人声明不得转载、摘编的外，其他报刊可以转载或者作为文摘、资料刊登，但应当按照规定向著作权人支付报酬。"著作权法规定转载的目的也是基于文字作品应该更为广泛地传播，因为文字作品中承载的文化、知识等信息具有公共性。因而，这一规定是一种法定许可。目前我国并没有单独规定转载后应该支付给权利人的报酬，因而报刊的转载与报刊的首次刊载的支付报酬标准是完全相同的。笔者认为，从利益平衡角度看，因为作品在首次出版时已经获得一次报酬，那么转载时应该允许支付报酬的标准低于首次出版。因为，从作品的价值来看，第一次出版时价值最高，以后的出版次之。这样更有利于作品的广泛传播。转载还涉及另外一个问题，即跨媒介形态转载的报酬支付标准的问题。对于跨媒介转载本来就是我国版权司法实践中的一个难题。

《最高人民法院关于审理涉及计算机网络著作权纠纷案件适用法律若干问题的解释》第 3 条规定："已在报刊上刊登或者网络上传播的作品，除著作权人声明或者上载该作品的网络服务提供者受著作权人的委托声明不得转载、摘编的以外，网站予以转载、摘编并按有关规定支付报酬、注明出处的，不构成侵权。但网站转载、摘编作品超过有关报刊转载作品范围的，应当认定为侵权。"❶ 2003 年 12 月，《最高人民法院关于修改〈最高人民法院关于审理涉及计算机网络著作权纠纷案件适用法律若干问题的解释〉的决定》颁布，其第 3 条基本延续了上述规定，确认网络媒体转载传统媒体适用法定许可。2006 年 12 月，《最高人民法院关于修改〈最高人民法院关于审理涉及计算机网络著作权纠纷案件适用法律若干问题的解释〉的决定（二）》颁布，删去了 2003 年司法解释中第 3 条的规定，关于网络转载法定许可的司法解释被取消。也就是自 2006 年以后，跨媒介形态转载不适用法定许可。

2015 年 4 月，国家版权局颁布《关于规范网络转载版权秩序的通知》，该通知第 2 条第 2 款规定："报刊单位与互联网媒体、互联网媒体之间相互转载已经发表的作品，不适用前款规定，应当经过著作权人许可并支付报酬。"这说明我国版权行政主管机关的态度也明确传统报刊与网络媒体之间、网络媒体和网络媒体之间的转载不适用法定许可，要转载作品必须获得权利人授权。

笔者认为，不论跨媒介形态的转载是否适用法定许可，关于跨媒介转载是否应该付酬及付酬标准，我国版权行政主管部门应考虑制定示范性规定。之所以禁止跨媒介转载和网络媒体之间的转载，也是基于利益的不平衡。在当前社交媒体的传播态势下，以及其他没有法律明确规定禁止个人转载网络媒体或传统媒体的内容。网络环境下，传播有自己的新特点和新规律，不能一律按照传统方法来计算报酬支付标准。我国版权行政主管部门应在考察网络环境的版权权利人、作品使用者、公众各方利益的基础上，从实现社会整体利益最优化角度，出台转载作品的报酬支付示范性标准。

四、我国版权制度在政府经济调节职能方面的完善建议

结合上述国外的经验和我国版权制度的现状，笔者认为可以从以下几个方面来完善我国的版权制度，以使政府在版权方面的经济调节职能符合当前职能转变和体制改革的基本方向。

---

❶ 网络转载可否适用法定许可？　[2015 – 03 – 20]．http：//www. gapp. gov. cn/chinacopyright/contents/518/218564. html.

1. 减弱政府对版权交易市场的干预程度

国家版权局 2014 年出台的《使用文字作品支付报酬办法》相比于 1999 年《出版文字作品报酬规定》，其中的变化体现了政府部门减少对市场干预的倾向，但是，目前政府对版权交易的干预依然过度。笔者认为，将来上述类似规定的完善大方向，应该是能够由市场解决的，政府尽量不要干预。建议将《使用文字作品支付报酬办法》第 2 条修订为："除法律、行政法规另有规定外，使用文字作品支付报酬由当事人约定；当事人没有约定或者约定不明的，可以在作品使用后协商有关报酬支付的标准，当事双方协商不成的，可以参照本办法。"这样能够更为充分地体现版权交易中的意思自治。

2. 应依据版权交易的相关市场进行干预

上文已经指出，上述办法另外一个问题是，制定的相关报酬标准没有依据版权交易市场。笔者认为，在将来修订完善相关办法时，具体的报酬支付标准，应该依据版权交易市场的情况。建议我国版权行政主管部门依据各新闻出版单位版权交易的现状，而不是主要依据宏观经济或者图书期刊产业的现状制定相关标准。因为版权市场和出版物市场虽然有一定的关联，但毕竟是两种不同的市场。

3. 应主要干预由法定许可等制度达成的非自由缔约的版权交易

根据其他国家干预版权交易市场的经验，政府的干预应该是在市场机制失灵的情况下进行。而各国版权法中的强制许可正是市场机制失灵的领域，在强制许可中，版权权利人无法通过拒绝交易等方式与对方讨价还价，因而这时的市场机制难以形成。在这种情况下，由政府干预市场显得必要。

因而，有必要制定强制许可模式下的报酬支付标准，这个标准同样应该依据版权交易市场来制定，而且应该与普通作品的利用区分开来。在我国，主要是报刊之间的转载和广播电台、电视台播放已经发表的音乐作品和已经出版的录音制品。2010 年生效的《广播电台电视台播放录音制品支付报酬暂行办法》是针对电视台播放已经发表的音乐作品和已经出版的录音制品而颁布的报酬支付办法，对于报刊之间的转载也应制定相应的办法。

4. 由僵化的成文规范干预转变为灵活的专门机构定期干预

从 1999 年到 2014 年间，我国有关文字作品报酬支付标准未变动这一事实来看，我国以成文规范干预版权交易市场的模式存在局限。因为规范的修订需要一个周期，而在这个周期内很多情况都会发生改变。而不少国家干预版权交易的方式是成立专门机构，通过该机构定期或不定期解决市场不能解决的版权交易问题。如，美国的版权使用费法官制度、法国的高级公署、韩国的著作权委员会。我国也可探索由版权行政主管部门牵头，吸纳版权交易和版权产业专业人士，吸纳行政部门、司法部门中的版权专家参与的版权使用费委员会，由委员会定期或者依据版权产业相关组织的申请，根据版权交易市场状况给出报酬支付标准等专业意见。以机构来调整市场的优势更为灵活，更能够适应版权交易市场的变化。

但以机构来调整，也要注意以下问题：首先，委员会应该具备独立性和权威性。因为只有保持独立，机构才能不受干扰，以社会利益最大化而不是某个行业利益最大化来确定相关标准。机构只有具备权威性，其确立的相关标准才能得到版权交易中当事人的认可。其次，应通过法规确立机构的组成机制及具体运行程序。成立这样的机构应该由我国的《著作权法》做出规定，其中要详细规定机构的人员构成、经费来源、具体运行的程序。

5. 中央版权行政主管部门应适当将部分职能给予地方

如上文所述，我国当前以成文规范干预版权交易的另一个弊端是，这种干预模式没有体现我国各个地区发展的不平衡。因而，另一个值得探索的干预版权交易模式是把部分职能下放给地方版权行政主管部门，由各省、直辖市、自治区根据本地版权交易等情况指定相应的付酬标准及相关规定。因为相对于中央版权行政主管部门，地方版权行政主管部门更了解地方版权交易和经济发展情况，制定的相关标准更符合各地实际情况，避免全国一刀切。而合理划分中央和地方的关系，正是我国当前新闻出版政府职能转变的正确方向。

6. 网络媒体与传统媒体应区别对待

我国当前对版权交易市场干预的另一个不足之处是没有区分网络环境和传统印刷环境的不同特点，而事实上网络环境和印刷媒介中版权交易市场是有差别的。网络媒体和传统媒体的传播学特征也完全不同，对于版权而言，意味着版权中涉及的利益平衡点是不同的。特别是网络环境中涉及技术保护措施问题，常常限制公众对作品的利用。正因为如此，美国、法国和韩国都成立了专门机构或指定专门机构来协调网络环境中的合理使用以及报酬支付等问题。笔者认为，我国也可以成立类似的专门机构或指定相应的办法，来评估网络环境中的著作权相关问题现状，由该机构根据我国的实际情况定期公布报酬支付标准以及合理使用的范围等规定。

第9章　政府与版权微观市场：
市场监管职能与版权法律完善

从政府和版权微观市场的关系来看，主要在于对市场主体版权侵权行为的监管，具体而言就是行政执法问题。与政府对新闻出版物市场监管的主要区别在于，出版物市场监管手段是多样的，除了行政执法来监管市场主体的行为，还可以通过行政许可等手段来监管市场主体及其从业人员资格，监管市场上流通的新闻出版物。由于版权侵权是一种行为，对其监管只能是行政执法，而不可能涉及对主体、内容等的监管。版权的另外一个特殊之处在于，其涉及的权利人是具体的、明确的，而对新闻出版微观市场的政府监管中涉及的往往是不特定的公众利益，是一个群体。上述区别导致政府与市场的关系，在版权领域与新闻出版领域有所不同。

一、版权市场监管与出版物市场监管的区别

（一）公共利益的不同实现方式

正如本书前面章节所述，对出版物进行市场监管是为了公共利益，这是由于出版物具有公共物品的特性。出版物中的淫秽信息、煽动民族仇恨等各种有害信息对公共利益有直接的损害，因而，市场监管主要针对那些危害公共利益的行为。

版权涉及的公共利益实质上是冲突的两个方面。一方面，是保护版权权利人对作品利用的垄断，通过这种垄断使权利人获得回报，进而激励他们创作更多作品，社会公众也能够获得更多作品，从这个角度看，公共利益得以实现。另一方面，版权权利人的垄断又必然限制公众对作品的获取和利用，从这个角度看，又与公共利益相矛盾。于是各国版权法又设立了另一种制度对此予以平衡，即版权例外制度，通过合理使用、强制许可等一系列的制度，对版权权利人的垄断进行限制，通过这些对权利人版权的限制保障公众对作品的获取与利用。

版权市场监管与出版物的市场监管区别在于：版权是一种法律权利，设立

这种权利是为了激励权利人创造更多作品，满足公众对版权作品的需求，从而具有公共利益的目的，即上述公共利益中的第一种。因而，版权中涉及的公共利益并不是版权行政主管部门直接对版权进行市场监管的原因，版权的市场监管恰恰是通过保护私权来实现公共利益。在上述语境下，诸如盗版一类的版权侵权行为本来是侵犯私权的行为，就具有了损害公共利益的性质，因而，国家在必要的时候可以予以干预。

从国家管理的角度来说，一些严重侵权行为，不仅侵犯版权，还损害了国家对版权进行管理或以国家强制力保障权利实现的社会管理秩序。因而，大多数国家都有版权侵权方面的刑罚措施，对一些严重的版权侵权行为施以刑罚，当事人负刑事责任。其原因在于，如果一些严重侵权行为不给予严厉处罚，整个社会管理秩序就得不到有效保障。但由于刑罚中有自由刑等剥夺当事人人身自由等方面的强制措施，故刑罚的施行一般较为谨慎。刑罚要由法院审判之后才执行，有一套严格的程序保障当事人权利。

（二）不同的监管模式

对出版物监管，主要包括是对市场经营者和从业者主体的资质的行政许可以及对出版物内容和质量的控制（也即对客体的控制）两个方面来进行监管。而对于版权的市场监管，则不存在主体和客体的问题，监管的主要是经营者或个人在市场中的行为。简而言之，对出版物市场的监管的具体模式是监管市场主体和市场交易客体，当然也兼顾具体行为。而对版权的市场监管则主要是监管市场中的版权侵权行为。

具体到我国而言，对主体的许可或者客体的内容检查属于法律赋予我国新闻出版行政主管部门的主要职能之一。但具体到对版权的管理上，我国则与世界上大多数国家有很大的不同。世界上大部分国家，并没有具备市场监管职能的专门版权行政主管部门，我国版权行政主管部门的职能在世界上其他国家主要由司法机构实施。因此，其他国家的版权侵权，主要承担民事责任，严重的承担刑事责任。在我国，除了民事责任和刑事责任，当事人版权侵权还要承担行政责任，我国《著作权法》中对此有明确规定。

我国的版权行政主管部门还可以采取一些诸如查封等行政强制措施，在其他国家这些措施由法院授权警察机构进行，这也是我国的版权管理与国外的不同之处。与我国的出版物市场监管职能相比，我国的版权主管部门的市场监管职能更多情况下是行政执法。

二、我国版权法律法规中涉及政府市场监管职能的主要内容梳理

（一）著作权法规定的版权行政主管部门的执法职能

我国《著作权法》第48条规定："有下列侵权行为的，应当根据情况，

承担停止侵害、消除影响、赔礼道歉、赔偿损失等民事责任；同时损害公共利益的，可以由著作权行政管理部门责令停止侵权行为，没收违法所得，没收、销毁侵权复制品，并可处以罚款；情节严重的，著作权行政管理部门还可以没收主要用于制作侵权复制品的材料、工具、设备等；构成犯罪的，依法追究刑事责任：（一）未经著作权人许可，复制、发行、表演、放映、广播、汇编、通过信息网络向公众传播其作品的，本法另有规定的除外；（二）出版他人享有专有出版权的图书的；（三）未经表演者许可，复制、发行录有其表演的录音录像制品，或者通过信息网络向公众传播其表演的，本法另有规定的除外；（四）未经录音录像制作者许可，复制、发行、通过信息网络向公众传播其制作的录音录像制品的，本法另有规定的除外；（五）未经许可，播放或者复制广播、电视的，本法另有规定的除外；（六）未经著作权人或者与著作权有关的权利人许可，故意避开或者破坏权利人为其作品、录音录像制品等采取的保护著作权或者与著作权有关的权利的技术措施的，法律、行政法规另有规定的除外；（七）未经著作权人或者与著作权有关的权利人许可，故意删除或者改变作品、录音录像制品等的权利管理电子信息的，法律、行政法规另有规定的除外；（八）制作、出售假冒他人署名的作品的。"

上述规定明确了对 8 种版权侵权行为的三种责任形式：不仅要承担民事责任，也要承担行政责任，构成犯罪的，还要追究刑事责任。并且规定了承担行政责任的条件——"同时损害公共利益的"。也规定了我国版权行政主管部门可以实施责令停止侵权行为、没收违法所得；没收、销毁侵权复制品，并可处以罚款；没收主要用于制作侵权复制品的材料、工具、设备等具体的行政处罚措施。但上述规定非常简略，给予我国版权行政主管部门的自由裁量权比较大。

（二）《著作权法实施条例》划分中央和地方版权行政主管部门的职能

我国《著作权法实施条例》进一步明确了版权行政主管部门的执法权限，该条例第 36 条规定："有著作权法第 48 条所列侵权行为，同时损害社会公共利益的，著作权行政管理部门可以处非法经营额 3 倍以下的罚款；非法经营额难以计算的，可以处 10 万元以下的罚款。"即明确了罚款上限。

该条例第 37 条规定："有著作权法第 48 条所列侵权行为，同时损害社会公共利益的，由地方人民政府著作权行政管理部门负责查处。国务院著作权行政管理部门可以查处在全国有重大影响的侵权行为。"上述规定明确了一般版权侵权行为的行政执法属于地方版权行政主管部门的职能，而在全国有重大影响的侵权行为的行政执法是中央版权行政主管部门的职能。

（三）《信息网络传播权管理条例》规定了网络版权领域行政执法职能

在 2006 年实施、2013 年修订的《信息网络传播权管理条例》中规定了版权行政主管部门在查处侵害信息网络传播权方面的具体职能。该条例第 13 条规定："著作权行政管理部门为了查处侵犯信息网络传播权的行为，可以要求网络服务提供者提供涉嫌侵权的服务对象的姓名（名称）、联系方式、网络地址等资料。"第 25 条规定："网络服务提供者无正当理由拒绝提供或者拖延提供涉嫌侵权的服务对象的姓名（名称）、联系方式、网络地址等资料的，由著作权行政管理部门予以警告；情节严重的，没收主要用于提供网络服务的计算机等设备。"上述两条规定的是网络服务商违反信息披露义务时的行政责任。

该条例第 18 条规定："违反本条例规定，有下列侵权行为之一的，根据情况承担停止侵害、消除影响、赔礼道歉、赔偿损失等民事责任；同时损害公共利益的，可以由著作权行政管理部门责令停止侵权行为，没收违法所得，非法经营额 5 万元以上的，可处非法经营额 1 倍以上 5 倍以下的罚款；没有非法经营额或者非法经营额 5 万元以下的，根据情节轻重，可处 25 万元以下的罚款；情节严重的，著作权行政管理部门可以没收主要用于提供网络服务的计算机等设备；构成犯罪的，依法追究刑事责任：（一）通过信息网络擅自向公众提供他人的作品、表演、录音录像制品的；（二）故意避开或者破坏技术措施的；（三）故意删除或者改变通过信息网络向公众提供的作品、表演、录音录像制品的权利管理电子信息，或者通过信息网络向公众提供明知或者应知未经权利人许可而被删除或者改变权利管理电子信息的作品、表演、录音录像制品的；（四）为扶助贫困通过信息网络向农村地区提供作品、表演、录音录像制品超过规定范围，或者未按照公告的标准支付报酬，或者在权利人不同意提供其作品、表演、录音录像制品后未立即删除的；（五）通过信息网络提供他人的作品、表演、录音录像制品，未指明作品、表演、录音录像制品的名称或者作者、表演者、录音录像制作者的姓名（名称），或者未支付报酬，或者未依照本条例规定采取技术措施防止服务对象以外的其他人获得他人的作品、表演、录音录像制品，或者未防止服务对象的复制行为对权利人利益造成实质性损害的。"

上述规定与《著作权法》第 48 条的规定类似，明确了侵害信息网络传播权的民事、行政和刑事责任。与《著作权法》第 48 条的规定相比，《信息网络传播权管理条例》的规定更为具体。

《信息网络传播权管理条例》第 19 条还规定了直接承担行政责任的具体情形："违反本条例规定，有下列行为之一的，由著作权行政管理部门予以警告，没收违法所得，没收主要用于避开、破坏技术措施的装置或者部件；情节严重的，可以没收主要用于提供网络服务的计算机等设备；非法经营额 5 万元以上的，可处非法经营额 1 倍以上 5 倍以下的罚款；没有非法经营额或者非法经营额5万元以下的，根据情节轻重，可处25万元以下的罚款；构成犯罪的，依法追究刑事责任：（一）故意制造、进口或者向他人提供主要用于避开、破坏技术措施的装置或者部件，或者故意为他人避开或者破坏技术措施提供技术服务的；（二）通过信息网络提供他人的作品、表演、录音录像制品，获得经济利益的；（三）为扶助贫困通过信息网络向农村地区提供作品、表演、录音录像制品，未在提供前公告作品、表演、录音录像制品的名称和作者、表演者、录音录像制作者的姓名（名称）以及报酬标准的。"

（四）《计算机软件保护条例》规定了侵害软件著作权的行政执法职能

《计算机软件保护条例》第24条规定："除《中华人民共和国著作权法》、本条例或者其他法律、行政法规另有规定外，未经软件著作权人许可，有下列侵权行为的，应当根据情况，承担停止侵害、消除影响、赔礼道歉、赔偿损失等民事责任；同时损害社会公共利益的，由著作权行政管理部门责令停止侵权行为，没收违法所得，没收、销毁侵权复制品，可以并处罚款；情节严重的，著作权行政管理部门并可以没收主要用于制作侵权复制品的材料、工具、设备等；触犯刑律的，依照刑法关于侵犯著作权罪、销售侵权复制品罪的规定，依法追究刑事责任：（一）复制或者部分复制著作权人的软件的；（二）向公众发行、出租、通过信息网络传播著作权人的软件的；（三）故意避开或者破坏著作权人为保护其软件著作权而采取的技术措施的；（四）故意删除或者改变软件权利管理电子信息的；（五）转让或者许可他人行使著作权人的软件著作权的。有前款第一项或者第二项行为的，可以并处每件100元或者货值金额1倍以上5倍以下的罚款；有前款第三项、第四项或者第五项行为的，可以并处20万元以下的罚款。"

（五）我国版权中政府职能的特点归纳

从上述梳理可以看出，我国版权行政管理部门的执法范围非常大，既包括传统出版物涉及的侵权问题，也包括网络环境的版权侵权问题，还包括计算机软件的版权侵权问题。相关法律以《著作权法》为基本法律制度，由国务院颁布的行政法规与之配套。

总体而言，从上述法律法规中的表述看，行政责任，也就是由版权行政主管部门依职权实施的针对侵权当事人的处罚，是介于民事责任与刑事责任之间的一种责任。然而，行政责任与民事责任如何区分或并存，或者说我国版权行政主管部门在何种情况需要介入版权执法，具体的执法尺度却是需要加以规范的问题。我国现行的著作权法以及配套法规为了解决上述问题，都给行政责任加了个前提——"损害公共利益"。但由于公共利益的模糊性和难以界定性，给予版权行政主管部门的自由裁量权非常大。以下笔者将详细分析，我国现有制度的弊端及解决建议。

三、我国版权制度中涉及政府市场监管职能部分存在的主要问题

（一）行政执法的启动标准问题

我国《著作权法》以及配套法规中都规定了行政执法的启动前提是侵权人损害了公共利益。然而，版权制度实现公共利益的方式是间接的，这一点不同于有形的新闻出版物。版权是通过保护私人权利来实现公共利益，版权执法也是通过保护私人权利来实现公共利益，因此，很难界定在具体侵权案件中是否"损害公共利益"，如果从版权的间接公共利益实现方式看，只要发生版权侵权，就会侵犯公共利益，那么，公共利益标准是否在法律中规定就无关紧要。因此，有些学者认为应该取消公共利益标准。❶

2006 年 11 月，在《国家版权局关于查处著作权侵权案件如何理解适用损害公共利益有关问题的复函》（国权办〔2006〕第 43 号）中，国家版权局在答复浙江省版权局"关于在查处著作权侵权案件时如何理解适用'损害公共利益'问题的请示"时就试图给损害公共利益一个标准。版权局认为："就如何认定损害公共利益这一问题，依据《中华人民共和国著作权法》规定，第47 条所列侵权行为，均有可能侵犯公共利益。就一般原则而言，向公众传播侵权作品，构成不正当竞争，损害经济秩序就是损害公共利益的具体表现。在'2002 年 WTO 过渡性审议'中，国家版权局也曾明确答复'构成不正当竞争，危害经济秩序的行为即可认定为损害公共利益'。"

该答复得到了全国人大法工委、国务院法制办、最高人民法院的认可，因而具有一定的权威性。然而，我们分析上述具体的界定标准，会发现版权局也是认为所有侵权情形都有可能侵犯公共利益。而就一般原则而言："向公众传播侵权作品，构成不正当竞争，损害经济秩序"实质上也是非常宽泛的标准，按照这一标准并不能区分具体侵权行为的性质是否损害公共利益。

版权局还举例认为，"如商业性卡拉 OK 经营者，未经著作权人许可使用作品，特别是在著作权人要求其履行合法义务的情况下，仍然置之不理。主观故意明显，应属情节严重的侵权行为。这种行为不仅侵犯了著作权人的合法权益，并且损害了市场经济秩序和公平竞争环境。我局认为该行为应属一种损害公共利益的侵权行为。"如果按照这一标准，涉及商业行为的所有版权侵权当然侵犯了公共利益，所以还是一个无法具体适用的标准。因而，我国《著作权法》中的"损害公共利益"标准在实践中并不能区分版权侵权中民事责任

---

❶　蔡乐渭．刍议著作权行政处罚中的公共利益前提［J］．出版发行研究，2011（10）：51-53.

和行政责任的界限。

综上所述，以损害公共利益作为版权行政主管部门行政处罚的前提，确实存在无法适用的问题，2014年颁布的《中华人民共和国著作权法（修订草案送审稿）》在与版权执法有关的条款中，删除了"损害公共利益"这一行政处罚前提，具体规定为：

"第77条 下列侵权行为，可以由著作权行政管理部门责令停止侵权行为，予以警告，没收违法所得，没收、销毁侵权制品和复制件，非法经营额5万元以上的，可处非法经营额1倍以上5倍以下的罚款，没有非法经营额、非法经营额难以计算或者非法经营额5万元以下的，可处25万元以下的罚款；情节严重的，著作权行政管理部门可以没收主要用于制作侵权制品和复制件的材料、工具、设备等；构成犯罪的，依法追究刑事责任：

（一）未经著作权人许可，复制、发行、出租、展览、表演、播放、通过网络向公众传播其作品的，本法另有规定的除外；

（二）未经表演者许可，播放、录制其表演，复制、发行、出租录有其表演的录音制品，或者通过网络向公众传播其表演的，本法另有规定的除外；

（三）未经录音制作者许可，复制、发行、出租、通过网络向公众传播其录音制品的，本法另有规定的除外；

（四）未经广播电台、电视台许可，转播、录制、复制其广播电视节目的，本法另有规定的除外；

（五）使用他人享有专有使用权的作品、表演、录音制品或者广播电视节目的；

（六）违反本法第50条规定使用他人作品的；

（七）未经许可，使用权利人难以行使和难以控制的著作权或者相关权的，本法第74条第1款规定的情形除外；

（八）制作、出售假冒他人署名的作品的。

第78条 下列违法行为，可以由著作权行政管理部门予以警告，没收违法所得，没收主要用于避开、破坏技术保护措施的装置或者部件；情节严重的，没收相关的材料、工具和设备，非法经营额5万元以上的，可处非法经营额1倍以上5倍以下的罚款，没有非法经营额、非法经营额难以计算或者非法经营额5万元以下的，可处25万元以下的罚款；构成犯罪的，依法追究刑事责任：

（一）未经许可，故意避开或者破坏权利人采取的技术保护措施的，法律、行政法规另有规定的除外；

（二）未经许可，故意制造、进口或者向他人提供主要用于避开、破坏技术保护措施的装置或者部件，或者故意为他人避开或者破坏技术保护措施提供技术或者服务的；

（三）未经许可，故意删除或者改变权利管理信息的，本法另有规定的除外；

（四）未经许可，知道或者应当知道权利管理信息被删除或者改变，仍然复制、发行、出租、表演、播放、通过网络向公众传播相关作品、表演、录音制品或者广播电视节目的。"

从上述规定可以看出，我国《著作权法》修订的方向是删除了"损害公共利益"这一行政处罚的前提，使用"可以由著作权行政管理部门"这样的措辞，说明具体尺度，由版权行政管理部门自由裁量。相对于现行《著作权法》，对罚款额度做出了明确规定，特别是对非法经营额难以确定的情况做出了规定。应该说，相对现行《著作权法》有很大的改进。但有所不足的是，对于版权行政主管部门在何种情况下需要进行行政处罚，还是没有具体标准。将导致在实际情况中，地区不同、版权行政主管部门的执法力量和执法尺度不同，最终执法结果有很大差异。从政府职能角度看，"可以"这一任意性表述实质上将判断标准交给了我国的版权行政主管部门，并没有实质性解决版权行政执法启动的前提。

（二）保护 vs. 惩罚：版权行政处罚与版权民事司法之间的并行与竞争

总的来说，近年来我国的版权行政执法力度是在不断加强的，产生了一批如"快播案"等在社会上有广泛影响力的大案，对于我国的版权保护起到很大的作用。但需要注意的是，版权作为私权，权利人可以私力救济，也可以通过法院起诉侵权人获得赔偿。而民事司法和行政处罚有很大的不同，笔者将两者的主要区别梳理于表9-1。从中可以看出，版权行政处罚的目标是惩罚侵权人，以实现维护版权管理秩序、保护公共利益的目标。而版权民事诉讼是通过司法机关的裁判，解决当事人之间的版权侵权纠纷，最终目标是补偿权利人。

表9-1 版权民事司法与行政处罚的比较

比较项目	版权司法	版权行政处罚
行使机构性质	司法机构	政府部门
行使的依据	权利人申请	依职权
程序要求	依据诉讼法，非常严格	依据行政法规，程序性弱
优点/缺点	充分保障当事人的实体权利和程序权利/效率低	效率高/当事人程序权利得不到有效保障

续表

比较项目	版权司法	版权行政处罚
目的和结果	补偿权利人	惩罚侵权人
裁判（执法）者的专业性	经过专门职业训练，有职业资格要求	并无严格的专门职业训练，无职业资格要求

　　按照权利救济的模式，版权行政处罚应该是在权利人私力救济失效后，由版权行政主管部门行使执法职能，对侵权人予以处罚，这样能够形成合理的民事司法与行政处罚相互衔接的权利救济体系。但在我国的版权保护中，已经事实上形成了民事司法与行政执法并行的二元机制。最高人民法院知识产权审判庭庭长孔祥俊也认为："行政执法与司法保护既是一种双轨保护机制，又是一种竞争性机制。而且，适度竞争客观上有利于从整体上推进知识产权保护。但是，如果在事实上司法不能发挥主导作用或者不具有足够的主导能力，行政执法随之必然具有更大的作为空间，相应地受到更多关注和期待，甚至会使司法保护在一定程度上边缘化。在当前新一轮知识产权法律修改中，强化行政执法受到了较大的关注，在一定程度上也能说明这一问题。"❶ 从保护权利人版权权利的角度看，我国当前的现状正是政府行政执法职能过度扩张，司法保护不足，形成这种局面的原因除了司法系统的原因，另一个原因就在于我国著作权法及配套法规中赋予了版权行政主管部门的执法权限较为笼统，使其执法时受到的法律限制较少。

　　（三）行政处罚 vs. 刑事处罚：版权行政执法与版权刑事司法之间的衔接问题

　　严重的版权侵权行为不仅会受到行政处罚，也将受到刑事处罚，但我国的现状是很多案件到行政处罚就结束了，并没有移送到刑事程序。我国版权行政主管部门提供的数据显示，"在 2009 年审结的 1009 件知识产权刑事案件中著作权刑事案件只有 86 件，而同期的商标刑事案件达到 863 件。2010 年'双打'专项行动期间，各地立案查处的 3381 起版权案件中，移送司法机关追究刑事责任的只有 179 起，刑事打击著作权犯罪行为的威慑作用未得到充分发挥。在 2000—2009 年版权行政执法部门办理的 83686 起行政处罚案件中，仅有其中的 2.4% 案件移送公安部门。"❷ 上述数据表明，版权行政处罚与刑事处罚之间的衔接确实存在问题。

---

❶　孔祥俊. 司法保护几个问题的探讨——关于知识产权司法政策及其走向的再思考 [J]. 知识产权，2015（1）：3-15.

❷　版权执法面临形势和任务（下）[EB/OL]. http：//www. gapp. gov. cn/news/1656/92595. shtml.

　　版权行政执法与刑事司法之间的衔接出现问题的原因本书第六章已经做了分析，既有实体法方面又有程序法的问题。其中程序方面的原因与新闻出版行政执法类似，本章不再赘述。这里主要讨论实体法的问题。

　　我国《刑法》第 217 条规定："以营利为目的，有下列侵犯著作权情形之一，违法所得数额较大或者有其他严重情节的，处 3 年以下有期徒刑或者拘役，并处或者单处罚金；违法所得数额巨大或者有其他特别严重情节的，处 3 年以上 7 年以下有期徒刑，并处罚金：（一）未经著作权人许可，复制发行其文字作品、音乐、电影、电视、录像作品、计算机软件及其他作品的；（二）出版他人享有专有出版权的图书的；（三）未经录音录像制作者许可，复制发行其制作的录音录像的；（四）制作、出售假冒他人署名的美术作品的。"

　　《刑法》第 218 条规定："以营利为目的，销售明知是本法第 217 条规定的侵权复制品，违法所得数额巨大的，处 3 年以下有期徒刑或者拘役，并处或者单处罚金。"

　　我国刑法中的罪与非罪之间的界定标准——"违法所得数额较大或者有其他严重情节的"，也是一个较为模糊的规定，需要法官自由裁量。因此，《最高人民法院、最高人民检察院关于办理侵犯知识产权刑事案件具体应用法律若干问题的解释》第 5 条规定："以营利为目的，实施刑法第 217 条所列侵犯著作权行为之一，违法所得数额在 3 万元以上的，属于'违法所得数额较大'；具有下列情形之一的，属于'有其他严重情节'，应当以侵犯著作权罪判处 3 年以下有期徒刑或者拘役，并处或者单处罚金：（一）非法经营数额在 5 万元以上的；（二）未经著作权人许可，复制发行其文字作品、音乐、电影、电视、录像作品、计算机软件及其他作品，复制品数量合计在 1000 张（份）以上的；（三）其他严重情节的情形。

　　以营利为目的，实施刑法第 217 条所列侵犯著作权行为之一，违法所得数额在 15 万元以上的，属于'违法所得数额巨大'；具有下列情形之一的，属于'有其他特别严重情节'，应当以侵犯著作权罪判处 3 年以上 7 年以下有期徒刑，并处罚金：1. 非法经营数额在 25 万元以上的；2. 未经著作权人许可，复制发行其文字作品、音乐、电影、电视、录像作品、计算机软件及其他作品，复制品数量合计在 5000 张（份）以上的；3. 其他特别严重情节的情形。"

　　该解释第 6 条规定："以营利为目的，实施刑法第 218 条规定的行为，违法所得数额在 10 万元以上的，属于'违法所得数额巨大'，应当以销售侵权复制品罪判处 3 年以下有期徒刑或者拘役，并处或者单处罚金。"

　　上述司法解释虽然进一步明确了刑法的范围，但存在两个问题：

　　第一，司法解释的效力问题。司法解释由我国最高人民法院和最高人民检察院出台，只在司法系统中有效力，是约束法官和检察官的规范。这些规范并不能直接约束我国的行政机关。

第二，上述司法解释仍有需要完善之处。主要表现在上述标准虽然比刑法明确，但依然不够详细。司法程序中，由于法官的职业背景大致相同，不同法官的自由裁量权相对较为一致；而行政执法中，则很难达到一致，而且依法行政要求行政机关严格在法律范围之内行使职权，不能越过法律的规定。另外，从具体的执法情形来看，刑法及其司法解释主要针对传统的版权侵权行为，对于网络版权则没有涉及。

从《中华人民共和国著作权法（修订草案送审稿）》的规定看，由于该送审稿与《最高人民法院、最高人民检察院关于办理侵犯知识产权刑事案件具体应用法律若干问题的解释》尚有冲突的地方，将来版权行政执法与刑事司法衔接难的问题仍然会存在。《中华人民共和国著作权法（修订草案送审稿）》规定："非法经营额 5 万元以上的，可处非法经营额 1 倍以上 5 倍以下的罚款"。而《最高人民法院、最高人民检察院关于办理侵犯知识产权刑事案件具体应用法律若干问题的解释》规定"违法所得数额在 3 万元以上的"已经属于"违法所得数额较大"，而"非法经营数额在 5 万元以上的"，则属于"有其他严重情节"，应当以侵犯著作权罪判处 3 年以下有期徒刑或者拘役，并处或者单处罚金。可见行政执法的范围已经与刑事司法的范围重叠交叉，这种规范上的交叉也就使得版权行政执法与版权刑事司法无法形成有层次的衔接制度，而是形成了行政执法与刑事司法二元的、相互竞争的体系。

（四）具体执法尺度的问题

我国现行《著作权法》中对版权行政主管部门的执法权限规定并不明确，在程序权利方面，《著作权法》第 56 条规定："当事人对行政处罚不服的，可以自收到行政处罚决定书之日起 3 个月内向人民法院起诉，期满不起诉又不履行的，著作权行政管理部门可以申请人民法院执行。"

对此，《中华人民共和国著作权法（修订草案送审稿）》有两个重要的改进：

第一，扩大了版权行政管理部门的执法权限。《中华人民共和国著作权法（修订草案送审稿）》第 79 条规定："著作权行政管理部门对涉嫌侵权和违法行为进行查处时，可以询问有关当事人，调查与涉嫌侵权和违法行为有关的情况；对当事人涉嫌侵权和违法行为的场所和物品实施现场检查；查阅、复制与涉嫌侵权和违法行为有关的合同、发票、账簿以及其他有关资料；对于涉嫌侵权和违法行为的场所和物品，可以查封或者扣押。著作权行政管理部门依法行使前款规定的职权时，当事人应当予以协助、配合，无正当理由拒绝、阻挠或者拖延提供前款材料的，可以由著作权行政管理部门予以警告；情节严重的，没收相关的材料、工具和设备；构成犯罪的，依法追究刑事责任。"

从上述规定看，相对于现行著作权法，送审稿中赋予版权行政管理部门最重要的执法手段是"查封和扣押"，而此前因为法律没有具体规定，版权行政管理部门不能采取查封和扣押的手段，而查封和扣押能够防止侵权人转移侵权出版物，应该说是必要的。但没有规定具体的查封和扣押程序，还需要配套的行政法规继续完善。

在程序权利方面，《中华人民共和国著作权法（修订草案送审稿）》第80条规定："当事人对行政处罚不服的，可以自收到行政处罚决定书之日起60日内向有关行政机关申请行政复议，或者自收到行政处罚决定书之日起3个月内向人民法院提起诉讼，期满不申请行政复议或者提起诉讼，又不履行的，著作权行政管理部门可以申请人民法院执行。"相对于现行著作权法，送审稿中增加了当事人行政复议的权利，这是与我国当前的行政法保持了一致。

第二，由于法律、法规规定的各级版权行政主管部门的一些行政执法依据并不具体，还带来了另一个问题，就是在发现版权侵权行为时的执法尺度问题。为了解决这个问题，不少地方政府出台了地方规范来规范新闻出版和版权行政执法中的自由裁量问题。如，江西省2008年出台了《江西省新闻出版、版权行政处罚自由裁量权参照执行标准（试行）》、浙江省2010年出台了《浙江省新闻出版局（版权局）关于规范行使行政处罚自由裁量权的指导意见》、四川省2009年出台了《四川省版权行政处罚自由裁量权指导标准》等。仅就现行各地的版权行政处罚自由裁量权标准来看，各地的差异非常大。以互联网上能够找到的四川省和江西省为例，比较两省的标准发现：

首先，标准的内在逻辑区别很大。《四川省版权行政处罚自由裁量权指导标准》对于《著作权法》第48条中的八种侵权情形，每一种都单独给出了相应的自由裁量标准。而《江西省新闻出版、版权行政处罚自由裁量权参照执行标准（试行）》则是针对全部侵权行为，适用统一的自由裁量标准。

其次，两省的处罚标准差距也比较大。假设现有某自然人违反了《著作权法》第47条第1款，侵权复制品数量为3000张（介于2000~5000），但尚未销售复制品，非法经营额难以计算。如果按照《四川省版权行政处罚自由裁量权指导标准》，适用情形为："个人违法所得数额5000元以上，单位违法所得数额3万元以上；个人非法经营数额3万元以上，单位非法经营数额10万元以上；个人经营侵权复制品2000册（张或盒）以上，单位经营侵权复制品5000册（张或盒）以上。"自由裁量标准是："责令停止侵权行为；没收违法所得；没收侵权复制品；处以非法经营额3倍以下罚款，非法经营额难以计算的，处以 10 万元以下罚款。并处（没收）主要用于制作侵权复制品的材料、工具、设备等。"那么四川省版权行政主管部门可以对该自然人处以 10 万元以下的罚款，并处没收主要用于制作侵权复制品的材料、工具、设备等。

如果该案例发生在江西省，《江西省新闻出版、版权行政处罚自由裁量权参照执行标准（试行）》规定："二、非法经营额难以计算的：侵权复制品数量 2000 张（册）以上至 5000 张（册）以下的，处 1 万元以上 2 万元以下罚款""侵权复制品数量 500 张（册）以上或者非法经营额、侵权复制品数量、侵权行为持续时间难以确定的，可以并处没收主要用于制作侵权复制品的材料、工具、设备"。则上述自然人，仅会受到 1 万元以上 2 万的罚款和没收用于制作侵权复制品的材料、工具、设备。

从罚款的自由裁量数额来说，上述同样的版权侵权行为，在江西省处罚标准是 1 万元以上 2 万元以下罚款，而四川省则是处以 10 万元以下罚款，差异非常大。

（五）执法机构的合法性和专业性问题

若《中华人民共和国著作权法（修订草案送审稿）》在将来生效，我国版权行政主管部门的权力会更大。但是，一方面我国版权行政主管部门的职能无限扩张，触及民事和刑事司法领域；另一方面版权行政主管部门的机构建设与这种扩张的职能并不匹配。国外涉及新闻出版监管多由警察或司法部门进行，以新闻出版行政主管部门监管新闻出版行业是我国的特色。但新闻出版行政部门并不具备警察、司法或其他执法部门的强制权力和专业的执法队伍。如，即使将来赋予版权行政主管部门查封、扣押的权力，但短期内版权行政主管部门很难具备查封、扣押的强制执法能力。此外，与专门执法机构相比，版权行政主管部门的执法人员编制数量也不多。因而，版权行政主管部门在执法能力上有局限是不争的事实。

对此，我国通过设立"扫黄打非办公室"联合多个执法部门来解决上述问题，但该机构毕竟不是独立的常设机构，多部门协调执法成本非常高。因而，我国进行了文化市场综合执法机构改革，以北京为代表的不少地区建立了文化市场综合执法机构，由该机构进行与新闻出版相关的行政处罚职责及相关的行政强制、监督检查等执法工作，取得良好效果。目前不少省市在实行由文化市场综合执法机构综合执法的尝试，将新闻出版行政主管部门的部分带有强制性质的执法权交由该综合执法机构进行。

但上述做法需要首先解决合法性问题，因为我国《著作权法》以及配套的行政法规规定的版权行政执法机构是"著作权行政管理部门"，即版权行政主管部门，而非"文化市场综合执法部门"，按照我国行政法的相关规定，政府部门涉及一些强制措施一类的行政处罚只能由法律或行政法规授权。虽然这种改革措施从建设专业执法队伍角度值得肯定，但显然改革措施走在了法律的前面。

因而，当前我国不少省市的版权行政执法现状是，版权行政管理部门的职能是协助文化综合执法部门进行版权执法。如，北京市版权局在其网站公布的版权管理处职能："拟订本市著作权发展规划和著作权保护管理使用的政策措施并组织实施；根据授权承担国家享有著作权作品的管理和使用工作，对作品的著作权登记和法定许可使用进行管理；组织开展著作权保护专项行动，协同查处重大著作权侵权案件，调解著作权侵权纠纷；负责著作权鉴定工作；组织推进软件正版化工作。"从上述职能表述看，北京市版权局的行政执法职能主要是"协助"其他部门的执法。而北京市文化市场行政执法总队（北京市文化市场管理工作领导小组办公室、北京市"扫黄打非"工作领导小组办公室）则是负责北京市文化市场综合行政执法工作的市政府直属行政执法机构。其网站公布的主要职责之一是："负责集中行使法律、法规、规章规定应由省级文化、广播电视、新闻出版（版权）等行政主管部门行使的行政处罚职责及相关的行政强制、监督检查职责"。笔者调查了重庆等其他省市的相关情况，发现与北京类似，版权行政主管部门的职能是"协助"文化执法总队执法，文化执法总队下面的某个处具体负责。

以北京为例，北京市的版权行政执法主要是由北京市文化执法总队负责。具体到部门，则是其下设的"执法一队"，该队的职能主要包括："负责行使法律、法规、规章规定应由省级新闻出版行政主管部门行使的行政处罚职责及相关的行政强制、监督检查职责。负责本市新闻出版市场行政执法中跨区域和领导交办的重大案件的查处工作。"❶ 这种专门的执法机构相对于版权行政管理部门而言执法能力肯定更强，也有能力实施强制措施。但也应注意，"执法一队"的执法职能不仅包括版权的行政执法，也包括新闻出版行政执法。虽然两者有一定联系，但从执法角度看，两者有很大差异，版权作为无形的权利，判断侵权与否需要较为专业的知识，因而这种执法体制尚不能完全满足版权行政执法需要。

四、我国版权制度在政府市场监管职能方面的完善建议

（一）完善版权行政执法的启动前提和启动机制

笔者认为，虽然《中华人民共和国著作权法（修订草案送审稿）》删掉了"损害公共利益"这一行政执法的启动前提，但我国法律中不能因此不要

---

❶ 来源于北京市文化执法总队官方网站：机构设置及其主要职责［EB/OL］. http：//www. bjwhzf. gov. cn/zwgk/jgzn/t20060913_ 142676. htm.

版权行政处罚的前提，若不要启动前提则形成了在制度上所有的版权侵权都可以由版权行政主管部门处罚的局面，但由于版权行政主管部门执法力量的非专业性和执法人员不足，执法力量并不能满足对所有版权侵权都予以行政处罚的需要，也只能对部分危害大、社会影响大的案件进行处理。因而，鉴于上述情况，笔者建议在修订《著作权法》时，从以下两个方面设置版权行政处罚的前提：

第一，限定案件的性质。建议在修订《著作权法》时将送审稿草案做如下修订："下列侵权行为，若不立即处罚会造成版权权利人的重大损失或恶劣社会影响的，著作权行政管理部门应责令停止侵权行为，予以警告，没收违法所得，没收、销毁侵权制品和复制件……"。

上述修订通过限定行政处罚的启动条件为"即刻的危害性"，版权行政主管部门由任意性的"可以"——作为或不作为完全由其自己裁量，改为只要满足法律设置的启动条件，版权行政主管部门就必须作为。一方面可防止版权行政主管部门不作为，另一方面也使他们集中力量办理侵权范围大、社会影响大的案件。

第二，完善依权利人申请启动行政处罚的机制。如前文所述，版权是通过保护私权来保护公共利益，因此，版权的行政执法应该考虑版权权利人的利益。我国《著作权行政处罚实施办法》中已经设置了依当事人举报启动行政处罚的规定。该办法第11条规定："著作权行政管理部门适用一般程序查处违法行为，应当立案。对本办法列举的违法行为，著作权行政管理部门可以自行决定立案查处，或者根据有关部门移送的材料决定立案查处，也可以根据被侵权人、利害关系人或者其他知情人的投诉或者举报决定立案查处。"

该办法第12条规定："投诉人就本办法列举的违法行为申请立案查处的，应当提交申请书、权利证明、被侵权作品（或者制品）以及其他证据。申请书应当说明当事人的姓名（或者名称）、地址以及申请查处所根据的主要事实、理由。投诉人委托代理人代为申请的，应当由代理人出示委托书。"

该办法第13条规定："著作权行政管理部门应当在收到所有投诉材料之日起15日内，决定是否受理并通知投诉人。不予受理的，应当书面告知理由。"

上述规定让包括权利人在内的社会公众参与对版权侵权行为的监督，非常有价值。但存在的问题是将一般社会公众的投诉与权利人的申请混合在一起，也即一般举报人或知情人也能申请版权行政执法，这样虽然有利于加强对侵权行为的举报，但从版权法的目标来说，应该首先保障权利人的利益，因而，笔者建议将来修订该办法时，将权利人申请与知情人举报予以分开，对于前者，只要符合立案条件就应立案，对于后者则由版权行政主管部门依职权决定。

建议将《著作权行政处罚实施办法》第11条修订为："著作权行政管理

部门适用一般程序查处违法行为，应当立案。对本办法列举的违法行为，著作权行政管理部门可以自行决定立案查处，或者根据有关部门移送的材料决定立案查处，也可以根据被侵权人、利害关系人的申请，或者其他知情人的投诉或者举报决定立案查处。"

　　建议将《著作权行政处罚实施办法》第 12 条修订为："权利人就本办法列举的违法行为申请立案查处的，应当提交申请书、权利或利害关系证明、被侵权作品（或者制品）以及侵权或其他证据。申请书应当说明当事人的姓名（或者名称）、地址以及申请查处所根据的主要事实、理由。权利人委托代理人代为申请的，应当由代理人出示委托书。

　　其他知情人投诉或举报要求对本办法列举的违法行为进行立案查处的，应当提交侵权或其他证据，以及提供当事人姓名（或者名称）、地址，由著作权行政管理部门根据提交的材料以及初步调查后决定是否立案。"

　　建议将《著作权行政处罚实施办法》第 13 条修订为："著作权行政管理部门应当在收到所有申请或投诉材料之日起 15 日内，决定是否受理并通知权利人或投诉人。不予受理的，应当书面告知理由。"

　　（二）版权民事司法、行政执法与刑事司法的衔接制度的完善措施

　　《中华人民共和国著作权法（修订草案送审稿）》中增加了我国版权行政主管部门的执法权力。因而，若送审稿将来得以通过，必然会导致我国的版权局权力的扩张，这一方面虽然有利于加强打击侵权盗版的力度，但是另一方面很有可能导致行政权力过大而对司法体系形成冲击。导致在发生版权纠纷时，当事人首选寻求行政救济而不是司法救济，而有些版权侵权纠纷本身涉及较为复杂的法律问题，由司法机关进行裁判更为合适。我国的司法系统当前已经建立了专门的知识产权法院，更有利于对版权的保护。我国版权执法实践中又有以行政处罚代替刑罚的现象，而行政处罚又难以达到刑事司法的威慑效果，程序上也不如司法程序严格，当事人权利得不到有效保障。因而，版权行政执法过度扩张的后果就是行政执法向下冲击到版权民事司法领域，向上又影响到版权刑事司法发挥其应有的作用。

　　我国当前的民事司法与行政处罚并行的制度还有另外一个弊端，就是容易造成版权权利人得不到赔偿。因为行政处罚中的罚款是惩罚性质的，罚金要收归国库而不是补偿当事人。这就会造成一旦行政处罚使侵权当事人无力赔偿权利人，权利人的权利反而得不到保障。笔者建议，在《著作权法》或其他法律中应建立版权侵权先民事后行政处罚的制度，优先满足权利人的赔偿要求，再予以处罚，这样的制度符合版权制度激励权利人的初衷。因此，建议《著作权法》将来修订时增加一条："版权行政管理部门发现版权权利人已经就相

关侵权行为起诉到人民法院的，除非不处罚会造成即刻和明显的社会危害，否则应中止处罚程序，等待人民法院的判决结果。"这样做可以让民事判决优先于行政处罚，能够更好地实现权利人的权利，另一方面，也可以避免行政处罚结果与民事判决结果不一致，避免错罚的情况发生。

对于版权行政执法与刑事司法的衔接制度，如上文所述，实质上我国已经有了不少相关规定，但这些规定适用于所有的行政执法与刑事司法的衔接问题。笔者认为，版权侵权案件有自己的特点，建议我国版权行政主管部门依据《中共中央办公厅、国务院办公厅转发国务院法制办关于加强行政执法与刑事司法衔接工作的意见》中的精神和《行政执法机关移送涉嫌犯罪案件的规定》制定《版权行政执法移送涉嫌犯罪案件的规定》。当前，部分地区制定了自己的移送规定，如四川省制定的《新闻出版版权行政执法机关移送涉嫌犯罪案件实施办法》第5条规定了侵权行为的移送标准：

"达到以下标准的涉嫌犯罪案件应当移送：

……

（二）侵犯著作权案件。以营利为目的，有下列侵犯著作权情形之一的，应当移送：

（1）个人违法所得数额在5万元以上，单位违法所得数额在20万元以上的；

（2）因侵犯著作权曾经2次以上被追究行政责任或者民事责任，两年内又实施刑法第217条所列侵犯著作权行为之一的；

（3）个人非法经营数额在20万元以上，单位非法经营数额在100万元以上的；

（4）造成其他严重后果的。

（三）销售侵权复制品案件。以营利为目的，销售明知是《刑法》第217条规定的侵权复制品，有下列情形之一的，应当移送：

（1）非法经营数额在五万元以上的；

（2）未经著作权人许可，复制发行其文字作品、音乐、电影、电视、录像作品、计算机软件及其他作品，复制品数量合计在1000张（份）以上的；

（3）其他情节严重的情形。"

该办法中的标准较为具体，使版权行政主管部门移送案件有具体依据。但该移送标准由地方版权行政主管部门单独制定，没有司法系统参与；而且各地制定标准很可能导致全国各地标准不一。因而，具体的制度完善，也应如第六章所述，由司法系统与行政系统共同制定相关移送标准，并从建立联合执法机制和机构、简化移送程序入手完善移送制度。

（三）制定统一的自由裁量标准

上文已经指出，由于法律法规的不完善，或者法律法规本身将一些执法内容交给版权行政主管部门自由裁量，因而，我国版权行政主管部门的自由裁量权非常大。虽然各地陆续出台了新闻出版和版权执法的自由裁量标准，以四川省和江西省为例，不同地区的自由裁量标准相差过大，导致同样的侵权行为在不同地区受到的处罚差别也非常大，对当事人而言并不公平，也不利于对著作权的保护。

笔者认为，较为合理的做法是在梳理当前部分省、直辖市和自治区制定的新闻出版（版权）自由裁量标准的基础上，制定全国统一的《版权行政处罚自由裁量权指导标准》，在该标准中可以适当体现地区差异、行业差异，但全国各级版权行政主管部门都应依据该统一的标准办案。在该标准中应该明确各种版权侵权的具体情形和版权行政主管部门自由裁量的范围。

（四）依法设立更为专业的执法机构

2013 年 7 月颁布的《国家新闻出版广电总局主要职责内设机构和人员编制规定》中明确提出，要"加强著作权保护管理、公共服务和国际应对，加大反侵权盗版工作力度。"这说明，中央政府希望版权局能够加强版权的执法力度。然而，版权执法除了要完善上述各种相关制度，最重要的是机构建设，因为从制度上来看，版权局已经具有非常大的执法权限。从执法范围看，版权行政执法既涉及传统出版物的版权，也涉及网络环境、计算机软件的版权。从能够采取的措施看，将来《著作权法》将赋予版权行政主管部门查封、扣押的权力，这样版权行政主管部门的执法权限进一步扩大。但是从目前中央和地方版权行政主管部门的机构建设来看，虽然设立了文化执法总队，但版权行政执法并不是由独立的部门行使，也缺乏与版权行政主管部门的联络机制。

笔者认为，如果从合法性来看，按照《著作权法》的规定，我国版权行政执法部门应该由版权行政主管部门承担，即使由文化行政综合执法部门承担，也应在《著作权法》及其配套法规中予以明确规定。建议将相关条款修改为："下列侵权行为，可以由著作权行政管理部门或相应的文化综合执法部门责令停止侵权行为……"。这样才能使文化执法总队依法行使执法职能，做到真正的依法行政。

从机构建设角度看，版权执法比新闻出版物执法需要更多法律方面的专业知识，笔者认为应该将版权行政执法机构设立在版权行政主管部门下，这样便于在执法时获得有关权利登记等信息，更为重要的是便于从实体法角度判断执法强度和措施。从我国当前不少地区版权行政主管部门和文化综合执法总队的职能来看，虽然版权行政执法强制措施由文化执法总队承担，但版权侵权鉴定却由版权行政主管部门承担，而侵权与否正是行政处罚启动的前提，这也说明了即使由文化执法总队执法，他们能够处理的也只是具体的强制措施，但涉及是否需要采取强制措施、采取何种强制措施，仍然需要版权行政主管部门协助。从减少信息沟通成本角度看，在版权行政主管部门之中设立执法机构更为合理，也符合《著作权法》的规定。

若版权行政执法机构设立在文化综合执法部门下，也应该在内部形成独立的执法机构，该机构专门进行版权执法，并且应有版权行政主管部门的版权专业管理人员参与，还应有检察机关的专业检察人员参与，只有这样才能保证执法的专业性和有效性，并且能够保证涉嫌犯罪的行政案件被及时移送司法机关。解决我国当前在版权领域也广泛存在的"以罚代刑"——即以行政处罚代替刑事责任的现象。

第10章 版权、政府和社会：
社会管理、公共服务职能与版权法律完善

与新闻出版领域的社会管理和公共服务职能一样，很难将版权行政管理部门的社会管理职能和公共服务职能截然分开。因为，社会管理既包含对社会事务的管理，也包含对社会组织的管理；而社会组织除了可以分担我国版权行政管理部门的部分管理职能，也可以分担部分公共服务职能。对于公共服务而言，我国职能转变要求政府把部分公共服务交给社会组织承担，对此，版权行政管理部门也要行使监管职能，而这又属于社会管理职能的一部分。因而，本章也将这两种职能与法律法规的关系放到一起阐述。在版权领域，社会管理主要是对著作权集体管理组织的管理，而社会服务则体现在版权的登记查询等服务上面。

一、社会管理职能与版权制度：著作权集体管理组织管理制度及其完善

著作权集体管理组织一般是由版权权利人组成的社会组织，成立著作权集体管理组织的原因，从经济学角度看是为了降低版权交易成本，一些版权权利人特别是自然人权利人没有很多时间和精力进行版权交易谈判，另外，若作品的利用者与一个个权利人单独协商版权交易问题，则成本非常高。而著作权集体组织的成立，能够让一个组织出面代表广大版权权利人进行交易，在节约交易成本的同时，也改变了单个版权权利人与交易相对方相较之下的弱势地位。尽管各国政府对著作权集体管理组织的管理制度不同，但对著作权集体管理组织的管理目标是一致的——节约交易成本，保障版权权利人利益。著作权集体管理是为了保护版权，激励权利人创作更多作品，这一点与版权制度的目标一致。下述分析我国对著作权集体管理组织的管理制度是否合理，其实质就是分析我国当前的著作权集体管理制度是否达到了节约交易成本和保护版权的基本目标，与基本目标相悖的制度，应该予以修订。

我国《著作权法》第 8 条规定："著作权人和与著作权有关的权利人可以

授权著作权集体管理组织行使著作权或者与著作权有关的权利。著作权集体管理组织被授权后，可以以自己的名义为著作权人和与著作权有关的权利人主张权利，并可以作为当事人进行涉及著作权或者与著作权有关的权利的诉讼、仲裁活动。著作权集体管理组织是非营利性组织，其设立方式、权利义务、著作权许可使用费的收取和分配，以及对其监督和管理等由国务院另行规定。"

《著作权集体管理条例》第3条第1款规定："本条例所称著作权集体管理组织，是指为权利人的利益依法设立，根据权利人授权、对权利人的著作权或者与著作权有关的权利进行集体管理的社会团体。"因而，我国著作权集体管理组织的法律性质是非营利性质的社会团体。《著作权集体管理条例》第5条规定："国务院著作权管理部门主管全国的著作权集体管理工作。"这是著作权行政主管部门管理著作权集体管理组织的具体法律依据。

（一）对著作权集体管理组织主体资格的行政许可制度的完善

《著作权集体管理条例》第7条规定："依法享有著作权或者与著作权有关的权利的中国公民、法人或者其他组织，可以发起设立著作权集体管理组织。设立著作权集体管理组织，应当具备下列条件：（一）发起设立著作权集体管理组织的权利人不少于50人；（二）不与已经依法登记的著作权集体管理组织的业务范围交叉、重合；（三）能在全国范围代表相关权利人的利益；（四）有著作权集体管理组织的章程草案、使用费收取标准草案和向权利人转付使用费的办法（以下简称使用费转付办法）草案。"

《著作权集体管理条例》第9条规定："申请设立著作权集体管理组织，应当向国务院著作权管理部门提交证明符合本条例第7条规定的条件的材料。国务院著作权管理部门应当自收到材料之日起60日内，作出批准或者不予批准的决定。批准的，发给著作权集体管理许可证；不予批准的，应当说明理由。"

《著作权集体管理条例》构成了我国著作权集体管理组织的行政许可制度，第7条是设立著作权集体管理组织的具体条件，第9条规定了我国版权行政主管部门许可时主要依据第7条的相关规定以及许可程序。第7条第1款为人数规定，第2款和第3款实质上是要求每类权利管理组织在全国范围只能有一个著作权集体管理组织，第4条则是要求集体管理组织有章程、收费标准和支付使用费办法。

笔者认为，集体管理组织中的人员若有损害权利人利益的可能性应该通过监管制度予以初步排除。

对此，部分国家在其著作权法中有具体的规定，相关制度可供借鉴。如，韩国《著作权法》第105条规定以下几种人不得申请著作权信托服务（即集体管理）或代理经纪服务："法院确定的无民事行为能力的人；宣告破产的人；因违反著作权法受到罚款以上的刑事处罚的人；在韩国没有住所地的人；在法人或团体的代表或成员中有上述四种人。"韩国《著作权法》之所以这样规定，是防止经济状况不佳和本身曾违反著作权法的人进入集体管理组织，因为这样的人极有可能损害权利人的利益。德国《集体管理组织法》第3条规定了政府可以不许可集体管理组织的几种情况："章程与本法不符；代表人员不可靠；集体管理组织的经济情况不能指望其真正管理受托的权利和要求。"其中代表人员不可靠和集体管理组织经济状况这两条同样是出于保护权利人利益的需要，而要求加入集体管理组织的自然人和法人信用和财务状况良好。

因此，笔者建议在《著作权集体管理条例》第7条中增加两款：

"集体管理组织中不能有因违反著作权法受过行政处罚或刑事处罚的自然人、法人或其他组织；

集体管理组织中的自然人或法人、其他组织不得有不良征信记录；

加入集体组织的自然人或法人、其他组织的经济状况应当良好。"

通过上述条款将那些信用上有不良记录或经济状况不好的自然人或法人排除在集体组织外，降低成员损害大多数权利人利益的可能性。笔者认为，这样的制度在我国显得极为必要。因为著作权集体管理组织不同于一般公司，不是自负盈亏的组织，而是涉及众多权利人利益的社会团体。特别是在我国著作权法修订后，著作权集体管理组织获得所谓延伸性管理权利。《中华人民共和国著作权法（修订草案送审稿）》第63条第1款规定："著作权集体管理组织取得权利人授权并能在全国范围内代表权利人利益的，可以就自助点歌系统向公众传播已经发表的音乐或者视听作品以及其他方式使用作品，代表全体权利人行使著作权或者相关权，权利人书面声明不得集体管理的除外。"这种延伸管理机制使著作权集体管理组织代表的范围，从会员延伸到非会员——普通的版权权利人。在这种情况下，著作权集体管理组织不仅仅是由版权权利人构成的自治的社会团体，而是具有代替政府管理涉及公共利益的社会事务的公共机构性质。对于公共机构的要求不能等同于一般社会组织。笔者认为，由于著作权集体管理组织越来越具有的公共机构的特点，我国的法律法规有必要从资格许可角度强化对集体管理组织的行政许可，因为涉及公共利益的事物，不能完全交给市场或社会。因而，建议在《著作权集体组织管理条例》中补充规定部分人员不得进入集体管理组织的上述条款。

（二）对著作权集体管理组织日常运行监管制度的完善

1. 建立著作权集体管理组织的许可证吊销制度

从我国现行的《著作权集体管理条例》来看，其中仅规定了许可机制，但却许可撤销机制并不完善。《著作权集体管理条例》第 41 条规定了能够撤销许可的情况："著作权集体管理组织自国务院民政部门发给登记证书之日起超过 6 个月无正当理由未开展著作权集体管理活动，或者连续中止著作权集体管理活动 6 个月以上的，由国务院著作权管理部门吊销其著作权集体管理许可证，并由国务院民政部门撤销登记。"即，著作权集体管理组织在怠于行使其著作权集体管理的义务时予以撤销。

然而，比怠于行使集体管理义务更为严重的损害权利人利益或者有其他违法行为的情况，却没有规定撤销许可的法律责任。《著作权集体管理条例》第 39 条规定："著作权集体管理组织有下列情形之一的，由国务院著作权管理部门责令限期改正：（一）违反本条例第 22 条规定，未将与境外同类组织订立的相互代表协议报国务院著作权管理部门备案的；（二）违反本条例第 24 条规定，未建立权利信息查询系统的；（三）未根据公告的使用费收取标准约定收取使用费的具体数额的。著作权集体管理组织超出业务范围管理权利人的权利的，由国务院著作权管理部门责令限期改正，其与使用者订立的许可使用合同无效；给权利人、使用者造成损害的，依法承担民事责任。"

《著作权集体管理条例》第 40 条规定："著作权集体管理组织有下列情形之一的，由国务院著作权管理部门责令限期改正；逾期不改正的，责令会员大会或者理事会根据本条例规定的权限罢免或者解聘直接负责的主管人员：（一）违反本条例第 19 条规定拒绝与权利人订立著作权集体管理合同的，或者违反本条例第 21 条的规定拒绝会员退出该组织的要求的；（二）违反本条例第 23 条规定，拒绝与使用者订立许可使用合同的；（三）违反本条例第 28 条规定提取管理费的；（四）违反本条例第 29 条规定转付使用费的；（五）拒绝提供或者提供虚假的会计账簿、年度预算和决算报告或者其他有关业务材料的。"

从第 39 条的规定来看，著作权集体管理组织给权利人或使用者造成损害的，承担的责任仅仅是"由国务院著作权管理部门责令限期改正"。而第 40 条规定的侵犯权利人利益的更为严重的违法情形，也仅是限期责令改正，逾期不改的，责令会员大会或理事会罢免或解聘直接负责的主管人员。这样的处罚也非常轻，仅对相关责任人员解聘并不能保证有过违法情形的集体管理组织不会再次违法或侵害权利人或使用者利益。

撤销集体管理组织的许可这种最严厉的处罚措施，在各国著作权法律制度中并不鲜见。如：德国《集体管理组织法》第 4 条规定："1. 因下列情况应当撤销许可：（1）本法第 3 条第 1 款所列任何一种拒法许可的原因在监督机关办理许可时未被发现或者事后才出现并且未在监督机关规定的一定期限内不足之处，或者（2）虽经监督机关警告，该集体管理组织仍一再违反本法为其规定的某项义务。2. 撤销许可必须说明理由并且送达该集体管理组织。撤销决定无更长时间规定的，3 个月后无异议，撤销即生效。"

韩国《著作权法》第 109 条规定：如果发现著作权集体管理组织"以欺诈或非法手段获得许可，或者接到禁止营业命令后继续营业的，可以撤销许可。但是在撤销时，政府应该召开听证会，充分保障被处罚机构的程序权利"。

通过撤销许可这种最严厉的处罚机制，可以避免著作权集体管理组织可能出现的一再违法和违规的情况；而且使有严重违法行为的著作权集体管理组织及相关人员不再涉足集体管理领域，避免受过处罚的人员继续从事著作权集体管理业务。因此，建议在《著作权集体管理条例》第 39 条、第 40 条中增加吊销著作权集体管理组织许可证的情况，具体条款如：

"著作权集体管理组织逾期不改正的，国务院著作权行政管理部门评估后认为应吊销其著作权集体管理许可证的，由国务院著作权管理部门吊销其著作权集体管理许可证，并由国务院民政部门撤销登记。"

2. 完善对著作权集体管理组织的日常监管制度

我国现行的《著作权集体管理条例》初步建立了对著作权集体管理组织的监督制度。《著作权集体管理条例》第 30 条规定："著作权集体管理组织应当依法建立财务、会计制度和资产管理制度，并按照国家有关规定设置会计账簿。"这是要求集体管理组织建立规范的财务制度。

第 31 条规定："著作权集体管理组织的资产使用和财务管理受国务院著作权管理部门和民政部门的监督。著作权集体管理组织应当在每个会计年度结束时制作财务会计报告，委托会计师事务所依法进行审计，并公布审计结果。"该条规定要求著作权集体管理组织每个年度必须委托会计师事务所进行审计。

第 32 条规定："著作权集体管理组织应当对下列事项进行记录，供权利人和使用者查阅：（一）作品许可使用情况；（二）使用费收取和转付情况；（三）管理费提取和使用情况。权利人有权查阅、复制著作权集体管理组织的财务报告、工作报告和其他业务材料；著作权集体管理组织应当提供便利。"上述制度要求集体管理组织记录作品许可使用等信息并有提供给权利人查阅的义务。

第 33 条还规定了权利人的检举制度："权利人认为著作权集体管理组织有下列情形之一的，可以向国务院著作权管理部门检举：（一）权利人符合章程规定的加入条件要求加入著作权集体管理组织，或者会员依照章程规定的程序要求退出著作权集体管理组织，著作权集体管理组织拒绝的；（二）著作权集体管理组织不按照规定收取、转付使用费，或者不按照规定提取、使用管理费的；（三）权利人要求查阅本条例第 32 条规定的记录、业务材料，著作权集体管理组织拒绝提供的。"第 34 条则规定了使用者的检举制度："使用者认为著作权集体管理组织有下列情形之一的，可以向国务院著作权管理部门检举：（一）著作权集体管理组织违反本条例第 23 条规定拒绝与使用者订立许可使用合同的；（二）著作权集体管理组织未根据公告的使用费收取标准约定收取使用费的具体数额的；（三）使用者要求查阅本条例第 32 条规定的记录，著作权集体管理组织拒绝提供的。"第 35 条则规定了非权利人和使用者也有权检举集体管理组织："权利人和使用者以外的公民、法人或者其他组织认为著作权集体管理组织有违反本条例规定的行为的，可以向国务院著作权管理部门举报。"第 36 条规定："国务院著作权管理部门应当自接到检举、举报之日起 60 日内对检举、举报事项进行调查并依法处理。"

相对于上述检举制度，第 37 条规定了我国版权行政主管部门的日常监管措施："国务院著作权管理部门可以采取下列方式对著作权集体管理组织进行监督，并应当对监督活动作出记录：（一）检查著作权集体管理组织的业务活动是否符合本条例及其章程的规定；（二）核查著作权集体管理组织的会计账簿、年度预算和决算报告及其他有关业务材料；（三）派员列席著作权集体管理组织的会员大会、理事会等重要会议。"

笔者认为，上述规定虽然总体上已经形成了对集体管理组织的社会监督与行政监督制度，但版权行政主管部门的监督弱于社会监督。如，第 31 条规定的审计制度，从程序上看是集体管理组织自行委托会计师事务所进行审计并自行公布审计结果，缺少政府监管环节。第 32 条规定了权利人有权查阅财务报告，但却没有集体管理组织将重要事项向版权行政主管部门汇报的制度。社会监管应该是版权行政主管部门的补充，因为包括权利人、使用者在内的社会力量虽然有举报渠道，但他们的力量非常分散，也缺乏执法手段和专业知识，难以发现集体管理组织的违法行为。第 37 条虽然规定了我国版权行政主管部门的监管措施，但也是一种任意性规定而不是强制性义务规定，没有形成制度惯例，这就有可能使我国的版权行政主管部门长期不行使第 37 条中的相关监管义务。

与我国的制度相比较，德国《集体管理组织法》的规定值得借鉴，其中规定的义务较为具体，有利于对集体管理组织实施有效监督。德国《集体管理组织法》第 19 条规定了其监督机关的监督内容，主要包括："1. 监督机关应当注意集体管理组织是否按规定履行本法规定的义务。2. 如果未取得许可，监督机关可以禁止其继续经营业务。3. 监督机关可以随时要求集体管理组织提供关于全部营业活动的情况并且出示营业账簿和其他业务文件。4. 监督机关有权派一名代表参加集体管理组织的会员大会；对于具有监督委员会或者顾问委员会的，亦参加这些会议。5. 如果事实证明，根据法律或者章程代表集体管理组织的合法人员不具备为进行营业活动而必备的可信性，监督机关可为集体管理组织规定一个期限召回此人。为避免造成更严重的后果，监督机关可禁止此人继续进行营业活动。"

除了上述规定，德国《集体管理组织法》第 20 条还规定了著作权集体管理组织相对监督机关的告知义务："集体管理组织应当将根据法律或者章程代表其机构的合法人员的任何变动通知监督机关。集体管理组织应当立即抄送通知监督机关的有：章程的任何变更；报酬标准和报酬标准的任何变更；集体协议；与国外集体管理组织之间的协议；会员大会、监督委员会或者顾问委员会和一切委员会的决议；年度结算、营业报告和检查报告；如监督机关要求，还包括集体管理组织为一方当事人的法院或行政裁定。"通过上述规定，使得德国的监督机关能够及时掌握著作权集体管理组织的日常运营情况。

韩国《著作权法》第 108 条也规定："文化体育观光部长官可以要求著作权管理服务者提交所从事的著作权管理服务的报告。文化体育观光部长官为了保护作者的利益，或者方便作品的使用，可以对于著作权管理服务业务发出必要的命令。"这也是一种非常直接的监督。反观我国版权行政主管部门对著作权集体管理组织的监督，则处于一种近乎自治的状态，在我国法律法规中对版权行政主管部门进行监管以及著作权集体管理组织的义务性规定偏弱、偏少，过于强调著作权集体管理组织作为民事主体的"自治性"，而忽视了著作权集体管理组织不同于一般社会组织的"公共性"。

笔者建议对《著作权集体管理条例》相关条款进行修订，加强义务性规定，特别是版权行政主管部门的监管义务和著作权集体管理组织向监管机关报告重要事项的义务。修改建议如下：

第一，建议将第 31 条修订为："著作权集体管理组织的资产使用和财务管理受国务院著作权管理部门和民政部门的监督。著作权集体管理组织应当在每个会计年度结束时制作财务会计报告，由国务院版权行政管理部门委托会计师事务所或其他机构依法进行审计，并公布审计结果。"修改后，增加了版权行政主管部门对集体管理组织的财务审计制度。

第二，建议将第 37 条修订为："国务院著作权管理部门应当不定期采取下列方式对著作权集体管理组织进行监督，并应当对监督活动作出记录：（一）检查著作权集体管理组织的业务活动是否符合本条例及其章程的规定；（二）核查著作权集体管理组织的会计账簿、年度预算和决算报告及其他有关业务材料；（三）派员列席著作权集体管理组织的会员大会、理事会等重要会议。上述（一）、（二），每年不能少于一次；上述（三），每次都应当参加。"

第三，建议《著作权集体管理条例》中增加一条，规定集体管理组织的重要事项汇报制度："著作权集体管理组织的与下列事项有关的文件，应当在文件生效后同时抄送通知国务院版权行政管理部门：对章程的修改；使用费收取标准的修改；管理层发生的变动；使用费转付方案和提取管理费比例的变动；理事会和会员大会的决议案；年度财务、运营状况报告；国务院版权行政管理部门要求的其他事项。"

通过增加上述条款，能够将我国著作权集体管理组织的日常运行真正置于国务院版权行政主管部门的监管之下，使其日常运营更加透明，避免这一带有公共性质的社会组织脱离监管、损害公共利益。因而，在对著作权集体管理组织的监管上，也即在政府、市场和社会的关系上，笔者认为应该与对新闻出版单位的监管采取不同的思路，出版单位属于市场主体，应该减少政府的直接干预，著作权集体管理组织不是市场主体，而是带有公共性质的非盈利组织，这类组织恰恰需要政府更多的干预。因而，对出版单位政府职能的转变方向是管理转向服务，但对于著作权集体管理组织，则应加强管理。

（三）对著作权集体管理收费及分配监管的制度完善

1. 我国现行著作权集体管理收费及分配制度

我国《著作权集体管理条例》第 11 条规定："依法登记的著作权集体管理组织，应当自国务院民政部门发给登记证书之日起 30 日内，将其登记证书副本报国务院著作权管理部门备案；国务院著作权管理部门应当将报备的登记证书副本以及著作权集体管理组织章程、使用费收取标准、使用费转付办法予以公告。"第 39 条规定了未按照公告的标准收取使用费的法律责任。

《著作权集体管理条例》第 13 条规定了制定使用费收取标准应该考虑的因素："著作权集体管理组织应当根据下列因素制定使用费收取标准：（一）使用作品、录音录像制品等的时间、方式和地域范围；（二）权利的种类；（三）订立许可使用合同和收取使用费工作的繁简程度。"

《著作权集体管理条例》第 14 条规定："著作权集体管理组织应当根据权利人的作品或者录音录像制品等使用情况制定使用费转付办法。"第 13 条、第 14 条仅规定了集体管理组织制定使用费收取标准和使用费转付办法应该考虑的因素，但并没有具体的法律责任和可实施的细则。

《著作权集体管理条例》第 28 条规定："著作权集体管理组织可以从收取的使用费中提取一定比例作为管理费，用于维持其正常的业务活动。著作权集体管理组织提取管理费的比例应当随着使用费收入的增加而逐步降低。"

第 29 条规定："著作权集体管理组织收取的使用费，在提取管理费后，应当全部转付给权利人，不得挪作他用。著作权集体管理组织转付使用费，应当编制使用费转付记录。使用费转付记录应当载明使用费总额、管理费数额、权利人姓名或者名称、作品或者录音录像制品等的名称、有关使用情况、向各权利人转付使用费的具体数额等事项，并应当保存 10 年以上。"

《著作权集体管理条例》第 40 条规定了违反上述两条规定的法律责任："著作权集体管理组织有下列情形之一的，由国务院著作权管理部门责令限期改正；逾期不改正的，责令会员大会或者理事会根据本条例规定的权限罢免或者解聘直接负责的主管人员……（三）违反本条例第 28 条规定提取管理费的；（四）违反本条例第 29 条规定转付使用费的……"

2. 现行制度存在的主要问题：政府缺位

上述规定，特别是《著作权集体管理条例》第 28 条、第 29 条中，并没有对管理费做出详细的规定，以致一些著作权集体管理组织对"管理费"做出有利于自己的解释，而且第 28 条仅规定管理费应当随着使用费收入增加而逐步降低，但却并没有规定什么情况是对该条的违反，导致这一规范的可操作性较差。总体上，《著作权集体管理条例》中缺少由版权行政主管部门对使用费及其分配直接监管的具体措施，导致集体管理组织通过制定有利于自己的章程来确定使用费中管理费的提取办法。

因而，在我国《著作权集体管理条例》中，政府对集体管理组织的使用费及其分配制度的监管基本处于缺位状态，存在使用费和管理费比例均比较高的现象，有可能导致权利人和作品使用者都不满意，以致部分权利人不愿加入集体管理组织；而被集体管理组织收取了使用费的使用者也会认为集体管理组织是为了自身利益而不是为权利人利益收取使用费，导致向使用者收费困难，并因此而发生使用者起诉集体管理组织的诉讼。

我国音乐作品的著作权集体管理组织是中国音乐著作权协会，在其章程《中国音乐著作权协会章程》❶（以下简称《音著协章程》）第 35 条规定："协会从向使用者收取的使用费中扣除一定比例的管理费，用于收取和分配工作的开支、改善为音乐著作权人提供的服务和建立音乐文化发展基金。"而中国文字著作权协会《中国文字著作权协会章程❷》（以下简称《文著协章程》）第 31 条第 4 款规定："提取的管理费严格用于协会正常运行所需各项支出，以及改善著作权集体管理服务，促进著作权保护与推动文化发展、交流等，并在年报中公告管理费使用情况，供权利人和使用者查询。"可见，我国

❶ 见中国音乐著作权协会官方网站：http：//www.mcsc.com.cn/information.php？partid＝21.

❷ 见中国文字著作权协会章程：http：//www.prccopyright.org.cn/staticnews/2010－01－28/10012 8150538781/1.html.

的著作权集体管理组织确实将一些比较宽泛的公益性活动都纳入到管理费当中，值得商榷。笔者认为，管理费应该是维持著作权集体管理组织日常运转的最低费用，而不能将其范围扩大到一些促进著作权保护之类的公益性活动上。因为，集体管理组织的设立目的是权利人形成一个社会团体来管理权利人的权利，其功能不应该包含公益性项目。如果因此提高了管理成本，最终受损的还是权利人。

《音著协章程》第36条规定："经协会理事批准，上述扣除标准可根据协会发展的需要作适当调整。"《文著协章程》第31条第1款则规定："协会从收取的使用费中提取一定比例作为管理费，提取管理费的基本原则是根据协会的发展需要决定提取比例，并随着使用费收入的增加而逐步降低，适时、适当地做出调整。"这两家著作权集体管理组织的章程中都体现了我国的集体管理组织是自行决定管理费的提取比例，而我国版权行政主管部门并没有对其有效监管。

《文著协章程》第31条第2款还规定："开展集体管理活动提取的管理费比例一般最高不得超过使用费的30%，具体比例可与使用者或著作权人协商确定。"这就说明该集体管理组织能够自行决定管理费的扣除标准。30%的比例显然已经相当高了，由于未查阅到文著协的有关公报，无法得知其运营中实际提取的管理费比例。但笔者对中国音乐著作权协会近年的收入与支出所做的调查如表10-1所示。

表 10-1　中国音乐著作权协会近年的收入与支出

年份	总收入（万元）	总的行政支出（万元）	行政支出比例（%）
2004	4812.82	890.8	18.50
2005	6440.57	1061.69	16.48
2006	4509.15	723.42	16.04
2007	4126.71	652.56	15.81
2008	3688.51	590.43	16.01
2009	4253.7	684.53	16.09
2010	6801.86	1204.63	17.71
2011	8889.31	1542.06	17.35

续表

年份	总收入（万元）	总的行政支出（万元）	行政支出比例（%）
2012	10991.95	1986.57	18.07
2013	11226.30	2021.15	18.00

注：表10-1是笔者根据中国音乐著作权协会官方网站上2004～2013年年报公布的数据整理而出的，年报下载网址：http://www.mcsc.com.cn/information.php? partid=4.

表10-1显示，音著协的行政支出比例并没有随着其收入的提高而逐年降低，甚至在部分年份收入增长的同时，行政支出比例也发生的提高。行政支出比例近年来维持在18%上下，并不符合《著作权集体管理条例》中规定的收入提高后应逐年下降管理费用的规定。相比之下，国外的管理费比例则比我国要低，如：德国音乐著作权协会为15%左右，德国文字著作权协会为9%左右，德国邻接权集体管理协会为7%左右。❶

《音著协章程》第37条规定，协会经费来源，除前述扣除带来的收入外还包括"蓄存协会的待分配款项的利息"。笔者认为，这些待分配款项本身是属于权利人的，其孳息也应归权利人所有，应该在分配的时候根据比例支付给权利人。

正如上文所述，著作权集体管理组织具有一定的公共性质，因而，不能完全由集体管理组织自行决定使用费收取标准和使用费的分配，这很有可能导致集体管理组织为了自身的利益提高使用费标准，并通过增加管理支出降低应给予权利人的费用。上述调查显示我国著作权集体管理组织的实际运营中确实存在问题，导致社会使用作品的成本提高，而对作品创作者的激励降低，与版权的目标和设立著作权集体管理组织的目的相悖。为了避免上述现象，不少国家的政府部门对著作权集体管理组织的收费及分配制度进行了直接的监管。如，韩国《著作权法》第105条规定，著作权集体管理服务提供者在决定收费标准前应取得文化体育观光部长官的同意，并且规定："文化体育观光部长官可以为了保护著作权人的权利及利益、相关利益人，或者方便对作品的使用，对著作权服务提供者决定的收费标准进行修正。"也即韩国的行政主管部门可以为了利益平衡的考量，直接修改著作权集体管理组织的收费标准。韩国《著作权法》第109条还规定："当收费标准超出经政府部门批准的标准时，当著作权集体管理组织不提交报告或提交虚假报告时，或无正当理由不执行政府的命令时，韩国文化观光部可以限定其在6个月内停止业务。"也即收费标准与政

---

❶ 李陶.论著作权集体管理组织的反垄断规制.知识产权，2015（2）：34-20.

府批准的标准不一致时，政府可以对著作权集体管理组织采取责令其停业的处罚措施。

为了解决上述问题，我国《著作权法（修订草案送审稿）》第 62 条中设置了对使用费的异议制度："著作权集体管理组织应当根据管理的权利提供使用费标准，该标准在国务院著作权行政管理部门指定的媒体上公告实施，有异议的，由国务院著作权行政管理部门组织专门委员会裁定，裁定为最终结果，裁定期间使用费标准不停止执行。前款所述专门委员会由法官、著作权集体管理组织的监管部门公务员、律师等组成。"

笔者认为，上述异议制度虽然一定程度上能够遏制使用费过高的问题，但异议的启动并非直接由我国版权行政管理部门进行，其本质上是一种争议解决制度，而不是直接的监管制度。

3. 完善现行制度的建议

完善现行制度就是解决政府在监管著作权集体管理组织方面的缺位问题，笔者认为，应该将集体管理组织的收费和使用费分配纳入我国版权行政主管部门的监管职能范围。

首先，应该规定我国版权行政主管部门对著作权集体管理组织收费和分配的直接监管制度。建议将《著作权集体管理条例》第 13 条修订为："著作权集体管理组织应当根据下列因素制定使用费收取标准：

（一）使用作品、录音录像制品等的时间、方式和地域范围；

（二）权利的种类；

（三）订立许可使用合同和收取使用费工作的繁简程度。

著作权集体管理组织制定的使用费收取标准应当上报国务院版权行政管理部门批准，批准后方可实施。

国务院版权行政管理部门为更好地保护权利人或方便公众对作品的利用，可以对著作权集体管理组织的使用费收取标准予以修正。"

建议将第 14 条修订为："著作权集体管理组织应当根据权利人的作品或者录音录像制品等使用情况制定使用费转付办法，转付办法应当报国务院版权行政管理部门备案。"

其次，应当明确管理费的范围和政府对提取比例的直接监管，避免著作权集体管理组织在其章程中对管理费做过于宽泛的定义。

因此，建议将《著作权集体管理条例》第 28 条修订为：

"著作权集体管理组织可以从收取的使用费中提取一定比例作为管理费，用于维持其正常的业务活动。

这里的'维持其正常的业务活动'仅指著作权集体管理活动，即收取和分配使用费及其相关的诉讼等活动，不包括与此无关的其他公益性或非公益性活动。

著作权集体管理组织提取管理费的比例应当随着使用费收入的增加而逐步降低。

著作权集体管理组织提取管理费的比例应当报国务院版权行政管理部门批准，国务院版权行政管理部门经过审计或评估后认为提取比例过高的，可以直接要求著作权集体管理组织降低至合理的比例。"

（四）版权主管部门与反垄断执法机构在监管集体管理组织上的配合问题

各国的反垄断法并没有对著作权集体管理组织进行反垄断调查的豁免，而是一旦著作权集体管理有限制竞争嫌疑，则会启动相关调查，只是由于著作权集体管理组织的特殊性，有的国家法律要求对著作权集体组织的反垄断法调查应该与著作权集体管理组织的监督机关联合进行。如德国《集体管理组织法》第 18 条规定："监督机关是专利局❶。根据其他法律规定对集体管理组织实行监督的，应当会商专利局后进行。对于要求便利营业活动许可的申请（第 2 条）和对许可之拒发（第 4 条），专利局应当与卡特尔局取得一致再做决定。不能取得一致的，专利局可将案件移送联邦司法部，联邦司法部会商联邦经济与技术部发出的指示取代专利局和卡特尔局取得的一致意见。"这是因为著作权集体管理组织不是一般公司，带有公共色彩，对其有专门监管部门，因而其在反垄断法上的法律责任也是由其监管机关而不是反垄断机构实施。

根据我国《著作权集体管理条例》，版权的各个领域只能存在一个全国性集体管理组织，即，我国著作权集体管理组织的垄断地位是直接由法律规定形成的。但一个不争的事实是，近年来集体管理组织存在的管理费比例过高的问题使其广受诟病，因而，社会上出现了通过反垄断法规制其滥用优势地位行为的呼声。

因而，有关专家起草的《关于知识产权领域反垄断执法的指南（国家工商总局课题组起草修订第五稿）》中曾经专门设置了一条，规范著作权集体管理组织的限制竞争行为，具体规定为：

"著作权集体管理组织是指为权利人的利益依法设立，根据权利人授权、对权利人的著作权或者与著作权有关的权利进行集体管理的社会团体。著作权集体管理组织的设立及其活动的开展通常有利于单个著作权人权利的行使，有利于著作权使用单位和个人及时合法地使用作品。

如果著作权集体管理组织在开展活动过程中，从事符合下列条件之一的行

---

❶　此处的法律文本引用自：《十二国著作权法》翻译组. 十二国著作权法［M］. 北京：清华大学出版社，2011，该书作者未采用我国惯常使用的"专利商标局"来表示德国的专利行政主管部门。

为，国务院反垄断执法机构将运用本指南第二章规定的分析方法进行分析认定：（一）没有正当理由，收取过高的代理费或许可费；（二）没有正当理由对条件相同的著作权人实行歧视性待遇；（三）强迫接受一揽子许可的行为；（四）从事其他可能具有排除、限制相关市场竞争效果的行为。"

　　草案中明确规定了集体管理组织的垄断高价、歧视、强制缔约三种滥用市场优势地位的行为，并规定了兜底条款将著作权集体管理组织置于反垄断执法部门监管之下。

　　由于上述条款存在争议，国家工商行政管理总局 2015 年 4 月最终公布（8 月施行）的《关于禁止滥用知识产权排除、限制竞争行为的规定》中删除了上述条款。但从现行法律规定看，并没有明确将著作权集体管理组织排除在反垄断法的规制范围之外。我国 2008 年生效的《反垄断法》第 12 条第 1 款规定："本法所称经营者，是指从事商品生产、经营或者提供服务的自然人、法人和其他组织。"有学者认为，其他组织包括著作权集体管理组织❶。《关于禁止滥用知识产权排除、限制竞争行为的规定》第 3 条第 1 款规定："本规定所称滥用知识产权排除、限制竞争行为，是指经营者违反《反垄断法》的规定行使知识产权，实施垄断协议、滥用市场支配地位等垄断行为（价格垄断行为除外）。"该规定第 11 条规定："具有市场支配地位的经营者没有正当理由，不得在行使知识产权的过程中，对条件相同的交易相对人实行差别待遇，排除、限制竞争。"而我国《著作权法（修订草案送审稿）》第 63 条第 2 款也规定："著作权集体管理组织在转付相关使用费时，应当平等对待所有权利人。"这其实就是要求著作权集体管理组织不得滥用自己的优势地位歧视交易对象。因而，即使没有专门针对著作权集体管理组织的法律法规条款，我国著作权集体管理组织依然要受反垄断法的规制。

　　由于著作权集体管理组织的非营利性，带有半公共机构的色彩，因而，对著作权集体管理组织的反垄断规制，不能完全按照对市场主体由我国反垄断执法机构单独进行的规制模式，可以参考我国对行政垄断的规制，由反垄断执法机关通知行政垄断机关的上级责令改正。我国《反垄断法》第 51 条第 1 款规定："行政机关和法律、法规授权的具有管理公共事务职能的组织滥用行政权力，实施排除、限制竞争行为的，由上级机关责令改正；对直接负责的主管人员和其他直接责任人员依法给予处分。反垄断执法机构可以向有关上级机关提出依法处理的建议。"

　　虽然国务院版权行政主管部门不是著作权集体管理组织的行政上的上级，

---

❶　李陶．论著作权集体管理组织的反垄断规制．知识产权，2015（2）：34-20.

但却是其主管部门，因而，应该在《著作权集体管理条例》中增加类似规定。要求涉及著作权集体管理组织的反垄断执法由版权行政主管部门会同反垄断执法机构共同进行，有关反垄断的处罚措施主要由版权行政主管部门实施。这样既能保证对著作权集体管理组织的有效反垄断规制，又可以防止不当的反垄断执法损害权利人或者使用者利益。

因此，笔者建议在《著作权集体管理条例》中增加一条："当反垄断执法机构发现著作权集体管理组织涉嫌实施排除、限制竞争行为，损害权利人或使用者利益时，应当通知国务院版权行政管理部门并同时给出依法处理的建议，由国务院版权行政管理部门责令著作权集体管理组织改正并将处理结果通报给反垄断执法机构。"

二、公共服务职能与版权制度的完善

在版权领域，政府提供的公共服务主要是指版权及相关权利、合同的登记和查询服务，通过登记，使权利人在遇到版权被侵权时，在举证中处于有利位置；登记也产生公示效力，以保障交易安全和交易效率。

（一）版权登记与查询服务相关制度及其不足

1. 我国现行版权登记与查询制度

第一，版权及其相关权利的登记。我国现行《著作权法》中对版权和相关权登记并没有规定，2014 年公布的《中华人民共和国著作权法（修订草案送审稿）》第 8 条规定："著作权人和相关权人可以向国务院著作权行政管理部门设立的专门登记机构进行著作权或者相关权登记。登记文书是登记事项属实的初步证明。"这就明确了版权和相关权登记机关，更为重要的是明确了版权登记具有证据的效力。

第二，版权合同的登记。我国现行《著作权法》中对版权合同也没有规定，2014 年公布的《中华人民共和国著作权法（修订草案送审稿）》第 59 条规定："与著作权人订立专有许可合同或者转让合同的，使用者可以向国务院著作权行政管理部门设立的专门登记机构登记。未经登记的权利，不得对抗善意第三人。"说明将来的立法中规定经过登记的版权合同，在效力上可以对抗善意第三人，也即当出现一个版权多次转让时，登记的合同效力优先。

第三，版权质权的登记。我国现行《著作权法》第 26 条规定："以著作权出质的，由出质人和质权人向国务院著作权行政管理部门办理出质登记。"《中华人民共和国著作权法（修订草案送审稿）》第 60 条保留了上述规定。但著作权法中没有规定质权登记的效力。2011 年生效的《著作权质权登记办法》第 5 条则规定："著作权质权的设立、变更、转让和消灭，自记载于《著作权质权登记簿》时发生效力。"说明版权的质权登记是质权生效与变动的必备要件。

第四，有关登记与查询收费制度。《作品自愿登记试行办法》第 12 条规定："作品登记应实行计算机数据库管理。并对公众开放。查阅作品应填写查阅登记表，交纳查阅费。"第 13 条规定："有关作品登记和查阅的费用标准另行制定。"而《中华人民共和国著作权法（修订草案送审稿）》第 8 条、第 59 条、第 60 条规定了登记应当缴纳费用，收费标准由国务院财政、价格管理部门确定。

2. 我国现行版权登记与查询制度的不足之处

从前述法律法规内容，结合我国版权登记实践，笔者认为，从政府职能角度看，我国现行的版权登记制度存在以下几个方面的不足：

第一，没有规定政府提供登记信息查询的义务。版权的登记与版权相关登记信息查询，具有同等重要的意义，但除了部门规章，我国《著作权法》中并没有明确我国版权行政主管部门在查询方面应该提供的公共服务。

第二，缺少具体的收费标准和对收费的监管。除了 1992 年颁布的《计算机软件著作权登记收费项目和标准》，当前作品的著作权登记或者查询收费标准，往往是由版权行政主管部门委托的登记机构自行制定的，导致全国的收费标准不统一，如中国版权保护中心和广东省的收费标准就不一致，有些地区实行免费登记制度。由于版权登记属于我国版权行政主管部门必须提供的公共服务，按照行政收费理论，这个收费只能是登记时产生的合理费用，不能超过成本。对此，有些国家的版权法有明确的相关规定。例如：美国版权法第 708 条规定："下述行为应向版权局长缴纳费用：主要包括版权的登记等事项。版权局长应对版权局登记请求、备案文件和提供其他服务所支出的费用进行研究。研究还应考虑费用调整的时机和符合预算的使用授权。版权局可以调整费用，还可以合理地调整通货膨胀以跟上成本的预计增长，但调整不得超出版权局为提供服务而支出的合理费用……"。

因此，版权行政主管部门有必要对收费进行监管，但我国由于缺乏相关法律法规，导致版权行政主管部门对收费基本没有监管，除了上述的全国标准不一致以外，还导致以下问题发生：

首先，版权代理机构的高昂收费。一般版权行政主管部门认可的登记机构收费大概标准为 200 元到 300 元左右的作品登记，到了代理机构那里报价会变成 1500 元到 2000 元，代理机构牟取了不菲的利润。而这个利润是代理机构利用了在版权登记知识方面他们与权利人信息不对称获取的。

其次，登记收费发生价格歧视现象。以广东省公布的广东省作品著作权自愿登记收费标准为例❶，所有的作品登记收费标准，自然人与法人或其他组织执行的是两个标准，对自然人的收费低于法人或其他组织。若从合理支出费用角度来看，自然人与法人或其他组织并没有区别。若是为了鼓励自然人，登记费用在成本以下收费，在标准中也应该明确说明。

最后，《中华人民共和国著作权法（修订草案送审稿）》第 8 条、第 59 条、第 60 条规定的收费标准由国务院财政、价格管理部门确定，而在对收费的监管上版权行政主管部门却处于缺位状态。从信息掌握的情况来看，版权行政主管部门应充分掌握了版权登记和查询的合理成本，掌握全国版权登记的情况，并能够通过调整登记费用鼓励版权登记。因此，收费标准的制定需要我国版权行政主管部门参与，版权行政主管部门还负有根据各种情况调整收费标准的义务。

第三，没有明确登记机关能否设立登记办事机构或代办机构以及能否代理登记。《作品自愿登记试行办法》第 3 条规定："各省、自治区、直辖市版权局负责本辖区的作者或其他著作权人的作品登记工作。国家版权局负责外国以及台湾、香港和澳门地区的作者或其他著作权人的作品登记工作。"第 11 条规定："各省、自治区、直辖市版权局应每月将本地区作品登记情况报国家版权局。"《中华人民共和国著作权法（修订草案送审稿）》第 8 条、第 59 条、第 60 条中规定的登记机构是"国务院著作权行政管理部门设立的专门登记机构"，其中并没有规定该专门登记机构还能否设立地方办事机构或指定其他机构代办版权登记。《计算机软件著作权登记办法》第 6 条规定："国家版权局主管全国软件著作权登记管理工作。国家版权局认定中国版权保护中心为软件登记机构。经国家版权局批准，中国版权保护中心可以在地方设立软件登记办事机构。"因而，我国当前仅计算机软件著作权登记机构及其能否设立办事机构较为明确。

除了能否设立登记办事机构没有明确以外，我国现行法律法规中也未明确规定版权登记机构能否由代办机构办理。而在版权登记实践中，各地的版权登记机构都指定了一些代办机构，对于代办机构是否有资质要求，具体代办收费标准，也没有具体制度规定。

第四，登记信息没有集中管理。虽然《作品自愿登记试行办法》第 12 条中规定"作品登记应实行计算机数据库管理。"但却没有进一步规定管理的方式和方法，这使我国形成了分散的登记信息格局，不利于对版权的保护和再利用。对权利人和使用者来说，要查阅现有作品的登记情况非常不便。笔者建议

---

❶　广东省作品著作权自愿登记收费［EB/OL］. http：//www. copyright. gd. gov. cn/bussinessGuide/copyRegister？name＝13.

将版权登记信息汇总在一个统一的数据库中。

第五，对登记机关的监管缺位。我国当前版权登记机构，在全国各省（自治区、直辖市）基本都有一个归该地区版权行政主管部门主管的事业单位来负责该地区的版权登记。为了方便权利人登记，地方的版权登记机关又会指定若干分散在本地区的社会团体或公司代办版权登记。但往往没有制定相应规范对这些登记机构进行监管。

笔者认为，版权登记和查询属于我国版权行政主管部门应该提供的公共服务，应该由有一定资质的机构来实施。而我国当前的状况是，地方版权登记机构或其指定的代办机构并非只进行版权登记业务，还进行其他带有营利性质的诉讼服务或法律顾问等非诉讼服务。这些服务也是与版权相关的。很难保证登记机关不利用在版权登记和查询时获得的权利人或查询者的信息来推广自己的其他服务。即很难保证登记机构或代办机构不会利用自己登记机构的身份牟利，对此必须加强监管。

（二）从政府公共服务职能角度完善版权相关制度的建议

笔者认为，从政府公共服务职能角度来看，应该从以下几个方面完善我国的版权法律法规。

1. 将登记与查询制度通过法律设置为版权行政主管部门应提供的公共服务

当前我国《著作权法》及相关法规中仅明确规定了登记，而缺少对查询的规定。建议将《中华人民共和国著作权法（修订草案送审稿）》第 8 条的前两款修订为：

"著作权人和相关权人可以向国务院著作权行政管理部门设立的专门登记机构进行著作权或者相关权登记。登记文书是登记事项属实的初步证明。

任何人都可以向著作权登记机构提出申请，申请查询和复制著作权登记信息的复制件，登记机构应当提供。"

2. 完善版权行政主管部门对登记和查询收费的监管

版权登记收费不能完全将版权行政管理部门排除在外，因为登记的合理成本只有版权行政主管部门最清楚。建议给予版权行政主管部门调整相关收费标准的权力，这样能够更为灵活地处理收费标准与经济社会环境不相匹配的情况。建议将《中华人民共和国著作权法（修订草案送审稿）》第 8 条、第 59 条、第 60 条修改为：

"登记与查询应当缴纳费用，该费用为国务院著作权行政管理部门提供登记、查询等服务产生的合理支出，具体收费标准由国务院著作权行政管理部门与国务院财政、价格管理部门共同确定。

国务院著作权行政管理部门根据通货膨胀等情况，认为收费标准需要调整的，应会同国务院财政、价格管理部门共同确定调整方案。"

3. 明确对代办机构、代理机构的资质许可并完善对其日常监管制度

虽然现在版权登记代办机构一般也由各地版权行政主管部门批准，但代办机构到底需要什么样的资质却并无具体的制度规范，导致各种类型机构都可以成为代办机构。笔者认为，从版权登记的公共服务性质来看，不宜让一些商业公司来担任代办机构，因为代办机构不同于版权代理机构，前者是我国版权登记机构设置的办事机构，而后者是受权利人委托到登记机构进行版权登记活动的代理人。笔者认为，从有利于版权登记的角度看，代办机构应该为非营利性质的社会团体，笔者调查发现当前部分地区的代办机构也大多数是这类团体。因而，建议在将来修订《作品自愿登记试行办法》时，将第 3 条修订为：

"国家著作权行政管理部门主管全国的作品著作权与相关权、著作权合同以及著作权出质登记的管理工作。

各省、自治区、直辖市著作权行政管理部门主管本辖区的作品著作权与相关权、著作权合同以及著作权出质登记的管理工作，涉外以及涉港澳台地区的著作权与相关权、著作权合同以及著作权出质登记的管理工作由国家版权局负责。

经各省、自治区、直辖市著作权行政管理部门批准，可以在本辖区指定非营利性的社会团体为版权及相关权登记的代办机构。

权利人可以委托代理人代为办理著作权与相关权登记。

著作权登记机构的收费执行国务院著作权行政管理部门与国务院财政、价格管理部门共同制定的标准。

代办机构的收费标准，由各省、自治区、直辖市著作权行政管理部门会同物价部门共同制定，但收费标准不得超出代办机构进行版权登记的合理费用。

代理机构的收费标准，由各省、自治区、直辖市著作权行政管理部门会同物价部门共同制定，但收费标准不得超出代办机构进行版权登记的合理费用以及合理的利润。"

还应该增加一条，规定代办机构的资质：

"著作权登记代办机构应当具备下列条件：

（一）为非营利性的合法注册的社会团体；

（二）有符合法律法规的主管机关；

（三）有确定的业务范围；

（四）有固定的工作场所；

（五）有能够胜任著作权登记工作的专业人员；

（六）法律、行政法规规定的其他条件。"

通过上述修订，基本能够完善对登记机构、代办机构的资质许可，但还应补充规定，登记机构和代办机构的版权登记业务应该与诉讼、法律顾问等业务分离，并且不得利用登记获利。建议修订《作品自愿登记试行办法》时，增加一条：

"著作权登记机构以及代办机构的著作权登记业务应当与其他业务分离，登记机构和代办机构在办理登记或查询业务时获得的个人或法人以及其他组织的信息不得泄露，也不得通过这些信息推广自己的诉讼或非诉讼的法律服务等其他业务。"

4. 全国登记的信息应该集中在统一的数据库中

建议将《作品自愿登记试行办法》第 12 条修订为："作品登记应实行计算机数据库管理，全国的作品登记信息都应该及时录入国务院著作权行政管理部门建设的数据库中。国务院和地方著作权行政管理部门应该利用网络及数据库技术，让权利人可以通过互联网进行登记、查询等活动。"

第11章 结论：以制度规范政府在新闻出版（版权）领域越位、错位、缺位问题

我国的新闻出版行政体制改革是我国文化体制改革的一部分，文化体制改革的目标是让新闻出版单位成为市场主体，那么新闻出版行政部门此前与新闻出版单位之间的管理者与被管理者的关系，应该逐步转变为服务者和被服务者的关系。我国新闻出版（版权）法律法规在行政职能转变上的完善必须与我国新闻出版产业体制改革结合，要通过法律法规科学合理地划分政府和市场之间的界限。我国新闻出版法律法规的完善问题，实质上就是在新闻出版管理主体——新闻出版（版权）行政机关和被监管主体——出版单位的性质都发生变化时，如何重新界定各种主体之间和主体内部的权利义务关系，包括：中央新闻出版（版权）行政部门和地方新闻出版（版权）行政部门之间的关系；各级新闻出版（版权）行政管理部门与其他相关行政部门之间的关系；新闻出版（版权）行政管理机构内部的关系；行政管理部门与出版单位之间的关系；行政管理部门和社会公众的关系；出版单位与社会公众的关系。笔者所进行的研究表明，在职能转变背景下，我国新闻出版法律法规存在的问题正是上述关系没有完全理顺，相关主体的权利和义务不够明确，或者法律规定的权利义务与体制改革与职能转变需要设定的权利义务不一致。

对出版单位的调研表明，相关出版单位在对我国新闻出版行政主管部门的工作进步表示认可的同时，也认为新闻出版行政主管部门对他们的服务和指导过少，而管理过多，这说明职能转变还需要进一步实施。而职能转变不能完全依赖于新闻行政主管部门自上而下地发动，这样会较为被动。笔者对地方政府新闻出版行政职能转变的调查发现，地方政府的新闻出版行政职能转变大多滞后于中央政府新闻出版主管部门，这是自上而下的职能转变必然带来的弊端。要保障职能转变科学、有序地进行，需要依靠新闻出版法律法规的完善来保障，而职能转变的成果也必须通过法律法规给予最强有力的保障。

本书前面的章节已经分别从政府的经济调节、市场监管、社会管理、公共服务四大职能的应然角度，考察了我国现行新闻出版（版权）法律存在的问

题并给出了具体法律法规修订建议。本章对这些章节的成果梳理归纳如下：

一、我国新闻出版（版权）法律法规完善具备可行性和时机

我国目前已经具备了系统修订新闻出版（版权）法律法规的时机，而且具有非常好的政策环境。

首先，党和政府推动的政府职能转变和新闻出版体制改革已经有了具体的路线图和时间表，而新闻出版（版权）法律法规的完善本身就包含在上述路线图和时间表中。正如本书第二章所述，党和政府已经为新闻出版（版权）法律法规的完善做了顶层设计，而且调查显示顶层设计与底层需求高度一致。在这种情况下，新闻出版（版权）法律法规的修订没有任何阻力。

其次，我国已经有了相对较为完备的新闻出版法律法规体系，但从政府职能角度看还不能完全满足"依法行政"的需要，修订工作显得极为紧迫。虽然没有具体的新闻法，但我国新闻出版领域并非没有法律制度，而是已经有了众多的行政法规和部门规章以及其他规范性文件。本书所做的调查显示，这些法律法规的确存在不少问题，特别是从政府职能角度观察，其中能够梳理出不少明显与 2013 年国务院公布的职能转变方案有冲突的条款，更不用说本书从政府四大职能角度梳理出的其他问题。这一方面说明现有的制度存在很多问题，对其修订有必要性；另一方面也说明修订时机已到来，因为，在一些较为明显的法律法规漏洞暴露出来的时候政府往往较为重视。

当然，由于涉及的法律文件太多，新闻出版（版权）法律法规的修订完善不可能一蹴而就，这还需要新闻传播学界和法学界研究新闻出版法的学者们共同努力，把研究的视角转向我国政府修订现行法律法规的需要，通过研究让政府在清理现行的法律法规时有理论依据和具体参考。而完善新闻出版（版权）法律法规的第一步是要完善其中与政府职能相关的条款，在政府职能得到有效规范的情况下，我国新闻出版（版权）领域包括法律法规完善在内的其他问题才可能迎刃而解。因为当前，政府与市场、政府与社会、中央和地方政府、政府部门之间的关系没有完全理顺是我国新闻出版业发展的主要障碍。

二、我国新闻出版（版权）法律法规完善的技术性措施

梳理我国新闻出版法律法规及其内容后发现，由于历史原因和特殊国情，除了《刑法》等国家基本法律中包含的相关条款，我国新闻出版领域的法律制度除了《著作权法》，以及《出版管理条例》等十余部行政法规，大量规范是部门规章和其他规范性文件，核心内容均涉及新闻出版政府职能。从立法技术上来看，众多的规范性文件必然导致体系化差、清理修订困难。笔者的调查

发现，虽然国务院出台了相关文件根据职能转变的成果对少量行政法规和部门规章做了修订，但有大量行政法规或部门规章滞后于机构改革和职能转变。不少已经取消或下放的职能，仍然被规定在现行的行政法规或部门规章中。而机构名称的改变也未及时在法规中进行修订。导致法律规定的行政职能与转变过后的实际职能相矛盾，既不利于职能转变，也降低了法规的权威性，给出版单位和社会公众造成困扰。前面章节分析的有些制度，往往涉及多部部门规章，在规章出台后，有的还有一系列的补充性规定，导致同一项制度要么分散在多部法律规范文本之中，要么多部法律规范文本之中有重复的规定。这不仅导致执行困难，也导致新闻出版领域的很多规范难以发挥法律应有的教育、指引等作用，因为一般人很难弄清楚我国新闻出版领域繁复的部门规章和规范性文件。

多部法律规范文本之中有重复规定的现象也给法律法规的修订带来了技术性障碍。下位部门规章重复上位行政法规的内容就是典型，常常是上位法已修订，而下位部门规章、规范法文件未及时跟进修订，造成了现行的制度中，下位法与上位法有明显冲突。而且，虽然上位的法律和行政法规分别由全国人大和国务院制定，部门规章由新闻出版行政主管部门制定，但仍存在依据上位法制定的部门规章突破上位法规定的情况。本书对相关法律法规的梳理还发现，大多数由行政部门出台的规章，往往回避对自身的义务性规定。

笔者认为，从立法技术上看，完善新闻出版（版权）法律法规的首要任务是大规模、系统地清理现有的部门规章和其他规范性文件，减少规范性文件的数量，提高规范的效力层级。对行政部门规章或其他规范性文件中与上位法相重复的地方，应该通过完善行政法规或法律中的条款来建立相应制度，进而废止下位的相关部门规章。对于多部规章或其他规范性文件共同构成的一项制度，应该把这些相关的规范性文件合并为一部规章，或由国务院颁布行政法规。通过上述措施，能够大规模减少规范数量，提高规范质量，形成清晰的新闻出版（版权）法律法规体系。

提高法律规范的效力，也可以避免行政主管部门在相关规章中给自己"赋权"，避免他们规避义务性规定。而减少规范性文件数量，能够大大降低将来法律法规的修订具体工作量。特别是现行的规范中，还存在大量长期有效的"暂行办法""试行办法"等带有临时性的措施，更应该及时清理。

三、新闻出版领域政府与市场关系的定位及其制度化

政府在新闻出版领域与市场的关系上，第一个需要确定的是政府作为整个宏观意义上的市场管理者身份，即政府怎样调节新闻出版产业的运行问题。实

质就是新闻出版法律法规应该给予我国新闻出版行政主管部门以及其他政府部门怎样的调节经济运行手段。我国政府职能的定位在这一方面有不同于国外的特点，主要是我国的新闻出版领域是一个正在进行改革的领域，政府还具有统筹改革和规划制定的职能。而这是发达国家的行政机构所不具备的职能。从本书第五章的研究来看，我国现行法律法规只是规定政府具有规划制定职能，但对该职能应该如何行使、最终要达到的效果并无具体规定，有必要在完善相关法规时予以细化。

政府的另外一个经济调节职能是解决市场壁垒问题，在我国还存在行政壁垒问题，前者主要是市场垄断问题，后者则是我国特有的行政垄断问题。对此，都需要政府通过法律法规予以规制。由于对新闻出版领域的市场垄断的规制需要获得市场信息，对行政垄断需要新闻出版行政主管部门对下级监管，因而，新闻出版领域的反垄断执法需要我国新闻出版行政主管部门配合，但目前我国新闻出版领域还缺乏相应制度，需要在《出版管理条例》中增加相应条款。

引导和调节新闻出版业运行是我国政府在经济调节职能方面的另外一项重要职能，上述规划制定是为市场主体提供发展环境，解决市场壁垒问题是为市场主体创造竞争环境，而引导和调节则是对特殊的产业予以必要的扶持。而新闻出版业正是这样一个特殊产业，其特殊之处就在于新闻出版物的文化属性，具有重要战略意义，这一点甚至超过其经济意义。这也是我国近年来大力扶持文化产业的原因。我国政府在引导和调节新闻出版业运行方面存在的问题正是临时性措施过多，制度化措施过少。另一个弊端是，我国新闻出版行政主管部门在引导和扶持新闻产业运行方面处于缺位状态。对此，修订《出版管理条例》或我国将来出台《文化产业促进法》时，应明确新闻出版主管机关在产业扶持政策上的制定权，而实施则由财政或税收部门进行。这一点本书第四章梳理的其他国家有不少经验值得借鉴。

政府在新闻出版领域与市场的关系中，第二个需要确定的是政府与微观市场的关系，也即政府对市场主体的具体监管问题。笔者通过前面的梳理发现，在这一领域，我国政府既有越位、缺位，也有错位，有较多制度需要完善。政府越位最突出的表现是对市场主体的限制过多，首先是对市场主体进入新闻出版市场的资格许可控制过严，其次是主办主管制度和限制非国有资本的进入限制了市场主体的意思自治。这些限制将影响我国新闻出版体制改革的成效，需要适度放松。

在对出版物的内容监管方面，重大选题备案和核验制度总体上符合政府职能定位，但还应建立政府科学、合理行使职能的机制。一方面，要方便政府职能的行使，如应该制定《重大选题备案指南》整合现有规定，并在相关规定中完善重大选题备案范围调整的具体机制。另一方面，也要避免在政府职能行使的程序中使市场主体有漏洞可钻，如应该制定审读员回避制度和明确规定提交审读和核验的出版物不得由出版单位提供。

我国新闻出版行政主管部门对出版物内容监管，存在最大的问题是对有害内容的监管问题，在这一领域的相关制度中政府缺位问题特别突出。主要表现为政府对应该监管的危害青少年的有害内容缺少监管制度；而且，现有的关于认定淫秽色情内容的标准不能满足政府履行职能的需要。因此，在完善相关制度时，应从完善有害内容的认定标准，在新闻出版行政主管机关中成立吸纳社会力量的有害媒体内容监管专门部门，制定专门的立法监管危害青少年的淫秽、暴力内容三个方面完善我国的有害内容监管制度，解决政府缺位问题。

另外，在对从业人员的资质许可方面，笔者认为存在的主要问题是新闻出版行政主管部门职能的错位，即本该提供服务的事项，却成为管理事项。表现突出的是对新闻出版从业人员的继续教育的监管，对此应修订现有规定，将相关制度中规定政府"管理"职能的部分，转变为政府的服务"义务"。而且这一方面还涉及中央和地方新闻出版行政主管部门的职能划分问题，笔者认为应该将更多中央新闻出版行政主管部门的职能下放给地方。

在新闻出版领域，政府市场监管职能的履行存在最大的问题是，政府职能与司法系统职能的衔接问题，即新闻出版行政执法与刑事司法的衔接问题。这既有我国实体法不完善，也有具体程序性规定不完善的原因，前者导致新闻出版行政主管部门无法正确判断是否需要移送的情形，后者则导致移送无法顺利实施。对此，笔者建议从制定《新闻出版行政执法案件移送标准》、建立联合执法机制和机构、简化移送程序三个方面解决实体法和程序法的问题。

四、新闻出版领域政府与社会的关系定位及其制度化

政府和社会的关系问题涉及两个方面，首先是政府和社会在监督管理新闻出版业运行方面的分工，其次是政府在为社会提供公共服务时的具体义务和如何结合社会力量更好地提供公共服务。从本书第七章的分析可知，总体上我国当前法律法规中体现的政府和社会的关系尚不合理，主要表现在一些政府职能应该更多地交给社会组织，但当前新闻出版领域社会组织建设制度不完善，导致相关社会组织不独立、缺乏应有的权威性，无法发挥其应有的社会功能。在修订新闻出版及社团管理法律法规时，建议让新闻出版行业协会完全独立于新闻出版行政主管部门，并采取资金投入、设立专门委员会等常设机构等措施来加强行业协会建设。

在提供公共服务方面，一些政府在新闻出版领域应该提供的服务，在相关法律法规中却没有相应规定。而一些新闻出版领域的公共服务功能被政府以"管理"模式提供，实施效果不好，惠及面非常有限。将来修订《新闻出版统计管理办法》时，应补充增加新闻出版行政主管部门公开或依申请提供新闻出版具体行业统计数据信息的义务。建议由新闻出版行政主管部门牵头，与分管农村、民族、青少年等事务的行政主管部门共同出台一部向社会力量购买公益性出版物的管理办法。

五、版权领域政府与市场的关系定位及其制度化

在版权领域政府和市场的关系，首先是政府与宏观版权交易市场的关系。政府对宏观版权交易市场的干预应该是为了解决版权交易中因信息不对称和基于社会公共利益原因的强制许可制度带来的市场失灵问题。但通过本书第八章的分析发现，我国以《使用文字作品支付报酬办法》为代表的制度中，存在对版权交易市场干预过度、干预模式不合理等问题。主要表现为对契约自由的干预过度，规章制定没有依据版权交易市场的实际情况，制度灵活性不足，没有体现网络环境下版权的利益平衡新特点。对此，建议从减少政府对版权交易市场的干预程度，依据版权交易的相关市场进行干预，主要干预由法定许可等制度达成的非自由缔约的版权交易，由僵化的成文规范干预转变为灵活的专门机构定期干预制度，中央版权行政主管部门应适当将部分职能给予地方，网络媒体与传统媒体应区别对待几个方面完善我国版权领域政府和宏观市场的关系。

而在版权领域微观的对市场主体行为的干预方面，整体来看存在如何定位版权市场监管职能的问题，特别是版权与新闻出版物相比，不是有形的出版物而是无形的权利，因而版权的市场监管不仅要涉及与刑事司法衔接问题，还涉及与民事司法的关系等问题。通过第九章的梳理，笔者认为我国版权领域政府和市场的关系的制度化主要存在行政执法的启动标准，版权行政处罚与版权民事司法之间的并行与竞争，版权行政执法与版权刑事司法之间的衔接，具体执法尺度，执法机构的合法性和专业性这几个方面的问题。通过梳理现有法律法规和立法动态，结合我国行政和司法系统现状，笔者认为应该完善版权行政执法的启动前提和启动机制，制定版权行政执法与民事刑事司法的衔接制度，制定统一的自由裁量标准、依法设立更为专业的执法机构几个方面来完善现有版权法律法规以合理划分版权领域政府和微观市场之间的关系。

六、版权领域政府与社会的关系定位及其制度化

我国版权领域政府和社会的关系，主要体现在我国版权行政主管部门对著

作权集体管理组织的管理上和向社会提供登记查询服务方面，前者属于政府的社会管理职能，后者属于政府的公共服务职能。

通过第十章的分析，笔者认为，与我国新闻出版领域政府与社会关系中，政府对社会组织限制过多，社会组织无法发挥应有功能不同，在版权领域，恰恰是政府对著作权集体管理组织享有的监管在很多方面缺位。而著作权集体管理组织不同于一般社会团体，具有公共性，特别是我国著作权立法的趋势对其公共性质得到加强，通过延伸性管理让集体管理组织享有管理非会员的权利。在著作权集体管理组织具有公共性特点后，政府应该担负有效监管的义务，不能完全让著作权集体管理组织自治。著作权集体管理组织的自治有可能导致其损害公众利益。对此，国外经验值得借鉴，部分国家将著作权集体管理组织视为具有公共性的机构，对其构成人员设置行政许可、对其收费等实施严格的政府监管，这种监管有别于国外政府对其他社会组织较为宽松的监管。

通过本书第十章对现行版权法律法规中关于集体管理组织的管理制度的梳理和分析，笔者认为，我国著作权集体管理制度体现的政府和社会关系存在的主要问题是，政府对著作权集体管理组织的定位有偏差，导致政府在本应履行监管职能的很多领域缺位。主要有：第一，对著作权集体管理组织中成员的主体资格缺乏应有的行政许可。对此，应在《著作权集体组织管理条例》中补充规定有信用不良记录或版权违法行为等情况的自然人和法人不得成为著作权集体管理组织的会员。第二，在对著作权集体管理组织的日常监管方面缺乏集体管理组织许可证吊销制度，对集体管理组织日常监管缺失，对此，《著作权集体组织管理条例》中应增加吊销集体管理组织许可证的制度。而在日常监管方面，应规定由我国版权行政管理部门直接对著作权集体管理组织不定期的检查和派员参加其重要会议等直接监管制度，并且规定著作权集体管理组织的重要事项汇报制度。第三，对其收费及分配制度缺乏监管。对此，建议改变当前政府对收费监管缺位状况，在《著作权集体组织管理条例》中规定我国版权行政主管部门可以根据情况直接修改集体管理组织收费标准及其分配制度。第四，缺乏与反垄断执法机构的配合机制。对此，建议在《著作权集体管理条例》中增加版权行政主管部门和反垄断执法部门联合处理著作权集体管理组织垄断问题的制度。

而从政府公共服务职能角度来看政府和社会的关系，我国版权领域同样存在部分政府义务没有反映在法律法规中的问题，也存在对社会力量提供公共服务的监管缺位问题。主要表现为没有规定政府提供登记信息查询的义务，缺少具体的收费标准和对收费的监管，没有明确登记机关能否设立登记办事机构或代办机构以及能否代理登记，登记信息没有集中管理，对登记机关的监管制度缺乏。对上述问题，笔者建议从以下几个方面予以完善：将登记与查询制度通过法律设置为版权行政主管部门应提供的公共服务；完善版权行政主管部门对登记和查询收费的监管；明确对代办机构、代理机构的资质许可并完善对其日常监管制度；全国登记的信息应该集中在统一的数据库中。

　　通过上述梳理，笔者认为，以政府职能的视角来分析我国现行制度，目前最大的问题就是现行法律法规在规范政府与市场、政府与社会、中央政府与地方政府的关系方面尚有很有不完善之处，政府职能在新闻出版领域越位、错位和缺位问题突出。究其原因，一方面由于行政规章等的修订与新闻出版领域的改革模式都是由政策推动，政策和改革措施总是走在法律法规的前面，导致制度滞后于改革实践。要解决这种局面，必须把政策落实为法律制度，将政策推动模式转变为法律制度推动模式，通过制定具有前瞻性的法律法规规范政府职能，否则上述问题很难解决。在当前制度落后于实践的情况下，制度的修订问题则显得更为紧迫。另一方面，由于对新闻出版与版权领域政府职能的定位不清晰，或职能定位清晰，但对政府职能行使的具体行使程序和方式规定不明确，这些都是我国在完善新闻出版（版权）法律法规问题时必须解决的。

致　　谢

　　首先要感谢国家新闻出版广电总局的立项和结项的三位项目评审专家。在立项时，详审专家对当时还是申报书的本书研究大纲提出了宝贵的修改意见，建议补充国外相关制度，我在研究中予以采纳。在结项时，评审专家也提出了很多宝贵意见，特别是建议从《国务院工作规则》中规定的我国政府四项职能的角度研究，本书采纳了这些意见。详审专家的意见，使本书的内容更为全面，整体逻辑结构更加合理。也要感谢国家新闻出版广电总局新闻出版课题管理办公室的张叶琳女士在课题研究和本书出版过程中给予的帮助。

　　同时感谢教育部设立的中央高校基本科研业务费跨学科重点项目、教育部新世纪优秀人才支持计划资助项目为本书的研究提供的经费支持，本书是上述两个项目与国家新闻出版广电总局新闻出版项目联合资助的成果。

　　重庆大学新闻学院的陶楠老师、重庆大学博士研究生任渝婉为本书收集了不少资料并撰写了部分章节的初稿，虽然在最后修订时由我根据评审专家的意见对结构进行了调整而未采用，也在此表示感谢。当然也要感谢她们二位的博士生导师，新华社原副社长马胜荣教授，是他把自己优秀的学生推荐进入我主持的课题组。感谢我在重庆大学法学院和新闻学院指导的硕士研究生王改改、宋雪艳、陈丽珠、宋夕、崔志东等同学，他们为本书收集了大量法律法规和案例并且整理了调查问卷和质性访谈材料。

　　非常感谢我的单位——重庆大学新闻学院为本书的出版提供的资助。还要特别感谢知识产权出版社的崔玲女士在本书的出版中所做的大量细致的工作。

张小强

2015 年 6 月 6 日于重庆

参考文献

一、图书

[1] Robert Trager. The Law of Journalism and Mass Communication［M］. Washington：CQ Press，2013.

[2] Tim Crook. The UK Media Law Pocketbook［M］. New York：Routledge，2013.

[3] Tim Crook. Comparative Media Law And Ethics［M］. New York：Routledge，2010.

[4] Perry Keller. European and International Media Law：Liberal Democracy，Trade，and the New Media［M］. New York：Oxford University Press，2011.

[5] Peter Lunt，Sonia Livingstone. Media Regulation：Governance and the interests of citizens and consumers［M］. London：SAGE Publications Ltd，2012.

[6] Hugh Jones，Christopher Benson. Publishing Law［M］. Oxon：Routledge，2011.

[7] David Hesmondhalgh. The Cultural Industries［M］. London：SAGE Publications Ltd，2013.

[8] Robert Burrell，Allison Coleman. Copyright Exceptions：The Digital Impact［M］. Cambridge：Cambridge University Press，2005.

[9] Julie E. Cohen. Copyright in a global information economy［M］. New York：Wolters Kluwer，2015.

[10] 刘华. 经济转型中的政府职能转变［M］. 北京：社会科学文献出版社，2011.

[11] 吴锡俊. 文化产业政策设计与政府职能转变［M］. 北京：北京联合出版公司，2014.

[12] 易昌良. 中国服务型政府职能重构研究［M］. 北京：人民出版社，2014.

[13] 魏永征. 新闻传播法教程［M］. 北京：中国人民大学出版社，2013.

[14] 孙旭培. 新闻传播法学［M］. 上海：复旦大学出版社，2008.

[15] 卓光俊. 新闻传播与法治［M］. 重庆：重庆大学出版社，2013.

[16] 余敏. 国外出版业宏观管理体系研究［M］. 北京：书籍出版社，2004.

[17] 孙有中. 美国文化产业［M］. 北京：外语教学与研究出版社，2007.

[18] 毕佳，龙志超. 英国文化产业［M］. 北京：外语教学与研究出版社，2007.

［19］姜锡一．韩国文化产业［M］．北京：外语教学与研究出版社，2007.

［20］顾江．经济转轨中文化产业发展：市场、模式与规制［M］．南京：东南大学出版社，2008.

［21］李康化．文化产业研究读本［M］．上海：上海人民出版社，2011.

［22］田韶华，严明，赵双阁．传媒产业法律规制问题研究［M］．北京：中国传媒大学出版社，2009.

［23］何敏．文化产业政策激励与法治保障［M］．北京：法律出版社，2011.

［24］胡惠林．我国文化产业政策文献研究综述［M］．上海：上海人民出版社，2010.

［25］林日葵．中国文化产业政策法规与典型案例［M］．杭州：浙江人民出版社，2009.

［26］《十二国著作权法》翻译组．十二国著作权法［M］．北京：清华大学出版社，2011.

［27］张荣臣，韩宇，谢英芬．四个全面：新思想新论点新论断［M］．北京：北京联合出版公司，2015.

二、论文

［28］毛寿龙，景朝亮．近三十年来我国政府职能转变的研究综述［J］．天津行政学院学报，2014（4）：12-18.

［29］胡家勇．"市场经济中的政府职能"研讨会综述［J］．经济研究，2005（8）：18-23.

［30］黄庆杰．20世纪90年代以来政府职能转变述评［J］．北京行政学院学报，2003（1）：34-39.

［31］卢先明．公共物品与政府职能［J］．中南财经政法大学学报，2005（1）：28-31.

［32］杨建顺．论政府职能转变的目标及其制度支撑［J］．中国法学，2006（6）：25-31.

［33］杨小军．从法律与行政关系论政府职能法治化［J］．国家行政学院学报，2013（3）：67-71.

［34］卢正涛．从法律的依据到法律的规范：法治政府建设之关键［J］．行政与法，2009（11）：35-38.

［35］李桂华．郭爱萍市场决定性作用的发挥：政府退出的视角［J］．求实2015（1）：54-61.

［36］庞明川．转轨经济中政府与市场关系中国范式的形成与演进——基于体制基础、制度变迁与文化传统的一种阐释［J］．财经问题研究，2013（12）：3-10.

[37] 薛刚凌. 论府际关系的法律调整 [J]. 中国法学, 2005, (5): 46-56.

[38] 任广浩. 国家权力纵向配置的法治化选择 [J]. 河北法学, 2009, 27 (5): 84-88.

[39] 吴锋, 屠忠俊. 我国新闻出版与广电业行政管理体制改革的回顾与前瞻 [J]. 现代传播, 2013 (5): 1-6.

[40] 课题组. 文化体制改革背景下的政府职能转变与整合 [J]. 中国行政管理, 2010 (10): 14-18.

[41] 范军. 以贯彻实施行政许可法为契机: 加快新闻出版行政部门的职能转变 [J]. 中国出版, 2004 (4): 15-16.

[42] 邓本章. 新闻出版管理依法行政问题研究 [J]. 出版发行研究, 1999 (12): 5-9.

[43] 张晓玲. 完善我国文化产业法律环境的思考. 经济纵横, 2007 (5): 22-24.

[44] 徐升权. 促进文化产业发展的法律制度建设与创新. 科技与法律, 2010, 86 (4): 6-9.

[45] 李祥洲. 国外出版业宏观管理体系探析. 出版科学, 2004 (5): 41-46.

[46] 张小强, 赵大良, 刘茂林. 论出版单位的法律地位与定位 [J]. 科技与出版, 2012 (2): 68-71.

[47] 蔡乐渭. 刍议著作权行政处罚中的公共利益前提 [J]. 出版发行研究, 2011 (10): 51-53.

[48] 孔祥俊. 司法保护几个问题的探讨——关于知识产权司法政策及其走向的再思考 [J]. 知识产权, 2015 (1): 3-15.

[49] 李陶. 论著作权集体管理组织的反垄断规制 [J]. 知识产权, 2015 (2): 34-20.

[50] 倪静. 论著作权集体管理组织反垄断规制的新思路 [J]. 西南民族大学学报: 人文社科版, 2013 (6): 118-121.

[51] 柳斌杰. 认真学习贯彻"七一"重要讲话精神继续全面深化新闻出版体制改革 [J]. 中国出版, 2011 (8月上): 6-15.

[52] 靳国君. 用非法律手段维护新闻出版秩序: 浅析世界新闻出版管理的普遍性与多样性 [J]. 出版发行研究, 2010 (9): 66-68.

[53] 杨建顺. 论政府职能转变的目标及其制度支撑 [J]. 中国法学, 2006 (6): 25-31.

[54] 金武卫. 《著作权集体管理条例》主要问题评述 [J]. 电子知识产权, 2005 (2): 20-24.

[55] 李洪武. 垄断与限制垄断: 著作权集体管理在信息网络时代的扩张 [J]. 图书情报知识, 2005 (104): 43-46.

[56] 高瑞霞. 新公共管理对我国版权行政管理的启示 [J]. 中国出版, 2008

（3）：60-63.

[57] 段维．版权的行政执法范围与权限 [J]．出版发行研究，2004（11）：61-63.

[58] 李学昌．论行政处罚自由裁量权的规制 [J]．国家行政学院学报，2005（5）：48-50.

[59] 彭金冶，杜忠连，刘婷．论转型期行政处罚自由裁量权的法律诉求 [J]．学术交流，2014（7）：72-77.

[60] 段艳．规制行政处罚自由裁量权的法理分析 [J]．法制与社会，2011（15）：157-156.

[61] 夏雨．论版权保护中行政处罚与刑罚衔接 [J]．中国出版 2014（10）：58-60.

[62] 陈绍玲．著作权侵权行政处罚中"公共利益"的界定 [J]．电子知识产权2011（9）：91-94.

[63] 张道许．知识产权保护中"两法衔接"机制研究 [J]．行政法学研究 2012（2）：103-108.

[64] 黄世斌．行政执法与刑事司法衔接中的证据转化问题初探——基于修正后的《刑事诉讼法》第52条第2款的思考 [J]．中国刑事法杂志，2012（5）：92-97.

[65] 章剑生．行政收费的理由、依据和监督 [J]．行政法学研究，2014（2）：60-76.

[66] 苏苗罕．美国联邦政府行政收费的法律规范研究 [J]．行政法学研究 2013（4）：110-123.

[67] 路军．宋保君我国刑法中淫秽物品的范围及判断标准的探讨 [J]．理论界2004（5）：109-110.

三、法律文本与案例

[68] 世界知识产权组织官方网站、各国政府网站收集的相关法律文本。

[69] 采集自国家新闻出版广电总局网站（http：//www.gapp.gov.cn/）、北大法宝数据库（http：//www.pkulaw.cn）以及各地方新闻出版（版权）行政主管部门官方网站的案例、法律法规文本、有关文件和公示事项。

附录1 国务院办公厅关于印发国家新闻出版
广电总局主要职责内设机构和
人员编制规定的通知

国务院办公厅关于印发国家新闻出版
广电总局主要职责内设机构和
人员编制规定的通知

国办发〔2013〕76号

各省、自治区、直辖市人民政府,国务院各部委、各直属机构:

《国家新闻出版广电总局主要职责内设机构和人员编制规定》已经国务院批准,现予印发。

国务院办公厅

2013年7月11日

(此件公开发布)

国家新闻出版广电总局
主要职责内设机构和人员编制规定

根据第十二届全国人民代表大会第一次会议批准的《国务院机构改革和职能转变方案》和《国务院关于机构设置的通知》(国发〔2013〕14号),设立国家新闻出版广电总局(正部级),为国务院直属机构。

一、职能转变

(一)取消的职责。

1. 取消举办全国性出版物订货、展销活动审批。

2. 取消在境外展示、展销国内出版物审批。

3. 取消设立出版物全国连锁经营单位审批。

4. 取消从事出版物全国连锁经营业务的单位变更《出版物经营许可证》登记事项，或者兼并、合并、分立审批。

5. 取消只读类光盘生产设备引进、增加与更新审批。

6. 取消著作权集体管理组织章程修改审批。

7. 取消出版物总发行单位设立从事发行业务的分支机构审批。

8. 取消期刊变更登记地审批。

9. 取消影视互济专项资金使用审批。

10. 取消军队协助拍摄电影片军事预算审批。

11. 取消广播电视传输网络公司股权性融资审批。

12. 取消中外合作摄制电影片所需进口设备、器材、胶片、道具审批。

13. 取消电影洗印单位接受委托洗印加工境外电影底片、样片和电影片拷贝审批，同时强化政策导向和管理措施。

14. 取消一般题材电影剧本审查，实行梗概公示。

15. 取消出版物发行员职业技能鉴定职责，工作由相关协会、学会承担。

16. 取消图书出版单位等级评估职责，工作由中国出版协会承担。

17. 取消报纸、期刊综合质量评估职责，工作分别由中国报业协会和中国期刊协会承担。

18. 取消涉外著作权登记服务职责，工作由中国版权保护中心承担。

19. 取消调控书号总量的职责。创新书号管理方式，规范书号使用，遏制违规行为。

20. 取消管理广播剧的职责。

21. 根据《国务院机构改革和职能转变方案》需要取消的其他职责。

（二）下放的职责。

1. 将音像复制单位、电子出版物复制单位设立审批职责下放省级新闻出版广电行政部门。

2. 将音像复制单位、电子出版物复制单位变更业务范围或兼并、合并、分立审批职责下放省级新闻出版广电行政部门。

3. 将地方对等交流互办单一国家电影展映活动审批职责下放省级新闻出版广电行政部门。

4. 将国外人员参与制作的国产电视剧审查职责下放省级新闻出版广电行政部门。

5. 将地市级、县级广播电台、电视台变更台标审批职责下放省级新闻出版广电行政部门。

6. 将设置卫星电视广播地面接收设施审批职责下放省级新闻出版广电行政部门。

7. 将只读类光盘设备投产验收工作职责下放省级新闻出版广电行政部门。

8. 根据《国务院机构改革和职能转变方案》需要下放的其他职责。

（三）加强的职责。

1. 加强组织推进新闻出版广播影视领域公共服务，大力促进城乡公共服务一体化发展，促进新闻出版广播影视事业繁荣发展。

2. 加强指导、协调、推动新闻出版广播影视产业发展，优化配置新闻出版广播影视资源，加强业态整合，促进综合集成发展。

3. 加强推进新闻出版广播影视领域体制机制改革。

4. 加强对数字出版以及网络视听节目服务、公共视听载体播放广播影视节目的规划指导和监督管理，推动协调其健康发展。

5. 加强著作权保护管理、公共服务和国际应对，加大反侵权盗版工作力度。

6. 加强新闻出版广播影视国际传播能力建设，协调推动新闻出版广播影视"走出去"工作。

7. 加强管理理念和方式的创新转变，充分发挥市场调节、社会监督和行业自律作用。

二、主要职责

（一）负责拟订新闻出版广播影视宣传的方针政策，把握正确的舆论导向和创作导向。

（二）负责起草新闻出版广播影视和著作权管理的法律法规草案，制定部门规章、政策、行业标准并组织实施和监督检查。

（三）负责制定新闻出版广播影视领域事业发展政策和规划，组织实施重大公益工程和公益活动，扶助老少穷地区新闻出版广播影视建设和发展。负责制定国家古籍整理出版规划并组织实施。

（四）负责统筹规划新闻出版广播影视产业发展，制定发展规划、产业政策并组织实施，推进新闻出版广播影视领域的体制机制改革。依法负责新闻出版广播影视统计工作。

（五）负责监督管理新闻出版广播影视机构和业务以及出版物、广播影视节目的内容和质量，实施依法设定的行政许可并承担相应责任，指导对市场经营活动的监督管理工作，组织查处重大违法违规行为。指导监管广播电视广告播放。负责全国新闻记者证的监制管理。

（六）负责对互联网出版和开办手机书刊、手机文学业务等数字出版内容和活动进行监管。负责对网络视听节目、公共视听载体播放的广播影视节目进行监管，审查其内容和质量。

（七）负责推进新闻出版广播影视与科技融合，依法拟订新闻出版广播影视科技发展规划、政策和行业技术标准，并组织实施和监督检查。负责对广播电视节目传输覆盖、监测和安全播出进行监管，推进广电网与电信网、互联网三网融合，推进应急广播建设。负责指导、协调新闻出版广播影视系统安全保卫工作。

（八）负责印刷业的监督管理。

（九）负责出版物的进口管理和广播影视节目的进口、收录管理，协调推动新闻出版广播影视领域"走出去"工作。负责新闻出版广播影视和著作权管理领域对外及对港澳台的交流与合作。

（十）负责著作权管理和公共服务，组织查处有重大影响和涉外的著作权侵权盗版案件，负责处理涉外著作权关系和有关著作权国际条约应对事务。

（十一）负责组织、指导、协调全国"扫黄打非"工作，组织查处大案要案，承担全国"扫黄打非"工作小组日常工作。

（十二）领导中央人民广播电台、中国国际广播电台和中央电视台，对其宣传、发展、传输覆盖等重大事项进行指导、协调和管理。

（十三）承办党中央、国务院交办的其他事项。

三、内设机构

根据上述职责，国家新闻出版广电总局设22个内设机构：

（一）办公厅。

负责文电、会务、应急值班、机要、档案、督查等机关日常运转工作，承担政务公开、新闻发布、安全保密、信访、建议提案办理和机关财务等工作，指导机关后勤服务管理和政务信息化工作。

（二）政策法制司。

研究新闻出版广播影视管理重大政策。组织起草新闻出版广播影视和著作权管理法律法规草案和规章，承担规范性文件的合法性审核工作。承担重大行政处罚听证、行政复议、行政应诉、涉外法律事务等工作。

（三）规划发展司（改革办公室）。

拟订新闻出版广播影视事业产业发展规划、政策和调控目标并组织实施，协调推动新闻出版广播影视事业产业发展。研究拟订新闻出版广播影视领域重大改革措施，指导、协调推进有关体制机制改革工作。依法承担新闻出版广播影视统计工作。

（四）公共服务司。

拟订新闻出版广播影视基本公共服务政策和保障标准，协调推进基本公共服务均等化和城乡一体化发展。组织实施重大公益工程，对老少边穷地区进行扶助，指导监督相关重点基础设施建设。

（五）综合业务司。

指导行政审批制度改革，组织、协调行政审批工作。拟订行政许可的实施办法，承办相关行政许可事项。

（六）宣传司。

承担广播电视宣传和播出的指导、监管工作。指导、协调全国性重大广播电视活动。指导、监管理论文献片、纪录片、电视动画片的制作和播出。具体指导中央人民广播电台、中国国际广播电台和中央电视台的重大宣传工作。

（七）新闻报刊司。

承担报纸（报社）和期刊（刊社）出版活动，国内报刊社、通讯社分支机构和记者站的监督管理工作。组织对报纸、期刊内容的审读和舆情分析工作。承担全国新闻单位记者证的监制审核、发放、备案和管理工作。组织查处重大新闻违法活动。

（八）电影局。

承担电影制片、发行、放映单位和业务的监督管理工作，组织对电影内容进行审查。指导、协调全国性重大电影活动。指导电影档案管理、技术研发和电影专项资金管理。承办对外合作制片、输入输出影片的国际合作与交流事项。

（九）出版管理司（古籍整理出版规划办公室）。

承担图书、音像、电子出版单位和出版活动的监督管理工作，组织对图书、音像制品、电子出版物内容和质量进行监管。组织指导涉及党和国家重要文件文献、教科书的出版工作，组织实施全民阅读推广活动。承担国家古籍整理出版规划的组织协调工作。承担书号、版号管理工作。

（十）电视剧司。

承担电视剧制作的指导、监管工作，组织对国产电视剧、引进电视剧和对外合拍电视剧（含动画片）的内容进行审查。指导、调控电视剧的播出。

（十一）印刷发行司。

承担印刷、复制、出版物发行单位和业务的监督管理工作，组织查处、纠正重大违法违规行为。组织指导党和国家重要文件文献、教科书的印制发行工作。指导内部资料性出版物的印刷管理工作。推动印刷业转型升级及新兴印刷业发展。

（十二）传媒机构管理司。

承担广播电视播出机构和业务、广播电视节目制作机构、广播电视节目传送、有线电视付费频道、移动电视业务的监督管理工作。指导和监督管理广播电视广告播放。

（十三）数字出版司。

承担数字出版内容和活动的监督管理工作，对网络文学、网络书刊和开办手机书刊、手机文学业务进行监督管理。

（十四）网络视听节目管理司。

承担网络视听节目服务、广播电视视频点播、公共视听载体播放广播影视节目内容和业务的监督管理工作。指导网络视听节目服务的发展和宣传。

（十五）反非法和违禁出版物司（全国"扫黄打非"工作办公室）。

拟订"扫黄打非"方针政策和行动方案并组织实施，组织、指导、协调全国"扫黄打非"工作，组织查处非法和违禁出版传播活动的大案要案。承担全国"扫黄打非"工作小组日常工作。

（十六）版权管理司。

拟订国家版权战略纲要和著作权保护管理使用的政策措施并组织实施，承担国家享有著作权作品的管理和使用工作，对作品的著作权登记和法定许可使用进行管理。承担著作权涉外条约有关事宜，处理涉外及港澳台的著作权关系。组织查处著作权领域重大及涉外违法违规行为。组织推进软件正版化工作。

（十七）进口管理司。

承担出版物、广播电视节目的进口管理。依法管理境外新闻出版广播影视机构在华设立办事机构。对境外广播电视节目的引进、播出和中外广播电视节目合作的制作、播出，以及卫星电视接收设施、境外卫星电视节目的落地和接收进行监督管理。

（十八）科技司。

拟订新闻出版及印刷业、广播影视及视听类新媒体科技发展规划、政策、行业标准并组织实施。拟订广播影视传输覆盖网和监测监管网的规划，推进三网融合。承担广播影视安全播出的监督管理和技术保障工作，承担广播影视质量技术监督、监测和计量检测工作。

（十九）财务司。

承担机关和直属单位财务管理工作，负责预决算、国有资产管理、基本建设项目、政府采购及内部审计工作。

（二十）国际合作司（港澳台办公室）。

组织开展新闻出版广播影视和著作权的对外及港澳台交流与合作。协调推动新闻出版广播影视"走出去"工作。承担国际文化协定中有关项目的执行工作。

（二十一）人事司。

承担新闻出版广播影视行业队伍建设和教育培训工作。承担机关和直属单位的人事管理、机构编制、劳动工资等工作。

（二十二）保卫司。

拟订新闻出版广播影视有关安全制度和处置重大突发事件预案并组织实施，指导、协调新闻出版广播影视系统安全保卫工作。指导、管理机关、中央人民广播电台、中国国际广播电台、中央电视台等重点单位和核心机密、要害部位的安全保卫工作。

机关党委。负责机关和在京直属单位的党群工作。

离退休干部局。负责机关离退休干部工作，指导直属单位的离退休干部工作。

四、人员编制

国家新闻出版广电总局机关行政编制为508名（含两委人员编制11名、援派机动编制5名、离退休干部工作人员编制39名）。其中：局长（兼国家版权局局长）1名、副局长4名、国家版权局专职副局长1名（副部长级）；司局领导职数77名（含总工程师1名、机关党委专职副书记1名、离退休干部局领导职数3名）。

五、其他事项

（一）国家新闻出版广电总局加挂国家版权局牌子，在著作权管理上，以国家版权局名义行使职权。

（二）关于动漫和网络游戏管理，与文化部的职责分工维持不变。

（三）所属事业单位的设置、职责和编制事项另行规定。

六、附则

本规定由中央机构编制委员会办公室负责解释，其调整由中央机构编制委员会办公室按规定程序办理。

附录 2 《国务院工作规则》（2013 年）

国务院关于印发《国务院工作规则》的通知

国发〔2013〕16 号

各省、自治区、直辖市人民政府，国务院各部委、各直属机构：

《国务院工作规则》已经 2013 年 3 月 20 日召开的国务院第 1 次全体会议通过，现予印发。

国务院

2013 年 3 月 23 日

（此件公开发布）

国务院工作规则

（2013 年 3 月 20 日国务院第 1 次全体会议通过）

第一章　总　　则

一、第十二届全国人民代表大会第一次会议产生的新一届中央人民政府，根据《中华人民共和国宪法》和《中华人民共和国国务院组织法》，制定本规则。

二、国务院工作的指导思想是，高举中国特色社会主义伟大旗帜，以邓小平理论、"三个代表"重要思想、科学发展观为指导，认真执行党的路线方针政策，严格遵守宪法和法律，全面正确履行政府职能，努力建设职能科学、结构优化、廉洁高效、人民满意的服务型政府。

三、国务院工作的准则是，执政为民，依法行政，实事求是，民主公开，务实清廉。

第二章　组成人员职责

四、国务院组成人员要模范遵守宪法和法律，认真履行职责，为民务实，严守纪律，勤勉廉洁。

五、国务院实行总理负责制，总理领导国务院的工作。副总理、国务委员协助总理工作。

六、总理召集和主持国务院全体会议和国务院常务会议。国务院工作中的重大事项，必须经国务院全体会议或国务院常务会议讨论决定。

七、副总理、国务委员按分工负责处理分管工作；受总理委托，负责其他方面的工作或专项任务，并可代表国务院进行外事活动。

八、秘书长在总理领导下，负责处理国务院的日常工作。

九、总理出国访问期间，受总理委托，由负责常务工作的副总理代行总理职务。

十、各部、各委员会、人民银行、审计署实行部长、主任、行长、审计长负责制，由其领导本部门的工作。

各部、各委员会、人民银行、审计署根据法律、行政法规和国务院的决定、命令，在本部门的职权范围内，制定规章，发布命令。审计署在总理领导下，依照法律规定独立行使审计监督职能，不受其他行政机关、社会团体和个人的干涉。

国务院各部门要各司其职，各负其责，顾全大局，协调配合，切实维护团结统一、政令畅通，坚决贯彻落实国务院各项工作部署。

第三章　全面正确履行政府职能

十一、国务院要全面正确履行经济调节、市场监管、社会管理和公共服务职能，形成权界清晰、分工合理、权责一致、运转高效、法治保障的机构职能体系，创造良好发展环境，提供基本均等公共服务，维护社会公平正义。

十二、完善宏观调控体系，加强经济发展趋势研判，科学确定调控目标和政策取向，主要运用经济、法律手段并辅之以必要的行政手段引导和调控经济运行，促进国民经济持续健康发展。

十三、依法严格市场监管，推进公平准入，完善监管体系，规范市场执法，维护全国市场的统一开放、公平诚信、竞争有序。

十四、加强社会管理制度和能力建设，完善基层社会管理服务，形成源头治理、动态管理、应急处置相结合的社会管理机制，维护社会公平正义与和谐稳定。

十五、更加注重公共服务，完善公共政策，健全政府主导、社会参与、覆盖城乡、可持续的基本公共服务体系，增强基本公共服务能力，促进基本公共服务均等化。

第四章　坚持依法行政

十六、国务院及各部门要带头维护宪法和法律权威，建设法治政府。按照合法行政、合理行政、程序正当、高效便民、诚实守信、权责统一的要求，行使权力，履行职责，承担责任。

十七、国务院根据经济社会发展的需要，适时向全国人大及其常委会提出法律案，制定、修改或废止行政法规，规定行政措施，发布决定和命令。

提请国务院讨论的法律草案和审议的行政法规草案由国务院法制机构审查或组织起草，行政法规的解释工作由国务院法制机构承办。

十八、国务院及各部门要坚持科学民主立法，不断提高政府立法质量。起草法律草案、制定行政法规和部门规章，要坚持从实际出发，准确反映经济社会发展要求，充分反映人民意愿，使所确立的制度能够切实解决问题，备而不繁，简明易行。

完善政府立法工作机制，扩大公众参与，除依法需要保密的外，所有行政法规和部门规章的草案都要公开征求意见。加强立法协调，对经协调仍达不成一致意见的问题，国务院法制机构要列明各方理据，提出倾向性意见，及时报请国务院决定。

行政法规和部门规章实施后要进行后评估，发现问题，及时完善。

十九、国务院各部门制定规章和规范性文件，要符合宪法、法律、行政法规和国务院有关决定、命令的规定，严格遵守法定权限和程序。

涉及两个及以上部门职权范围的事项，要充分听取相关部门的意见，并由国务院制定行政法规、发布决定或命令，或由有关部门联合制定规章或规范性文件。其中，涉及公众权益、社会关注度高的事项及重要涉外、涉港澳台侨的事项，应当事先请示国务院；部门联合制定的重要规章及规范性文件发布前须经国务院批准。

严格合法性审查，规范性文件不得设定行政许可、行政处罚、行政强制等事项，不得违法增加公民、法人和其他组织的义务。

部门规章应当依法及时报国务院备案，由国务院法制机构定期向社会公布目录。对违反宪法、法律、行政法规或国务院决定、命令或者规定不适当的部门规章和规范性文件，要依法责令制定部门纠正或由国务院予以改变、撤销。

二十、国务院各部门要严格执法，健全规则，规范程序，落实责任，强化监督，做到有法必依、执法必严、违法必究、公正执法、文明执法，维护公共利益、人民权益和社会秩序。

第五章　实行科学民主决策

二十一、国务院及各部门要完善行政决策程序规则，把公众参与、专家论证、风险评估、合法性审查和集体讨论决定作为重大决策的必经程序，增强公共政策制定透明度和公众参与度。

二十二、国民经济和社会发展计划及国家预算，重大规划，宏观调控和改革开放的重大政策措施，国家和社会管理重要事务、法律议案和行政法规等，由国务院全体会议或国务院常务会议讨论和决定。

二十三、国务院各部门提请国务院研究决定的重大事项，都必须经过深入调查研究，并经研究、咨询机构等进行合法性、必要性、科学性、可行性和可控性评估论证；涉及相关部门的，应当充分协商；涉及地方的，应当事先征求意见；涉及重大公共利益和公众权益、容易引发社会稳定问题的，要进行社会稳定风险评估，并采取听证会等多种形式听取各方面意见。

在重大决策执行过程中，要跟踪决策的实施情况，了解利益相关方和社会公众对决策实施的意见和建议，全面评估决策执行效果，及时调整完善。

二十四、国务院在作出重大决策前，根据需要通过多种方式，直接听取民主党派、社会团体、专家学者、社会公众等方面的意见和建议。

二十五、国务院各部门必须坚决贯彻落实国务院的决定，及时跟踪和反馈执行情况。国务院办公厅要加强督促检查，确保政令落实。

第六章　推进政务公开

二十六、国务院及各部门要把公开透明作为政府工作的基本制度。深化政务公开，完善各类办事公开制度，健全政府信息发布制度，推进行政权力行使依据、过程、结果公开。

二十七、国务院全体会议和常务会议讨论决定的事项、国务院及各部门制定的政策，除依法需要保密的外，应及时公布。

二十八、凡涉及公共利益、公众权益、需要广泛知晓的事项和社会关切的事项以及法律和国务院规定需要公开的事项，均应通过政府网站、政府公报、新闻发布会以及报刊、广播、电视、网络等方式，依法、及时、全面、准确、具体地向社会公开。

第七章　健全监督制度

二十九、国务院要自觉接受全国人大及其常委会的监督，认真负责地报告工作，接受询问和质询，依法备案行政法规；自觉接受全国政协的民主监督，虚心听取意见和建议。

三十、国务院各部门要依照有关法律的规定接受人民法院依法实施的监督，做好行政应诉工作，尊重并自觉履行人民法院的生效判决、裁定，同时要自觉接受监察、审计等部门的监督。对监督中发现的问题，要认真整改并向国务院报告。

三十一、国务院及各部门要严格执行行政复议法，加强行政复议指导监督，纠正违法或不当的行政行为，依法及时化解行政争议。

三十二、国务院及各部门要接受社会公众和新闻舆论的监督，认真调查核实有关情况，及时依法处理和改进工作。重大问题要向社会公布处理结果。

三十三、国务院及各部门要重视信访工作，进一步完善信访制度，畅通和规范群众诉求表达、利益协调、权益保障渠道；国务院领导同志及各部门负责人要亲自阅批重要的群众来信，督促解决重大信访问题。

三十四、国务院及各部门要推行绩效管理制度和行政问责制度，加强对重大决策部署落实、部门职责履行、重点工作推进以及自身建设等方面的考核评估，健全纠错制度，严格责任追究，提高政府公信力和执行力。

第八章　会议制度

三十五、国务院实行国务院全体会议和国务院常务会议制度。

三十六、国务院全体会议由总理、副总理、国务委员、各部部长、各委员会主任、人民银行行长、审计长、秘书长组成，由总理召集和主持。国务院全体会议的主要任务是：

（一）讨论决定国务院工作中的重大事项；

（二）部署国务院的重要工作。

国务院全体会议根据需要可安排其他有关部门、单位负责人列席会议。

三十七、国务院常务会议由总理、副总理、国务委员、秘书长组成，由总理召集和主持。国务院常务会议的主要任务是：

（一）讨论决定国务院工作中的重要事项；

（二）讨论法律草案、审议行政法规草案；

（三）通报和讨论其他重要事项。

国务院常务会议一般每周召开一次。根据需要可安排有关部门、单位负责人列席会议。

三十八、提请国务院全体会议和国务院常务会议讨论的议题，由国务院分管领导同志协调或审核后提出，报总理确定；会议文件由总理批印。国务院全体会议和国务院常务会议的组织工作由国务院办公厅负责，议题和文件于会前送达与会人员。

三十九、国务院领导同志不能出席国务院全体会议或国务院常务会议，向总理请假。国务院全体会议其他组成人员或国务院常务会议列席人员请假，由国务院办公厅向总理报告。

四十、国务院全体会议和国务院常务会议的纪要，由总理签发。

四十一、国务院及各部门召开的工作会议，要减少数量，控制规模，严格审批。应由各部门召开的全国性会议，不以国务院或国务院办公厅名义召开，不邀请省、自治区、直辖市人民政府负责人出席，确需邀请的须报国务院批准。国务院领导同志一般不出席部门的工作会议。全国性会议应尽可能采用视频会议形式召开。各类会议都要充分准备，提高效率和质量，重在解决问题。

第九章 公文审批

四十二、各地区、各部门报送国务院的公文，应当符合《党政机关公文处理工作条例》的规定。除国务院领导同志交办事项和必须直接报送的绝密级事项外，一般不得直接向国务院领导同志个人报送公文。各部门报送国务院的请示性公文，凡涉及其他部门职权的，必须主动与相关部门充分协商，由主办部门主要负责人与相关部门负责人会签或联合报国务院审批。部门之间有分歧的，主办部门主要负责人要主动协商；协商后仍不能取得一致意见的，主办部门应列明各方理据，提出办理建议，与相关部门负责人会签后报国务院决定。

四十三、各地区、各部门报送国务院审批的公文，由国务院办公厅按照国务院领导同志分工呈批，并根据需要由国务院领导同志转请国务院其他领导同志核批，重大事项报总理审批。

四十四、国务院制定的行政法规、发布的命令、向全国人大或全国人大常委会提出的议案，由总理签署。

四十五、以国务院名义发文，经国务院分管领导同志审核后，由总理签发。

以国务院办公厅名义发文，由国务院秘书长签发；如有必要，报国务院分管领导同志签发或报总理签发。

属部门职权范围内事务、应由部门自行发文或联合发文的，不再由国务院批转或国务院办公厅转发。

凡法律、行政法规已作出明确规定的，一律不再制发文件。没有实质内容、可发可不发的文件简报，一律不发。

第十章 工作纪律

四十六、国务院组成人员要坚决贯彻执行党和国家的路线方针政策和国务院工作部署，严格遵守纪律，有令必行，有禁必止。

四十七、国务院组成人员必须坚决执行国务院的决定，如有不同意见可在国务院内部提出，在没有重新作出决定前，不得有任何与国务院决定相违背的言论和行为；代表国务院发表讲话或文章，个人发表涉及未经国务院研究决定的重大问题及事项的讲话或文章，事先须经国务院同意。

四十八、国务院组成人员要严格执行请销假制度。副总理、国务委员、秘书长离京出访、出差和休养，应事先报告总理，由国务院办公厅通报国务院其他领导同志。

各部门主要负责人离京外出，应事先向国务院办公厅报告，由国务院办公厅向国务院总理和分管领导同志报告。

四十九、国务院各部门发布涉及政府重要工作部署、经济社会发展重要问题的信息，要经过严格审定，重大情况要及时向国务院报告。

五十、国务院组成人员要严格遵守保密纪律和外事纪律，严禁泄露国家秘密、工作秘密或因履行职责掌握的商业秘密等，坚决维护国家的安全、荣誉和利益。

第十一章 廉政和作风建设

五十一、国务院及各部门要严格执行改进工作作风、密切联系群众和廉洁从政的各项规定，切实加强廉政建设和作风建设。

五十二、国务院及各部门要从严治政。对职权范围内的事项要按程序和时限积极负责地办理，对不符合规定的事项要坚持原则不得办理；对因推诿、拖延等官僚作风及失职、渎职造成影响和损失的，要追究责任；对越权办事、以权谋私等违规、违纪、违法行为，要严肃查处。

五十三、国务院及各部门要严格执行财经纪律，艰苦奋斗、勤俭节约，坚决制止奢侈浪费，严格执行住房、办公用房、车辆配备等方面的规定，严格控制差旅、会议经费等一般性支出，切实降低行政成本，建设节约型机关。

严格控制因公出国（境）团组数量和规模。改革和规范公务接待工作，不得违反规定用公款送礼和宴请，不得接受地方的送礼和宴请。严格控制和规范国际会议、论坛、庆典、节会等活动。各类会议活动经费要全部纳入预算管理。

五十四、国务院组成人员要廉洁从政，严格执行领导干部重大事项报告制度，不得利用职权和职务影响为本人或特定关系人谋取不正当利益；不得违反规定干预或插手市场经济活动；加强对亲属和身边工作人员的教育和约束，决不允许搞特权。

五十五、国务院组成人员要做学习的表率，国务院及各部门要建设学习型机关。

五十六、国务院领导同志要深入基层，调查研究，指导工作，注重研究和解决实际问题。

到基层考察调研，要轻车简从，减少陪同，简化接待，减轻地方负担；地方负责人不到机场、车站、码头及辖区分界处迎送。除工作需要外，不去名胜古迹、风景区参观。

五十七、国务院领导同志不为部门和地方的会议活动等发贺信、贺电，不题词，因特殊需要发贺信、贺电和题词，一般不公开发表。国务院领导同志出席会议活动、到基层考察调研的新闻报道和外事活动安排，按有关规定办理。

五十八、国务院直属特设机构、直属机构、办事机构、直属事业单位适用本规则。

附录 3　部分地区公布的新闻出版
行政职能及职能转变情况

1. 北京市

北京市新闻出版广电局（北京市版权局）主要职责内设机构和人员编制规定

根据中共中央、国务院批准的《北京市人民政府职能转变和机构改革方案》《北京市人民政府办公厅关于设立北京市卫生和计划生育委员会、北京市新闻出版广电局（北京市版权局）的通知》（京政办发〔2014〕5号），设立北京市新闻出版广电局（简称市新闻出版广电局）。市新闻出版广电局是负责本市新闻出版、广播电影电视和著作权管理工作的市政府直属机构，加挂北京市版权局（简称市版权局）的牌子。

一、职责调整

（一）划入的职责。

将原市广电局、原市新闻出版局（市版权局）的职责，整合划入市新闻出版广电局（市版权局）。

（二）加强的职责。

1. 加强组织推进新闻出版广播影视领域公共服务，大力促进城乡公共服务一体化发展，促进新闻出版广播影视事业繁荣发展。

2. 加强指导、协调、推动新闻出版广播影视产业发展，优化配置新闻出版广播影视资源，加强业态整合，促进综合集成发展，组织推动新闻出版广播影视领域"走出去"工作。

3. 加强推进新闻出版广播影视领域体制机制改革工作。

4. 加强对数字出版以及网络视听节目服务、公共视听载体播放广播影视节目的规划指导和监督管理，协调推动其健康发展。

5. 加强著作权保护管理和公共服务，促进《著作权法》的贯彻实施。

6. 加强管理理念和方式的创新转变，充分发挥市场调节、社会监督和行业自律作用。

二、主要职责和行政审批事项

（一）主要职责。

1. 贯彻执行国家关于新闻出版广播影视宣传的方针、政策和法律、法规、规章，把握正确的舆论和创作导向；负责起草本市新闻出版广播影视和著作权管理工作方面的地方性法规草案、政府规章草案，制定相关的政策措施、地方标准并组织实施和监督管理。

2. 负责制定本市新闻出版广播影视领域事业发展规划，组织实施重大公益工程和活动，扶助农村新闻出版广播影视建设和发展，指导、监管广播电影电视基础设施建设；负责制定古籍整理出版规划并组织实施。

3. 负责统筹规划本市新闻出版广播影视产业发展，制定发展规划、产业政策并组织实施；推进新闻出版广播影视领域的体制机制改革；依法负责新闻出版广播影视统计工作。

4. 负责监督管理本市新闻出版广播影视机构和业务以及出版物、广播影视节目的内容和质量，实施依法设定的行政许可并承担相应责任，负责市场经营活动监督管理的相关工作；指导监管广播电视广告播放；负责对境外卫星电视节目接收的监管；负责新闻记者证的管理。

5. 负责对本市互联网出版和开办手机书刊、手机文学业务等数字出版内容和活动进行监管；负责对网络视听节目、公共视听载体播放的广播影视节目进行监管，审查其内容和质量。

6. 负责推进本市新闻出版广播影视与科技融合，依法拟订新闻出版广播影视科技发展规划、政策和行业技术标准，并组织实施和监督检查；负责对广播电视节目传输覆盖、监测和安全播出进行监管，推进三网融合及应急广播建设。

7. 负责本市印刷复制业和出版发行业的监督管理。

8. 负责本市出版物的进口管理和广播影视节目的进口、收录管理；负责新闻出版广播影视和著作权管理领域对外及对港澳台的交流与合作，组织推动新闻出版广播影视领域"走出去"工作。

9. 负责本市著作权管理和公共服务，调解著作权侵权纠纷，协同查处重大著作权侵权案件。

10. 依法对本市新闻出版广播影视行业的安全工作承担管理责任，对以市新闻出版广电局名义组织的各类活动的安全工作承担主体责任。

11. 承办市政府交办的其他事项。

（二）行政审批事项。

1. 出版单位设立和变更审核、备案；

2. 图书、音像和电子出版物出版社的年度出版计划及重大选题和期刊社的重大选题审核；

3. 设立报刊记者站审批；

4. 音像制作单位设立与变更审批；

5. 电子出版物制作单位设立和变更审批；

6. 连续型电子出版物出版审核；

7. 图书出版社、报社、期刊社、电子出版物出版社、音像出版社等出版配合本版出版物的音像制品或电子出版物审核；

8. 加工贸易项下光盘进出口审核；

9. 非电子出版物出版单位委托电子出版物复制单位复制计算机软件、电子媒体非卖品审批；

10. 音像复制单位接受委托复制境外音像制品批准；

11. 可录类光盘生产设备引进、增加与更新审批；

12. 印刷企业设立和变更审批、备案；

13. 设立中外合资、合作印刷企业和外商独资包装装潢印刷企业审批；

14. 印刷企业接受出版单位委托印刷图书、期刊备案；

15. 印刷企业接受委托印刷内部资料性出版物核准；

16. 印刷企业接受委托印刷境外的出版物批准和接受委托印刷境外包装装潢印刷品备案；

17. 复制单位设立和变更审批、备案；

18. 从事出版物批发业务单位的许可；

19. 外商投资图书、报纸、期刊发行企业设立和变更审核；

20. 进口出版物目录备案；

21. 出版、复制境外出版物著作权登记；

22. 设立电影制片单位审核；

23. 设立电影发行单位许可；

24. 以中外合资或者中外合作的方式建设、改造电影院电影放映经营许可；

25. 广播电台、电视台的设立、合并和相关事项变更审核；

26. 地市级、县级广播电台、电视台变更台标审批；

27. 单位设立有线电视站、广播电视站审批；

28. 设立广播电视节目制作经营单位许可；

29.《电视剧制作许可证（乙种）》核发；

30. 国产电视剧片审查；

31. 引进用于广播电台、电视台播放的境外电影、电视剧审核及其他广播电视节目审批；

32. 本市行政区域内经营广播电视节目传送业务审批；

33. 接收卫星传送的电视节目许可；

34. 卫星地面接收设施安装服务许可；

35. 小功率的无线广播电视发射设备订购证明核发；

36. 广播电视视频点播业务许可；

37. 核发新闻记者证审核；

38. 引进境外著作权人授权的电子出版物审核；

39. 电子出版物出版单位与境外机构合作出版电子出版物审核；

40. 国内地方单位订户订购限定发行范围的进口出版物审核；

41. 国产电影片审查；

42. 国产影片聘用境外演职人员审批；

43. 电影剧本（梗概）备案；

44. 设立本市电影院线公司审批；

45. 设立跨省电影院线公司审核；

46. 地方对等交流互办一国家电影展映活动审批；

47. 有线电视工程验收；

48. 举办区域性广播电视节目交流、交易活动审批；

49. 广播电台、电视台开办群众参与的广播电视直播节目审批；

50. 北京地区广播电视播音员、主持人资格认定；

51. 境外人员参与广播电视节目制作审核；

52. 境外人员参与电视剧拍摄审核；

53. 本市制作机构拍摄制作电视剧（含电视动画片）备案公示审核；

54. 中外联合制作电视剧（含电视动画片）审核；

55. 省级广播电视播出机构赴境外租买频道、办台审核；

56. 除中央机构外其他机构开办付费频道审核；

57. 《信息网络传播视听节目许可证》申请的审核；

58. 跨省经营广播电视节目传送业务审核；

59. 广播电视频率使用许可。

2. 重庆市

重庆市文化委员会（重庆市版权局）主要职责：

一、贯彻执行党和国家关于文化艺术、新闻出版、广播影视、著作权和文物博物工作的方针政策和法律法规，起草地方性法规、规章草案，制定规范性文件并组织实施。

二、拟订文化艺术、新闻出版、广播影视、著作权和文物事业发展规划、政策、行业标准并组织实施，统筹推进文化体制改革，依法负责行业统计工作。

三、指导管理文化创作生产和宣传工作，把握正确的工作导向、舆论导向和创作导向，推动各类文化发展，管理全市性重大文化活动。

四、整合公共文化服务资源，规划引导现代公共文化服务体系建设，指导重点和基层文化设施建设，指导管理社会文化事业。

五、整合文化产业业态，促进文化产业综合集成发展。规划引导现代文化市场体系建设，指导重点产业基地、园区和项目建设。

六、推动文化与科技融合，拟订文化艺术、新闻出版、广播影视、著作权和文物博物行业科技规划并组织实施。指导新技术开发应用和科技信息建设。推进广电网与电信网、互联网三网融合。

七、拟订非物质文化遗产保护政策，组织实施非物质文化遗产保护和优秀民族文化的传承普及工作。

八、拟订文化市场调控政策并实施，负责对文化艺术、新闻出版、广播影视、著作权和文物机构的行业监管，指导监督文化市场综合执法工作。

九、推动传统出版数字化转型，负责对互联网出版和开办手机书刊、手机文学业务等数字出版内容和活动进行监管。负责对网络视听节目、公共视听载体播放的广播影视节目进行监管，审查其内容和质量。

十、负责著作权保护管理和公共服务，协同查处有重大影响的侵权盗版案件，承担处理涉外著作权关系和有关著作权国际条约应对事务。

十一、负责印刷复制行业的监督管理。

十二、负责监管出版物的内容和质量，指导相关市场经营活动的监管。负责非法违禁出版物和侵权盗版的鉴定工作。负责新闻单位记者证的监制管理。制定全市古籍整理出版规划并组织实施。

十三、负责广播影视安全播出的管理工作，监督管理广播影视节目的内容和质量，指导监管广播电视广告播放。负责卫星广播电视地面接收设施的管理。负责广播影视节目的引进、收录管理。

十四、指导管理文物保护、考古和重大项目实施工作，组织开展文物资源调查，履行文物安全督察职责。负责博物馆有关业务指导和规范管理工作，指导协调博物馆建设及博物馆间的交流与协作。

十五、指导管理对外和对港澳台的文化交流工作。组织实施大型对外文化交流活动，促进文化对外贸易。

十六、会同有关部门制定全市文化人才建设规划并组织实施，负责从业人员的教育培训和职业资格管理。

十七、承办市政府交办的其他事项。

3. 天津市

天津市新闻出版局（天津市版权局）主要职责：

1. 贯彻执行国家新闻出版和著作权管理的法律、法规和方针政策，起草相关地方性法规、规章草案，制定新闻出版和著作权管理措施并组织实施。

2. 拟订新闻出版事业、产业发展规划、调控目标和产业政策并指导实施，制定全市出版、印刷、复制、发行单位总量、结构、布局的规划并组织实施，推进新闻出版领域的体制机制改革。

3. 负责对新闻出版单位进行行业监管，实施准入和退出管理；对从事出版活动的民办机构进行监管。

4. 负责出版物内容的监管，组织指导党和国家重要文件文献、重点出版物和教科书的出版、印刷和发行工作，制定古籍整理出版规划并承担组织协调工作。

5. 负责对互联网出版活动和开办手机书刊、手机文学业务进行审核和监管。

6. 拟订出版物市场的调控政策、监管措施并指导实施，负责对出版物市场经营活动的监管工作。

7. 负责全市新闻单位记者证的管理和驻津报刊记者站的监管。

8. 负责印刷复制业的监管。

9. 负责著作权管理工作，依法调解著作权纠纷。

10. 组织开展新闻出版和著作权对外交流与合作的有关工作，负责出版物的进口管理工作，协调、推动出版物的进出口。

11. 会同有关部门制定并组织实施新闻出版行业人才队伍建设规划；负责出版专业技术职称评审和技术人员职业资格登记注册及管理，指导出版专业职业技能鉴定工作。

12. 承办市委、市政府交办的其他事项。

取消、调整和下放新闻出版行政审批事项目录

取消市级事项

序号	审批主管部门	取消的行政审批事项名称	审批实施层级	事项类型	改变方式
1	市出版局	中小学教科书出版、印刷、发行审批	市级	单一事项	改为部门职责性管理工作
2	市出版局	增补选题计划审批	市级	单一事项	改为部门职责性管理工作
3	市出版局	订购限定发行范围的进口报纸、期刊、图书、电子出版物审核	市级	单一事项	改为部门职责性管理工作
4	市出版局	期刊出版增刊审批	市级	单一事项	取消
5	市出版局	电子出版物制作单位接受境外委托制作电子出版物审批	市级	单一事项	取消
6	市出版局	名片印刷企业审批	区县新闻出版行政主管部门	单一事项	取消
7	市出版局	被查缴非法光盘生产线处理审批	市级	单一事项	取消

附录 3　部分地区公布的新闻出版行政职能及职能转变情况

下放滨海新区事项

序号	审批 主管部门	下放的行政审批事项名称	下放权限
1	市出版局	设立从事包装装潢印刷品和其他印刷品印刷经营活动的企业审批	市级审批权限全部下放滨海新区，滨海新区承接后，将此次下放的 5 个事项合并为"包装装潢印刷品和其他印刷品经营活动的企业设立、变更"（不含出版物印刷）。
2	市出版局	印刷业经营者兼营包装装潢和其他印刷品经营活动审批	
3	市出版局	从事包装装潢印刷品和其他印刷品印刷经营活动的企业变更印刷经营活动审批（不含出版物印刷企业）	
4	市出版局	印刷业经营者兼并其他印刷业经营者审批（不含出版物印刷企业）	
5	市出版局	印刷业经营者因合并、分立而设立的新的印刷业经营者审批（不含出版物印刷企业）	
6	市出版局	设立省内出版物连锁经营企业审批	委托下放，限滨海新区范围内实施。（市法制办、市审批办确定）

下放区县事项

序号	审批 主管部门	下放的行政审批事项名称	下放权限
1	市出版局	设立从事包装装潢印刷品和其他印刷品印刷经营活动的企业审批	市级审批权限全部下放区县，区县承接后，将此次下放的 5 个事项合并为"包装装潢印刷品和其他印刷品经营活动的企业设立、变更"（不含出版物印刷）
2	市出版局	印刷业经营者兼营包装装潢和其他印刷品经营活动审批	
3	市出版局	从事包装装潢印刷品和其他印刷品印刷经营活动的企业变更印刷经营活动审批（不含出版物印刷企业）	

续表

序号	审批主管部门	下放的行政审批事项名称	下放权限
4	市出版局	印刷业经营者兼并其他印刷业经营者审批（不含出版物印刷企业）	市级审批权限全部下放区县，区县承接后，将此次下放的5个事项合并为"包装装潢印刷品和其他印刷品经营活动的企业设立、变更"（不含出版物印刷）
5	市出版局	印刷业经营者因合并、分立而设立的新的印刷业经营者审批（不含出版物印刷企业）	

4. 上海市

上海市新闻出版局（上海市版权局）主要职能：

一、职责调整

（一）将上海市文化广播影视管理局音像制品批发、零售、出租、放映和音像制品进口管理的职责划入上海市新闻出版局。

（二）将上海市文化广播影视管理局广播电视机构记者证的管理职责划入上海市新闻出版局。

（三）将上海市新闻出版局的动漫、网络游戏管理（不含网络游戏的网上出版前置审批）及相关产业规划、产业基地和项目建设、会展交易和市场监管的职责划给上海市文化广播影视管理局。

（四）将出版物质量检测鉴定和网络出版内容信息检测鉴定工作交给直属事业单位。

（五）与所属企业脱钩，不再直接管理企业及企业生产经营活动。

（六）取消已由市政府公布取消的行政审批事项。

（七）取消或停止已由市政府公布取消或停止的行政事业性收费项目。

（八）增加对从事出版活动的民办机构进行监管的职责。

（九）加强指导著作权保护工作的职责。

二、主要职责

（一）贯彻执行有关新闻出版和著作权工作的法律、法规、规章和方针、政策；结合本市实际，研究起草新闻出版和著作权管理工作的地方性法规、规章草案和政策，并组织实施有关法规、规章和政策。

（二）负责制定新闻出版（版权）业发展规划并指导实施；制定本市出版、印刷、复制、发行和出版物进出口单位总量、结构、布局的规划并组织实施；推进新闻出版业的体制机制改革。

（三）负责出版（含互联网出版）、印刷、复制、发行等单位设立和变更的审核或审批；对从事出版活动的民办机构进行监管。

（四）负责出版物内容监管，指导并依法审核出版物的出版计划和选题，组织审读出版物；组织指导重点出版物和教科书的出版、印刷和发行工作。

（五）负责对互联网出版活动和开办手机书刊、手机文学业务进行审核和监管。

（六）负责本市新闻单位记者证的管理，组织查处新闻违法活动。

（七）负责图书、报纸、期刊、音像、电子出版物市场的监管工作。

（八）拟订出版物市场"扫黄打非"计划并组织实施，组织协调"扫黄打非"工作。

（九）负责印刷业的监管。

（十）负责实施著作权行政管理，依法查处著作权侵权行为。

（十一）组织开展新闻出版和著作权对外交流与合作的有关工作；负责出版物的进口管理工作，协调、推动出版物的进出口贸易。

（十二）会同有关部门制定本市新闻出版人才队伍建设规划，指导新闻出版人才队伍建设。

（十三）负责有关行政复议受理和行政诉讼应诉工作。

（十四）承办市委、市政府交办的其他事项。

5. 山东省

山东省新闻出版广电局主要职能：

（一）贯彻执行党和国家新闻出版广播影视宣传的方针政策，把握正确的舆论导向和创作导向。

（二）负责起草新闻出版广播影视和著作权管理的地方性法规、规章草案，拟订相关政策、标准并组织实施和监督检查。

（三）负责制定全省新闻出版广播影视领域事业发展政策和规划，组织推进新闻出版广播影视领域的公共服务，组织实施重大公益工程和公益活动，扶助欠发达地区新闻出版广播影视建设和发展。负责制定全省古籍整理出版规划并组织实施。

（四）负责统筹规划全省新闻出版广播影视产业发展，制定发展规划、产业政策并组织实施。负责推进新闻出版广播影视领域的体制机制改革。组织开展全省新闻出版广播影视行业的科技创新和教育培训工作。负责新闻出版广播影视统计工作。

（五）负责监管全省新闻出版广播影视机构和业务以及出版物、广播影视节目的内容和质量，实施依法设定的行政许可并承担相应责任，指导对市场经营活动的监管工作，组织查处重大违法违规行为。指导监管广播电视广告播放。负责全省新闻单位记者证的管理，负责省内报刊出版单位和记者站的监管工作。

（六）负责数字出版（互联网出版和开办手机书刊、手机文学业务等）内容和活动的监管工作。负责对网络视听节目、公共视听载体播放的广播影视节目进行监管，审查其内容和质量。

（七）负责推进新闻出版广播影视与科技融合，拟订全省新闻出版广播影视科技发展规划、政策并组织实施和监督检查。负责对广播电视节目传输覆盖、监测和安全播出进行监管，推进广电网与电信网、互联网三网融合，推进应急广播建设。负责指导、协调新闻出版广播影视系统安全保卫工作。

（八）负责全省印刷业的监督管理。

（九）负责全省出版物的进口管理和广播影视节目的进口、收录管理，协调推动新闻出版广播影视领域"走出去"工作。负责新闻出版广播影视和著作权管理领域对外及对港澳台的交流与合作。

（十）负责全省著作权管理和公共服务，组织查处省内有重大影响的著作权侵权盗版案件，处理涉外及涉港澳台的著作权有关事务。

（十一）负责组织、指导、协调全省"扫黄打非"工作，组织查处省内大案要案，承担省"扫黄打非"工作领导小组日常工作。

（十二）对省级广播电视机构的宣传、发展、传输覆盖等重大事项进行指导、协调和管理；受省政府委托负责山东广播电视台行政管理；审核山东广播电视台、山东广电网络有限公司、山东影视传媒集团有限公司的中长期发展规划、年度工作目标和经营管理指标。按规定组织实施对山东广播电视台、山东广电网络有限公司、山东影视传媒集团有限公司的年度绩效考核，审核董事会、管理层的薪酬分配方案，并按规定程序报批；审核山东广播电视台、山东广电网络有限公司、山东影视传媒集团有限公司的重大项目、重大投资活动。

（十三）承办省委、省政府交办的其他事项。

根据山东省新闻出版广电局"三定"方案，省新闻出版广电局（挂省版权局牌子）为省政府直属机构，设 16 个职能处室，编制 109 名。在职能转变、主要职责、内设机构等方面进行了调整。其中主要职责 13 项，较改革前取消 5 项，增加 2 项，加强 8 项。

据了解，省新闻出版广电局取消和下放的职责有 5 项，包括：

取消设立出版物总发行单位审批。

取消图书出版单位等级评估审核职责，相关工作由省出版工作者协会承担。

取消报纸、期刊综合质量评估职责，相关工作分别由省报业协会和省期刊协会承担。

将市以下部门（单位）内部资料性出版物准印审批下放设区的市新闻出版广电行政部门。根据国务院、省政府职能转变和机构改革有关规定需要取消、下放的其他职责。

增加的职责有 2 项，包括：

承接国家新闻出版广电总局下放的设置卫星电视广播地面接收设施审批职责。承接国家新闻出版广电总局下放的只读类光盘设备投产验收工作职责。

加强的职责有 8 项，包括：加强指导、协调、推动新闻出版广播影视产业发展，优化配置新闻出版广播影视资源，加强业态整合，促进综合集成发展。加强推进新闻出版广播影视领域体制机制改革。加强对数字出版以及网络视听节目服务、公共视听载体播放广播影视节目的规划指导和监督管理，推动协调其健康发展。加强著作权保护管理、公共服务和国际应对，加大反侵权盗版工作力度等。

根据职责，省新闻出版广电局（挂省版权局牌子）设 16 个职能处室，包括宣传管理处（挂电视剧处牌子）、新闻报刊处、电影处、出版管理处（挂数字出版处牌子）、网络视听节目管理处、传媒机构管理处、反非法和违禁出版物处（挂省"扫黄打非"工作办公室牌子）等。机关行政编制 109 名，配备局长（省版权局局长）1 名，副局长（省版权局副局长）5 名，正处级领导职数 18 名（含机关党委专职副书记 1 名），副处级领导职数 22 名。

6. 湖南省

湖南省新闻出版局（湖南省版权局）主要职能：

一、职能转变

（一）行政审批事项

取消、下放、调整、增加由省人民政府公布予以变动的行政审批事项。

（二）整合的职责

将原省新闻出版局（省版权局）、原省广播电影电视局的职责整合，划入省新闻出版广电局（省版权局）。

将原省广播电影电视局影视音像稽查队承担的全省广播影视领域重大行政执法职责划入省新闻出版广电局（省版权局）。

（三）加强的职责

加强组织推进全省新闻出版广播影视领域公共服务，大力促进城乡公共服务一体化发展，促进新闻出版广播影视事业繁荣发展。

加强指导、协调、推动全省新闻出版广播影视产业发展，优化配置新闻出版广播影视资源，加强业态整合，促进综合集成发展。

加强推进全省新闻出版广播影视领域体制机制改革。

加强对全省数字出版以及网络视听节目服务、公共视听载体播放广播影视节目的规划指导和监督管理，推动协调其健康发展。

加强全省著作权保护管理、公共服务和国家授权的国际应对，加大反侵权盗版工作力度。

加强全省新闻出版广播影视国际传播能力建设，协调推动新闻出版广播影视"走出去"工作。

二、主要职责

（一）贯彻执行党和国家有关新闻出版广播影视宣传的方针政策和法律法规，把握正确的舆论导向和创作导向。

（二）负责起草新闻出版广播影视和著作权管理的地方性法规及省政府规章草案，拟订相关政策措施和行业标准，并组织实施和监督检查。

（三）负责制定全省新闻出版广播影视领域事业发展政策和规划，组织实施重大公益工程、公益活动和公共服务，扶助老少边穷地区新闻出版广播影视建设和发展。负责制定全省古籍整理出版规划并组织实施。

（四）负责统筹规划全省新闻出版广播影视产业发展，制订发展规划、产业政策并组织实施，推进新闻出版广播影视领域的体制机制改革。依法负责全省新闻出版广播影视统计工作。

（五）负责监督管理全省新闻出版广播影视机构和业务以及出版物、广播影视节目的内容和质量，协调组织、推动新闻出版广播影视精品创作生产。实施依法设定的行政许可并承担相应责任，指导对市场经营活动的监督管理工作，组织查处重大违法违规行为。指导监管广播电视广告播放。负责全省新闻记者证的核发和管理。

（六）负责对全省互联网出版和开办手机书刊、手机文学业务等数字出版内容和活动进行监管。负责对全省网络视听节目、公共视听载体播放的广播影视节目进行监管，审查其内容和质量。

（七）负责推进全省新闻出版广播影视与科技融合，依法拟订全省新闻出版广播影视科技发展规划、政策和行业技术标准，并组织实施和监督检查。负责对广播电视节目传输覆盖、监测和安全播出进行监管，推进广电网与电信网、互联网三网融合，推进应急广播建设。负责指导、协调全省新闻出版广播影视系统安全保卫工作。

（八）负责全省印刷业、发行业的监督管理。

（九）负责全省出版物的进口管理和广播影视节目的进口、收录管理，协调推动全省新闻出版广播影视领域"走出去"工作。负责全省新闻出版广播影视和著作权管理领域对外及对港澳台的交流与合作。

（十）负责全省著作权管理和公共服务，组织查处有重大影响和涉外的著作权侵权盗版案件。加强软件正版化管理。

（十一）负责组织、指导、协调"扫黄打非"工作，组织查处大案要案，承担全省"扫黄打非"工作小组日常工作。

（十二）负责管理省级新闻出版广播电视机构和直属二级机构。

（十三）负责组织实施全省全民阅读推广活动。

（十四）制定全省新闻出版广播影视业和著作权管理队伍建设、人才培养和教育培训规划并组织实施；承办全省新闻系列、出版系列、播音系列专业技术职务评审工作；指导省级新闻出版广播影视、著作权行业社团的工作。

（十五）承办省人民政府交办的其他事项。

7. 浙江省

浙江省新闻出版广电局（浙江省版权局）主要职能：

（一）贯彻执行国家和省有关新闻出版广播影视和著作权管理的方针政策和法律法规规章，把握正确的舆论导向和创作导向。

（二）负责起草新闻出版广播影视和著作权管理的地方性法规、政府规章草案，制订部门行政规范性文件、政策、行业标准并组织实施和监督检查。

（三）负责制订并组织实施全省新闻出版广播影视事业发展、公共服务的政策和规划，组织实施重大公益工程和公益活动，扶助欠发达地区新闻出版广播影视建设和发展。负责制订全省古籍整理出版规划并组织实施。

（四）负责统筹推进全省新闻出版广播影视产业发展，制订发展规划、产业政策并组织实施，推进新闻出版广播影视领域的体制机制改革。负责新闻出版广播影视及版权统计工作。

（五）负责监督管理全省新闻出版广播影视机构和业务以及出版物、广播影视节目的内容和质量，实施依法设定的行政许可并承担相应责任，指导对全省新闻出版广播影视市场经营活动的监督管理工作，组织查处重大违法违规行为。指导监管广播电视广告播放。负责全省新闻记者证的管理。

（六）负责指导推进新媒体新业态融合发展，监管互联网出版和开办手机书刊、手机文学业务等数字出版内容和活动。负责监管网络视听节目、公共视听载体播放的广播影视节目，审查其内容和质量。

（七）负责拟订全省新闻出版广播影视科技发展规划、政策和行业技术标准，并组织实施和监督检查。组织推进新闻出版广播影视与科技融合发展，监管广播电视节目传输覆盖、监测和安全播出，落实协调推动广电网与电信网、互联网三网融合工作，推进应急广播建设。负责指导、协调新闻出版广播影视系统安全播映和安全生产工作。

（八）负责印刷复制业的监督管理。

（九）负责出版物的进口管理和广播影视节目的进口、收录管理，加强对境外节目引进、落地和接收的监管，协调推动新闻出版广播影视"走出去"工作。负责新闻出版广播影视和著作权管理领域对外及对港澳台的交流与合作。

（十）负责著作权管理和公共服务，组织查处有重大影响和涉外的著作权侵权盗版案件。

（十一）负责组织、指导、协调全省"扫黄打非"工作，组织查处大案要案，承担省"扫黄打非"工作领导小组的日常工作。

（十二）指导、协调有关省级重要媒体的宣传、传输覆盖等重大事项。

（十三）承办省委、省政府交办的其他事项。

8. 湖北省

湖北省新闻出版广电局（湖北省版权局）主要职责：

（一）贯彻执行党和国家新闻出版广播影视宣传的方针政策和法律法规，把握正确的舆论导向和创作导向。

（二）负责起草新闻出版广播影视和著作权管理的地方性法规及省政府规章草案。制定政策措施、行业标准并组织实施和监督检查。

（三）负责拟订全省新闻出版广播影视领域事业发展政策和规划，组织实施重大公益工程和公益活动，扶助老少边穷地区新闻出版广播影视建设和发展。负责拟订全省古籍整理出版规划并组织实施。

（四）负责拟订全省新闻出版广播影视产业发展规划，制定产业政策并组织实施。组织开展全省新闻出版广播影视行业的科技创新和教育培训工作。推进全省新闻出版广播影视领域的体制机制改革。负责新闻出版广播影视统计工作。

（五）负责监督管理全省新闻出版广播影视机构和业务以及出版物、广播影视节目的内容和质量，实施依法设定的行政许可并承担相应责任，指导对市场经营活动的监督管理工作，组织查处重大违法违规行为。指导监管广播电视广告播放。负责全省新闻记者证的管理，负责国内报刊社、通讯社设在我省分支机构和记者站的监督管理工作。

（六）负责对全省互联网出版和开办手机书刊、手机文学业务等数字出版内容和活动进行监管。负责监管网络视听节目、公共视听载体播放的广播影视节目，审查其内容和质量。

（七）负责推进全省新闻出版广播影视与科技融合，拟订全省新闻出版广播影视科技发展规划、政策和行业技术标准并组织实施和监督检查。负责监管广播电视节目传输覆盖、监测和安全播出，推进广电网与电信网、互联网三网融合及应急广播建设。负责指导、协调全省新闻出版广播影视系统安全保卫工作。

（八）负责全省印刷业的监督管理。

（九）负责全省出版物的进口管理和广播影视节目的进口、收录管理，协调推动全省新闻出版广播影视领域"走出去"工作。负责全省新闻出版广播影视和著作权管理领域对外交流与合作事宜。

（十）负责全省著作权管理和公共服务，组织查处著作权侵权盗版案件。加强软件正版化管理。

（十一）负责对湖北广播电视台实施行政管理，对其宣传、发展、传输覆盖等重大事项进行指导、协调、服务和管理。

（十二）负责组织、指导、协调全省"扫黄打非"工作，组织查处大案要案，承担省"扫黄打非"工作小组的日常工作。

（十三）负责组织、指导、协调开展全省全民阅读活动，承担省全民阅读活动领导小组的日常工作。

（十四）承办上级交办的其他事项。

9. 江西省

江西省新闻出版广电局（江西版权局）主要职能：

（一）负责拟订全省新闻出版广播影视宣传的方针政策，把握正确的舆论导向和创作导向。

（二）负责起草新闻出版广播影视和著作权管理的地方性法规、规章草案，制定政策规范并组织实施和监督检查。

（三）负责制定全省新闻出版广播影视领域事业发展政策和规划，组织实施重大公益服务工程和公益活动，扶助老区贫困地区新闻出版广播影视建设和发展。负责制定全省古籍整理出版规划并组织实施。

（四）负责统筹规划全省新闻出版广播影视产业发展，制定发展规划、产业政策并组织实施，推进新闻出版广播影视领域的体制机制改革。依法负责全省新闻出版广播影视统计工作。

（五）负责监督管理全省新闻出版广播影视机构和业务以及出版物、广播影视节目的内容和质量，实施依法设定的行政许可并承担相应责任，指导对市场经营活动的监督管理工作，组织查处重大违法违规行为。指导监管广播电视广告播放。负责全省新闻记者证的审核、发放和管理，负责国内报刊社、通讯社驻赣和省内报刊社、通讯社分支机构和记者站的监管。

（六）负责对全省互联网出版、手机出版等数字出版内容和活动进行监管。负责监管网络视听节目、公共视听载体播放的广播影视节目，审查其内容和质量。

（七）负责推进新闻出版广播影视与科技融合，拟订全省新闻出版广播影视科技发展规划、政策和行业技术标准，并组织实施和监督检查。负责监管广播电视节目传输覆盖、监测和安全播出，推进广电网与电信网、互联网三网融合，推进应急广播建设。负责指导、

附录3　部分地区公布的新闻出版行政职能及职能转变情况

协调新闻出版广播影视系统安全保卫工作。

（八）负责全省印刷业的监督管理。

（九）负责全省出版物的进口管理和广播影视节目的进口、收录管理，协调推动新闻出版广播影视领域"走出去"工作。负责新闻出版广播影视和著作权管理领域对外及对港澳台的交流与合作。

（十）负责全省著作权管理和公共服务，组织查处有重大影响和涉外的著作权侵权盗版案件，根据授权处理涉外著作权关系和有关著作权国际条约应对事务。

（十一）负责组织、指导、协调全省"扫黄打非"工作，组织查处大案要案，承担全省"扫黄打非"工作领导小组日常工作。

（十二）负责组织实施全省全民阅读推广活动。

（十三）对江西广播电视台实施行政管理，对其宣传、发展、传输覆盖等重大事项进行指导、协调和管理。对新闻出版广播影视领域重要传媒集团的宣传、发展、队伍建设等重大事项进行指导、协调和管理。

（十四）承办省委、省政府交办的其他事项。

10. 四川省

四川省新闻出版广电局（四川省版权局）主要职能：

（一）贯彻执行党和国家新闻出版广播影视的方针、政策、法律、法规以及省委、省政府的决策部署，把握正确的舆论导向和创作导向，负责拟订全省新闻出版广播影视发展目标。

（二）负责起草全省新闻出版广播影视和著作权管理的地方性法规及省政府规章草案，制定政策措施、行业标准并组织实施和监督检查；负责本系统、本部门依法行政工作，落实行政执法责任制。

（三）负责制定全省新闻出版广播影视领域事业发展政策和规划，促进新闻出版广播影视基本公共服务标准化、均等化；组织实施重大公益工程和公益活动，扶助老少边穷地区新闻出版广播影视建设和发展；组织指导全省重要文件文献、重点出版物和教科书的出版、印制和发行工作；负责制定全省古籍整理出版规划并承担组织协调工作。

（四）负责统筹规划全省新闻出版广播影视产业发展，拟订发展规划、产业政策并组织实施，推进新闻出版广播影视领域的体制机制改革；依法负责全省新闻出版广播影视统计工作。

（五）负责监督管理全省新闻出版单位、广播影视机构的出版、播出活动以及出版物、广播影视节目的内容和质量，实施依法设定的行政许可并承担相应责任；负责全省新闻记者证管理；指导对市场经营活动的监督管理工作，组织查处重大违法违规行为；指导对从事出版活动的民办机构的监管工作；指导监管广播电视广告播放。

（六）负责对全省网络出版、手机出版等数字出版内容和出版活动进行监管；负责推动全省传统出版单位数字化转型；负责监管网络视听节目、公共视听载体播放的广播影视节目，审查其内容和质量。

（七）负责推进全省新闻出版广播影视与科技融合，拟订全省新闻出版广播影视科技发展规划、政策和行业技术标准，并组织实施和监督检查；负责对广播电视节目传输覆盖、监测和安全播出进行监管，推进广电网与电信网、互联网三网融合，推进应急广播体系建设；负责指导、协调全省新闻出版广播影视系统安全保卫工作。

（八）负责全省印刷复制业、发行业的业务指导和监督管理，推动印刷业、发行业转型升级和新兴业态发展。

（九）负责全省出版物的进口管理和广播影视节目的进口、收录管理，协调推动全省新闻出版广播影视领域"走出去"工作；负责新闻出版广播影视和著作权管理领域对外以及对港澳台的交流与合作。

（十）负责全省著作权管理工作，组织查处有重大影响和涉外的著作权侵权盗版案件，负责授权处理涉外著作权关系和有关著作权国际条约应对事务。

（十一）负责组织、指导、协调全省"扫黄打非"工作，组织查处大案要案，承担省"扫黄打非"工作领导小组的具体工作。

（十二）负责组织实施全省全民阅读推广活动。

（十三）对四川广播电视台宣传、发展、传输覆盖等重大事项进行指导、协调和监督管理；领导和管理峨眉电影集团、四川省广播电视网络有限公司。

（十四）承担省政府公布的有关行政审批事项。

（十五）承办省政府交办的其他事项。

11. 广东省

广东省新闻出版广电局（广东省版权局）：

一、职能转变

（一）取消的职责。

1. 取消设立出版物全国连锁经营单位审核。

2. 取消从事出版物全国连锁经营业务的单位变更《出版物经营许可证》登记事项，或者兼并、合并、分立审核。

3. 取消出版物总发行单位设立从事发行业务的分支机构审核。

4. 取消期刊变更登记地审核。

5. 取消中外合作音像制品分销企业的设立、变更许可。

6. 取消出版单位配合本版出版物出版音像制品、电子出版物审核。

7. 取消期刊出版增刊审批。

8. 取消被查缴非法光盘生产线处理审批。

9. 取消电子出版物制作单位接受境外委托制作电子出版物审批。

10. 取消广播电视传输网络公司股权性融资审核。

11. 取消广播电视新闻采编人员资格认定审核。

12. 取消管理广播剧的职责。

13. 取消中外合资、合作和外商独资出版物分销企业设立、变更审核，并入行政许可事项"出版物发行企业的设立、变更审核"实施。

14. 取消机关、部队、企业事业单位设立有线广播电视站审批，并入行政许可事项

"有线广播电视站许可证核发"实施。

15. 取消用于广播电台、电视台播放的影视节目进口审查，并入行政许可事项"用于广播电台、电视台播出的境外广播电视节目审核"实施。

16. 取消中外合作制作电视剧（电视动画片）审核，并入行政许可事项"电视剧（电视动画片）发行许可证核发"实施。

17. 取消省级行政区域范围或者跨省广播电视节目传送业务经营许可证审核，并入行政许可事项"广播电视节目传送业务经营许可证审核、审批"实施。

18. 取消 50 瓦（不含）以上广播电视转播、发射台的设立审核，并入行政许可事项"广播电视转播、发射台的设立审核、审批"实施。

19. 取消港澳台人员参加广播电视节目制作活动审核，并入非行政许可的行政审批事项"境外人员参加广播影视节目制作活动审核"实施。

20. 取消电视剧（电视动画片）剧名、制作机构、集数变更审核，并入非行政许可的行政审批事项"电视剧制作许可证（乙种）审批"实施。

21. 根据机构改革和职能转变要求需要取消的其他职责。

（二）下放的职责。

1. 将省内报刊在本省设立记者站（除广州、深圳外）审批下放地级市政府。

2. 将电子媒体非卖品、计算机软件复制核准下放地级以上市政府。

3. 将中外合资、合作印刷企业和外商独资包装装潢印刷企业设立、变更审批（出版物印刷企业除外）下放地级以上市政府。

4. 将各地级以上市非宗教内容的内部资料性出版物准印证核发下放地级以上市政府。

5. 将市属及以下报纸变更开版审批下放地级以上市政府。

6. 将市属及以下期刊、报纸变更刊期审批下放地级以上市政府。

7. 将设立从事包装装潢印刷品和其他印刷品印刷经营活动的企业审批下放地级以上市政府。

8. 将从事包装装潢印刷品和其他印刷品印刷经营活动的企业变更印刷经营活动（不含出版物印刷）审批下放地级以上市政府。

9. 将印刷业经营者兼并其他印刷业经营者（不含出版物印刷企业）审批下放地级以上市政府。

10. 将印刷业经营者因合并、分立而设立新的印刷业经营者（不含出版物印刷企业）审批下放地级以上市政府。

11. 将广播电视视频点播业务许可证（乙种）审批下放县级政府。

12. 将有线广播电视传输覆盖网工程建设及验收审核下放县级以上政府。

13. 将乡、镇广播电视站设立审批下放县级政府。

14. 根据机构改革和职能转变要求需要下放的其他职责。

（三）增加的职责。

1. 音像和电子出版物复制单位设立审批。

2. 音像和电子出版物复制单位变更业务范围或兼并、合并、分立审批。

3. 电影制片单位以外的单位独立从事电影摄制业务审批。

4. 小功率的无线广播电视发射设备订购证明核发。

5. 地方对等交流互办单一国家电影展映活动审批。

6. 国外人员参与制作的国产电视剧审查。

7. 地市级、县级广播电台、电视台变更台标审批。

8. 省内发行放映机构举办中外电影展映活动和参展影片审批。

9. 设置卫星电视广播地面接收设施审批。

10. 只读类光盘设备投产验收。

（四）加强的职责。

1. 加强组织推进新闻出版广播影视领域公共服务，大力促进城乡公共服务一体化发展，促进新闻出版广播影视事业繁荣发展。

2. 加强指导、协调、推动新闻出版广播影视产业发展，优化配置新闻出版广播影视资源，加强业态整合，促进综合集成发展。

3. 加强文化管理职能整合，统筹文化管理资源，推进大文化和新闻出版广播影视领域体制机制改革。创新管理理念，转变管理方式，充分发挥市场调节、社会监督和行业自律作用。

4. 加强对数字出版以及网络视听节目服务、公共视听载体播放广播影视节目的规划指导和监督管理，协调推动其健康发展。

5. 加强著作权保护管理、公共服务，加大反侵权盗版工作力度。

6. 加强新闻出版广播影视对外传播能力建设，协调推动新闻出版广播影视及版权领域"走出去"工作。

二、主要职责

（一）贯彻执行国家和省有关新闻出版广播影视宣传和著作权管理的方针政策和法律法规，把握正确的舆论导向和创作导向。负责起草新闻出版广播影视和著作权管理的地方性法规、规章草案，制定部门规范性文件、政策、标准并组织实施和监督检查。

（二）负责制定全省新闻出版广播影视领域事业发展政策和规划并组织实施，组织实施有关重大公益工程和公益活动，扶助欠发达地区新闻出版广播影视建设和发展。负责制定全省古籍整理出版规划并组织实施。

（三）负责统筹规划全省新闻出版广播影视产业发展，制定发展规划、产业政策并组织实施，推进全省新闻出版广播影视领域的体制机制改革。依法负责新闻出版广播影视及版权统计工作。

（四）负责监督管理新闻出版广播影视机构和业务以及出版物、广播影视节目的内容和质量，实施行政审批并承担相应责任，负责市场经营活动监督管理相关工作，指导监管广播电视广告播放。负责全省新闻记者证的监制管理。

（五）负责对互联网出版和开办手机书刊、手机文学业务等数字出版内容和活动进行监管。负责对网络视听节目、公共视听载体播放的广播影视节目进行监管，审查其内容和质量。

（六）负责推进新闻出版广播影视与科技融合，依法拟订全省新闻出版广播影视科技发展规划、政策和相关标准，并组织实施和监督检查。负责对广播电视节目传输覆盖、监测和安全播出进行监管，推进广电网与电信网、互联网三网融合，推进应急广播建设。负责指导、协调新闻出版广播影视系统安全保卫工作。

（七）负责印刷、复制业的监督管理。

（八）负责出版物的进口管理和广播影视节目的进口、收录管理，协调推动全省新闻出版广播影视及版权领域"走出去"工作。负责新闻出版广播影视和著作权管理领域对外及对港澳台的交流与合作。

（九）负责著作权管理和公共服务，协同查处有重大影响或跨区域及涉外的著作权侵权盗版案件。

（十）负责组织、指导、协调全省"扫黄打非"工作，组织查处大案要案，承担省"扫黄打非"领导小组日常工作。

（十一）指导、协调和管理有关全省重要媒体的宣传、发展、传输覆盖等重大事项。

（十二）承办省委、省政府和国家新闻出版广电总局交办的其他事项。

12. 福建省

福建省新闻出版广电局（福建省版权局）主要职责：

（一）贯彻执行国家和省有关新闻出版广播影视的方针政策和法律法规，把握正确的宣传舆论导向和创作导向。

（二）负责起草新闻出版广播影视和著作权管理的地方性法规及规章草案，拟订相关政策和行业标准，并负责组织实施和监督检查。

（三）负责拟订新闻出版广播影视事业发展、公共服务政策和规划，组织实施重大公益工程建设和公益活动，扶助老少边穷地区新闻出版广播影视建设和发展；负责拟订古籍整理出版规划并组织实施。

（四）负责统筹规划新闻出版广播影视产业发展，拟订发展规划、产业政策并组织实施；推进新闻出版广播影视领域的体制机制改革；依法负责新闻出版广播影视统计工作。

（五）负责监督管理新闻出版广播影视机构和业务以及出版物、广播影视节目的内容和质量，协调组织、推动新闻出版广播影视精品创作生产；实施依法设定的行政许可并承担相应责任，指导对市场经营活动的监督管理工作；指导监管广播电视广告播放；负责新闻记者证的核发和使用管理；负责监管报刊社、通讯社驻闽分支机构和记者站；负责协调管理广播电影电视媒体驻闽机构和记者站。

（六）负责对互联网出版和开办手机书刊、手机文学业务等数字出版内容和活动进行监管；负责对网络视听节目、公共视听载体播放的广播影视节目进行监管，审查其内容和质量。

（七）负责推进新闻出版广播影视与科技融合，依法拟订新闻出版广播影视科技发展规划、政策并组织实施和监督检查；负责对广播电视节目传输覆盖、监测和安全播出进行监管，推进广电网与电信网、互联网三网融合及应急广播建设；负责指导、协调全省新闻出版广播影视系统安全保卫工作。

（八）负责印刷业、发行业的监督管理。

（九）负责出版物、广播影视节目的进口管理工作，协调推动出版物的进出口；协调推动全省新闻出版广播影视领域"走出去"工作；负责新闻出版广播影视和著作权管理领域对外及对港澳台交流与合作。

（十）负责著作权管理和公共服务，组织查处著作权侵权和涉外侵权的行政案件，打击盗版活动。

（十一）负责组织、指导、协调"扫黄打非"工作，组织查处大案要案，承担省"扫黄打非"领导小组日常工作。

（十二）指导、协调和依法管理福建人民广播电台、福建电视台等广播电视媒体，对其宣传、发展、传输覆盖等重大事项进行指导、协调和管理。

（十三）承办省委、省政府交办的其他事项。

13. 广西壮族自治区

广西壮族自治区新闻出版局（广西壮族自治区版权局）主要职责：

（一）贯彻执行党和国家新闻出版广播影视宣传的方针政策和法律法规，把握正确的舆论导向和创作导向。

（二）负责起草新闻出版广播影视和著作权管理的地方性法规及自治区人民政府规章草案。制订政策措施并组织实施和监督检查。

（三）负责拟订全区新闻出版广播影视领域事业发展政策和规划，组织实施重大公益工程和公益活动，扶助老少边穷地区新闻出版广播影视建设和发展。负责拟订全区古籍整理出版规划并组织实施。

（四）负责拟订全区新闻出版广播影视产业发展规划，制定产业政策并组织实施。推进全区新闻出版广播影视领域的体制机制改革。依法负责新闻出版广播影视统计工作。

（五）负责监督管理全区新闻出版广播影视机构和业务以及出版物、广播影视节目的内容和质量，实施依法设定的行政许可并承担相应责任，指导对市场经营活动的监督管理工作，组织查处重大违法违规行为。指导监管广播电视广告播放。负责全区新闻记者证的管理。

（六）负责对全区互联网出版和开办手机书刊、手机文学业务等数字出版内容和活动进行监管。负责监管网络视听节目、公共视听载体播放的广播影视节目，审查其内容和质量。

（七）负责推进全区新闻出版广播影视与科技融合，依法拟订全区新闻出版广播影视科技发展规划、政策并组织实施和监督检查。负责监管广播电视节目传输覆盖、监测和安全播出，推进广电网与电信网、互联网三网融合及应急广播建设。负责指导、协调全区新闻出版广播影视系统安全保卫工作。

（八）负责全区印刷复制行业的监督管理。

（九）负责全区出版物的进口管理和广播影视节目的进口、收录管理，协调推动全区新闻出版广播影视领域"走出去"工作。负责全区新闻出版广播影视和著作权管理领域对外交流与合作。

（十）负责全区著作权管理和公共服务，组织查处著作权侵权盗版案件。加强软件正版化管理。

（十一）组织、指导、协调全区"扫黄打非"工作，组织查处大案要案，承担自治区"扫黄打非"工作小组的日常工作。

（十二）领导广西人民广播电台（广西对外广播电台）、广西电视台，对其宣传、发展、传输覆盖等重大事项进行指导、协调和管理。

（十三）承办自治区党委、自治区人民政府交办的其他事项。

14. 云南省

云南省新闻出版局（云南省版权局）主要职责：

（1）贯彻实施国家新闻出版法律、法规、规章及方针、政策，结合实际，研究拟定有关的地方性法规、行政规章和具体实施意见并组织实施和监督检查。

（2）研究制定全省新闻出版业的发展规划和产业政策并指导实施；参与拟定全省新闻出版业的经济政策和有关的经济性调节措施；研究出版、印刷、复制、发行的管理体制，制定体改方案并指导实施。

（3）审核报批新建出版单位（包括图书出版社、报社、期刊社、电子出版物出版社和音像出版社等，下同）、音像制品和电子出版物复录单位、报刊业集团及著作权集体管理机构、涉外代理机构、著作权合同仲裁机构；负责全省内部资料的审批；审批或审核报批出版物（包括图书、报纸、期刊和电子出版物等，下同）的二级批发或总发行单位；审核报批新闻出版中外合资企业和中外合作企业。

（4）负责全省图书、音像、电子出版物出版选题的审批，制定重点出版计划；管理全省音像出版复录、内部音像资料制作；管理、协调书报刊和电子出版物的进出口工作。

（5）组织对全省出版的图书、报纸、期刊、音像制品、电子出版物的审读、评奖和违法违规查处工作。

（6）组织协调重要出版物的宣传、推荐和征订工作；负责管理大中专、中小学教科书的出版、印刷和发行工作。

（7）监督管理全省印刷业。

（8）调查研究出版物市场情况，会同有关部门加强出版物市场管理，负责出版物的鉴定、查处或组织查处非法出版物；开展出版物市场"扫黄打非"工作，组织协调出版物市场"扫黄打非"集中行动和大案要案的查处工作。

（9）组织实施著作权法律、法规和规章，管理涉外以及涉及港、澳、台地区的著作权有关事务，开展与海外出版界的交流和合作。

（10）负责新闻、出版、著作权法律、法规和规章的宣传教育；负责新闻出版行政行为的行政复议、行政应诉和行政执法监督检查。

（11）负责古籍整理出版规划工作。

（12）组织协调新闻出版业科技工作和标准化管理工作。

（13）负责全省性新闻出版社团的审核和协调，指导有关协会的工作。

（14）制定新闻出版业和著作权管理队伍建设、人才培养规划并组织实施，负责全省出版系列及本系统的职称和工人技师考评管理；负责全省性的新闻出版业和著作权管理工作的表彰和评奖活动。

（15）承办省委、省政府和上级机关交办的其他事项。

15. 新疆维吾尔自治区

新疆维吾尔自治区新闻出版局（新疆维吾尔自治区版权局）：

一、职责调整

（一）取消的职责

1. 已由国务院和自治区人民政府公布取消的行政审批事项。

2. 规划、指导、核准全区性印刷复制装备会展交易活动的职责。

（二）划出转移的职责

1. 将动漫、网络游戏管理（不含网络游戏的网上出版前置审批），及相关产业规划、产业基地、项目建设、会展交易和市场监管的职责划给自治区文化厅。

2. 将出版物质量检测鉴定和网络出版内容信息检测鉴定工作交给直属事业单位。

（三）划入和增加的职责

1. 将自治区文化厅管理音像制品批发、零售、出租、放映的职责划入自治区新闻出版局。

2. 将自治区文化厅音像制品进口管理的职责划入自治区新闻出版局。

3. 将自治区广播电影电视局广播电视机构记者证的管理职责划入自治区新闻出版局。

4. 增加对从事出版活动的民办机构进行监管的职责。

（四）加强的职责

加强指导著作权保护工作的职责。

二、主要职责

（一）起草新闻出版、著作权管理的法规规章草案，拟定自治区新闻出版业有关方针政策。

（二）制定自治区新闻出版事业、产业发展规划、调控目标和产业政策并指导实施，制定自治区出版、印刷、复制、发行和出版物进出口单位总量、结构、布局规划并组织实施，推进自治区新闻出版领域的体制机制改革。

（三）监管出版活动，配合有关部门查处违规出版物和违法违规出版活动，指导对从事出版活动的民办机构的监管工作。

（四）负责对新闻出版单位进行行业监管，实施准入和退出管理。

（五）负责出版物内容监管，组织指导自治区重要文件文献、重点出版物和教科书的出版、印制和发行工作，制定自治区古籍整理出版规划并承担组织协调工作。

（六）负责对互联网出版活动和开办手机书刊、手机文学业务进行审核和监管。

（七）配合有关部门拟定自治区出版物市场"扫黄打非"计划并组织实施，组织查处非法出版物和非法出版活动。

（八）拟订自治区出版物市场的调控政策、措施并指导实施，指导对出版物市场经营活动的监管工作。

（九）负责自治区新闻单位记者证的管理，负责自治区报刊社、通讯社分支机构和记者站的监管，组织查处全区新闻违法违规活动。

（十）负责自治区印刷业的监管。

（十一）负责自治区著作权管理工作。协助国家版权局，查处有影响的著作权侵权案件和涉外侵权案件、处理涉外著作权关系和有关著作权国际条约应对事务。

（十二）组织开展新闻出版和著作权对外交流与合作的有关工作，负责出版物的进口管理工作，协调、推动出版物的进出口。

（十三）承办自治区党委、人民政府交办的其他事项。

16. 内蒙古自治区

内蒙古自治区新闻出版广电局（内蒙古自治区版权局）：

一、职能转变

（一）取消的职责。

1. 取消设立出版物全国连锁经营单位审核。

2. 取消从事出版物全国连锁经营业务的单位变更《出版物经营许可证》登记事项，或者兼并、合并、分立审核。

3. 取消出版物总发行单位审核及设立从事发行业务的分支机构审核。

4. 取消期刊变更登记地审核。

5. 取消图书出版单位等级评估职责审核，工作由自治区出版协会承担。

6. 取消报纸、期刊综合质量评估职责审核，工作由自治区报业协会和期刊协会承担。

7. 取消只读类光盘生产设备引进、增加与更新审核。

8. 取消期刊出版增刊审批职责。

9. 根据国务院和自治区政府职能转变和机构改革要求需要取消的其他职责。

（二）下放的职责。

1. 将设立从事包装装潢印刷品和其他印刷品印刷经营活动的企业审批职责下放盟市级新闻出版广电行政部门。

2. 将印刷业经营者兼营包装装潢和其他印刷品印刷经营活动审批职责下放盟市级新闻出版广电行政部门。

3. 将从事包装装潢印刷品和其他印刷品经营活动的企业变更印刷经营活动（不含出版物印刷）审批职责下放盟市级新闻出版广电行政部门。

4. 将印刷业经营者兼并其他印刷业经营者（不含出版物印刷企业）审批职责下放盟市级新闻出版广电行政部门。

5. 将印刷业经营者因合并、分立而设立新的印刷业经营者（不含出版物印刷企业）审批职责下放盟市级新闻出版广电行政部门。

6. 将设置卫星接收设施接收境内外卫星节目审批职责下放盟市级新闻出版广电行政部门。

7. 将乡镇广播电视站设立审批职责下放盟市级新闻出版广电行政部门。

8. 将建立城市社区有线电视系统审批职责下放旗县级广电行政部门。

9. 将电影放映单位设立、变更业务范围或者兼并、合并、分立审批职责下放旗县级广电行政部门。

（三）新增的职责。

1. 音像复制单位、电子出版物复制单位设立及其变更业务范围或兼并、合并、分立审批职责。

2. 地方对等交流互办单一国家电影展映活动审批职责。

3. 国外人员参与制作的国产电视剧审查职责。

4. 盟市、旗县广播电视台变更台标审批职责。

5. 设置卫星电视广播地面接收设施审批职责。

6. 只读类光盘设备投产验收工作职责。

7. 小功率的无线广播电视发射设备订购证明核发。

8. 电影制片单位以外的单位独立从事电影摄制业务审批。

9. 自治区行政区域内经营广播电视节目传送业务审批。

10. 改变连续性电子出版物刊期审批职责。

（四）加强的职责。

1. 加强组织推进新闻出版广播影视领域公共服务，大力促进城乡公共服务一体化发展，促进新闻出版广播影视事业繁荣发展。

2. 加强规划发展少数民族语言新闻出版广播影视工作，促进少数民族语言新闻出版广播影视业繁荣发展。

3. 加强指导、协调、推动新闻出版广播影视产业发展，优化配置新闻出版广播影视资源，加强业态整合，促进综合集成发展。

4. 加强推进新闻出版广播影视领域体制机制改革。

5. 加强对数字出版以及网络视听节目服务、公共视听载体播放广播影视节目的规划指导和监督管理，推动协调其健康发展。

6. 加强著作权保护管理、公共服务和国家授权的国际应对，加大反侵权盗版工作力度。

7. 加强新闻出版广播影视对外传播能力建设，协调推动新闻出版广播影视"走出去"工作。

8. 加强管理理念和方式的创新转变，充分发挥市场调节、社会监督和行业自律作用。

二、主要职责

（一）贯彻执行党中央、国务院关于新闻出版广播影视宣传的方针、政策、法律、法规，研究拟订全区新闻出版广播影视宣传的政策、法规，把握正确的舆论导向和创作导向。

（二）负责起草全区新闻出版广播影视和著作权管理的地方性法规、政府规章草案和行业标准并组织实施和监督检查。

（三）负责制定全区新闻出版广播影视领域事业发展政策和规划，负责全区新闻出版广播影视基本公共服务建设和管理（组织实施重大公益工程和公益活动），扶助老少边穷地区新闻出版广播影视建设和发展。负责拟定全区古籍整理出版规划并组织实施。

（四）负责统筹规划全区新闻出版广播影视产业发展，制定发展规划、产业政策并组织实施，推进新闻出版广播影视领域的体制机制改革。依法负责全区新闻出版广播影视统计工作。

（五）负责监督管理全区新闻出版广播影视机构和业务以及出版物、广播影视节目的内容和质量，实施依法设定的行政许可并承担相应责任，指导对市场经营活动的监督管理工作，组织查处重大违法违规行为。指导监管广播电视广告播放。负责全区新闻记者证的管理。

（六）负责全区互联网出版和开办手机书刊、手机文学业务等数字出版内容和活动监管。负责网络视听节目、公共视听载体播放的广播影视节目监管，审查其内容和质量。

（七）负责推进新闻出版广播影视与科技融合，依法拟订全区新闻出版广播影视科技发展规划、政策和行业技术标准，并组织实施和监督检查。负责对广播电视节目传输覆盖、监测和安全播出进行监管，推进广电网与电信网、互联网三网融合，推进应急广播建设。负责指导、协调新闻出版广播影视系统安全保卫工作。

（八）负责全区印刷业的监督管理。

（九）负责全区出版物的进口管理和广播影视节目的进口、收录管理，协调推动全区新闻出版广播影视领域"走出去"工作。负责全区新闻出版广播影视和著作权管理领域对外及对港澳台的交流与合作。

（十）负责全区著作权管理和公共服务，组织查处著作权侵权盗版案件。

（十一）负责组织、指导、协调全区"扫黄打非"工作，指导全区"扫黄打非"执法工作和重大案件及非法出版物与非法出版传播活动的查处，承担自治区"扫黄打非"工作领导小组日常工作。

（十二）负责对内蒙古广播电视台的宣传、发展、传输覆盖等重大事项进行指导、协调和监督管理。

（十三）承办自治区党委、政府交办的其他事项。

三、内设机构

根据上述职责，自治区新闻出版广电局设17个内设机构：

（一）办公室。

负责文电、会务、应急值班、机要、档案、督查、办公自动化等机关日常运转工作，承担政务公开、新闻发布、安全保密、信访、建议提案办理、指导机关后勤服务管理和政务信息化工作。

（二）政策法制处。

研究全区新闻出版广播影视管理重大政策。负责全区新闻出版广播影视行政执法监督工作。负责起草新闻出版广播影视和著作权管理的地方性法规、规章草案，承担规范性文件的合法性审核、协调工作。承担行政处罚听证、行政复议、行政应诉、涉外法律事务等工作。负责行政审批事项的办理和协调工作。

（三）规划发展处（改革办公室）。

拟订全区新闻出版广播影视事业产业发展规划、政策和调控目标并组织实施，协调推动新闻出版广播影视事业产业发展和"走出去"工作。研究拟订新闻出版广播影视领域重大改革措施，指导、协调推进有关体制机制改革工作。依法承担新闻出版广播影视统计及版权统计工作。

（四）公共服务处。

拟订新闻出版广播影视基本公共服务政策和保障标准，协调推进基本公共服务均等化和城乡一体化发展。组织、实施重大公益工程，对老少边穷地区进行扶助，指导监督相关重点基础设施建设。

（五）宣传处。

承担全区广播电视宣传和播出的指导、监管工作。指导、协调全区性重大广播电视宣传活动。指导、监管理论文献片、纪录片、电视动画片的制作与播出。

（六）新闻报刊处。

承担全区报纸（报社）和期刊（刊社）出版活动，国内报刊社、通讯社设在我区分社和记者站的监督管理工作。组织对报纸、期刊内容的审读和舆情分析工作。承担全区新闻单位记者证的审核、报批和管理工作。组织查处重大新闻违法活动。

（七）电影电视剧处。

承担全区电影、电视剧制作、发行、放映单位和业务的监督管理。组织对电影、电视剧和对外合拍电影、电视剧、引进电视剧（含动画片）的内容进行审查。指导、协调全区性重大电影活动。指导电影档案管理、技术研发工作和电影专项资金管理。负责对国外人员参与制作国产电视剧进行审查。

（八）出版管理处（数字出版处）。

承担全区图书、音像、电子出版单位和出版活动的监督管理工作，组织对图书、音像制品、电子出版物内容和质量进行监管。组织指导区内重大出版工作，组织实施区内全民阅读活动，承担书号、版号管理工作。承担自治区民族典籍整理出版规划相关工作。承担全区数字出版内容和活动的监督管理工作。对网络文学、网络书刊和开办手机书刊、手机文学业务进行监督管理。

（九）印刷发行处。

承担全区印刷、复制、出版物发行单位和业务的监督管理工作。承担全区音像复制单位、电子出版物复制单位设立及其变更业务范围或兼并、合并、分立审批工作；承办全区承接境外一般出版物印刷的审批工作，承办只读类光盘投产验收工作。组织查处、纠正违规出版物和违法违规印刷、复制、发行活动。组织指导重要文件文献、重点出版物和教科书的印制。指导内部资料性出版物的印刷管理工作。推动全区印刷业转型升级及新兴印刷业发展。

（十）传媒机构管理处。

拟定全区广播电视播出机构的发展规划，承担广播电视播出机构和业务、广播电视节目制作机构、广播电视节目传送、有线电视付费频道、移动电视业务的监督管理工作。负责盟市、旗县广播电视台变更台标审批和管理。管理境外卫星电视节目落地和接收工作。指导和监督管理广播电视广告播放。

（十一）网络视听节目管理处。

承担全区网络视听节目服务、广播电视视频点播、公共视听载体播放广播影视节目内容和业务的监督管理工作。指导网络视听节目的发展和宣传。

（十二）反非法和违禁出版物处（自治区"扫黄打非"工作办公室）。

拟订全区"扫黄打非"相关政策和行动方案并组织实施。组织、指导、协调全区"扫黄打非"工作，指导全区"扫黄打非"执法工作和重大案件及非法和违禁出版传播活动的查处。承担自治区"扫黄打非"工作领导小组办公室的日常工作。

（十三）版权管理处。

拟订全区著作权保护管理使用的政策措施并组织实施。承担自治区本级政府享有著作权作品的管理和使用工作，对作品的著作权登记和法定许可使用进行管理。处理涉外及港澳台的著作权关系，组织查处著作权领域重大违法违规行为。组织推进全区软件正版化工作。

（十四）科技处。

拟订全区新闻出版及印刷业、广播影视及视听类新媒体科技发展规划、政策和行业技术标准并组织实施。拟定全区广播电视传输覆盖网和监测监管网的规划，推进三网融合和应急广播建设。承担广播电视安全播出的监督管理和技术保障工作。受无线电管理机构的委托，承办编制广播电视专用频段规划，指配广播电视频率（频道）和功率等技术参数。负责全区行政区域内的无线传输覆盖网的管理工作。承担广播影视质量技术监督、监测和计量检测工作。

（十五）财务处。

承担机关和事业单位财务管理工作，负责预决算、国有资产管理、基本建设项目、政府采购及内部审计工作。

（十六）人事处。

承担新闻出版广播影视行业队伍建设和教育培训工作。承担机关和指导直属事业单位的人事管理、机构编制、劳动工资、专业技术职务评聘、教育培训等工作。

（十七）安全运行管理处（保卫处）。

拟订全区新闻出版广播影视有关安全制度和处置重大突发事件预案并组织实施。指导、协调全区新闻出版广播影视系统安全保卫工作。负责对局属各广播电视发射台、卫星地球站的安全播出以及标准化、规范化建设进行监督管理。

机关党委。负责局机关和直属单位的党群工作。

离退休人员工作处。负责局机关离退休干部工作，指导直属单位的离退休干部工作。

四、人员编制

自治区新闻出版广电局机关行政编制83名。其中：局长（兼自治区版权局局长）1名，副局长3名、自治区版权局专职副局长1名（副厅级）、总工程师1名（副厅级）；处级领导职数40名（19正〈含机关党委专职副书记、离退休人员工作处处长各1名〉，21副）。

五、其他事项

（一）动漫和网络游戏管理的职责分工。自治区新闻出版广电局负责对全区影视动漫节目、网络视听中的动漫节目进行管理，对游戏出版物的网上出版发行进行前置审核。自治区文化厅负责动漫和网络游戏相关产业规划、产业基地、项目建设、会展交易和市场监管工作。

（二）所属事业单位的设置、职责和编制事项另行规定。

六、附则

本规定由自治区机构编制委员会办公室负责解释，其调整由自治区机构编制委员会办公室按规定程序办理。

附录 4 《行政执法机关移送涉嫌犯罪案件的规定》

中华人民共和国国务院令

第 310 号

《行政执法机关移送涉嫌犯罪案件的规定》已经 2001 年 7 月 4 日国务院第 42 次常务会议通过，现予公布，自公布之日起施行。

总　理　朱镕基

二〇〇一年七月九日

行政执法机关移送涉嫌犯罪案件的规定

第一条 为了保证行政执法机关向公安机关及时移送涉嫌犯罪案件，依法惩罚破坏社会主义市场经济秩序罪、妨害社会管理秩序罪以及其他罪，保障社会主义建设事业顺利进行，制定本规定。

第二条 本规定所称行政执法机关，是指依照法律、法规或者规章的规定，对破坏社会主义市场经济秩序、妨害社会管理秩序以及其他违法行为具有行政处罚权的行政机关，以及法律、法规授权的具有管理公共事务职能、在法定授权范围内实施行政处罚的组织。

第三条 行政执法机关在依法查处违法行为过程中，发现违法事实涉及的金额、违法事实的情节、违法事实造成的后果等，根据刑法关于破坏社会主义市场经济秩序罪、妨害社会管理秩序罪等罪的规定和最高人民法院、最高人民检察院关于破坏社会主义市场经济秩序罪、妨害社会管理秩序罪等罪的司法解释以及最高人民检察院、公安部关于经济犯罪案件的追诉标准等规定，涉嫌构成犯罪，依法需要追究刑事责任的，必须依照本规定向公安机关移送。

第四条 行政执法机关在查处违法行为过程中，必须妥善保存所收集的与违法行为有关的证据。

行政执法机关对查获的涉案物品，应当如实填写涉案物品清单，并按照国家有关规定予以处理。对易腐烂、变质等不宜或者不易保管的涉案物品，应当采取必要措施，留取证据；对需要进行检验、鉴定的涉案物品，应当由法定检验、鉴定机构进行检验、鉴定，并出具检验报告或者鉴定结论。

第五条 行政执法机关对应当向公安机关移送的涉嫌犯罪案件，应当立即指定 2 名或者 2 名以上行政执法人员组成专案组专门负责，核实情况后提出移送涉嫌犯罪案件的书面报告，报经本机关正职负责人或者主持工作的负责人审批。

行政执法机关正职负责人或者主持工作的负责人应当自接到报告之日起 3 日内作出批准移送或者不批准移送的决定。决定批准的，应当在 24 小时内向同级公安机关移送；决定不批准的，应当将不予批准的理由记录在案。

第六条 行政执法机关向公安机关移送涉嫌犯罪案件，应当附有下列材料：

（一）涉嫌犯罪案件移送书；

（二）涉嫌犯罪案件情况的调查报告；

（三）涉案物品清单；

（四）有关检验报告或者鉴定结论；

（五）其他有关涉嫌犯罪的材料。

第七条 公安机关对行政执法机关移送的涉嫌犯罪案件，应当在涉嫌犯罪案件移送书的回执上签字；其中，不属于本机关管辖的，应当在 24 小时内转送有管辖权的机关，并书面告知移送案件的行政执法机关。

第八条 公安机关应当自接受行政执法机关移送的涉嫌犯罪案件之日起 3 日内，依照刑法、刑事诉讼法以及最高人民法院、最高人民检察院关于立案标准和公安部关于公安机关办理刑事案件程序的规定，对所移送的案件进行审查。认为有犯罪事实，需要追究刑事责任，依法决定立案的，应当书面通知移送案件的行政执法机关；认为没有犯罪事实，或者犯罪事实显著轻微，不需要追究刑事责任，依法不予立案的，应当说明理由，并书面通知移送案件的行政执法机关，相应退回案卷材料。

第九条 行政执法机关接到公安机关不予立案的通知书后，认为依法应当由公安机关决定立案的，可以自接到不予立案通知书之日起 3 日内，提请作出不予立案决定的公安机关复议，也可以建议人民检察院依法进行立案监督。

作出不予立案决定的公安机关应当自收到行政执法机关提请复议的文件之日起 3 日内作出立案或者不予立案的决定，并书面通知移送案件的行政执法机关。移送案件的行政执法机关对公安机关不予立案的复议决定仍有异议的，应当自收到复议决定通知书之日起 3 日内建议人民检察院依法进行立案监督。

公安机关应当接受人民检察院依法进行的立案监督。

第十条 行政执法机关对公安机关决定不予立案的案件，应当依法作出处理；其中，依照有关法律、法规或者规章的规定应当给予行政处罚的，应当依法实施行政处罚。

第十一条 行政执法机关对应当向公安机关移送的涉嫌犯罪案件，不得以行政处罚代替移送。

行政执法机关向公安机关移送涉嫌犯罪案件前已经作出的警告，责令停产停业，暂扣或者吊销许可证、暂扣或者吊销执照的行政处罚决定，不停止执行。

依照行政处罚法的规定，行政执法机关向公安机关移送涉嫌犯罪案件前，已经依法给予当事人罚款的，人民法院判处罚金时，依法折抵相应罚金。

第十二条 行政执法机关对公安机关决定立案的案件，应当自接到立案通知书之日起 3 日内将涉案物品以及与案件有关的其他材料移交公安机关，并办结交接手续；法律、行政法规另有规定的，依照其规定。

附录 4 《行政执法机关移送涉嫌犯罪案件的规定》

第十三条 公安机关对发现的违法行为，经审查，没有犯罪事实，或者立案侦查后认为犯罪事实显著轻微，不需要追究刑事责任，但依法应当追究行政责任的，应当及时将案件移送同级行政执法机关，有关行政执法机关应当依法作出处理。

第十四条 行政执法机关移送涉嫌犯罪案件，应当接受人民检察院和监察机关依法实施的监督。

任何单位和个人对行政执法机关违反本规定，应当向公安机关移送涉嫌犯罪案件而不移送的，有权向人民检察院、监察机关或者上级行政执法机关举报。

第十五条 行政执法机关违反本规定，隐匿、私分、销毁涉案物品的，由本级或者上级人民政府，或者实行垂直管理的上级行政执法机关，对其正职负责人根据情节轻重，给予降级以上的行政处分；构成犯罪的，依法追究刑事责任。

对前款所列行为直接负责的主管人员和其他直接责任人员，比照前款的规定给予行政处分；构成犯罪的，依法追究刑事责任。

第十六条 行政执法机关违反本规定，逾期不将案件移送公安机关的，由本级或者上级人民政府，或者实行垂直管理的上级行政执法机关，责令限期移送，并对其正职负责人或者主持工作的负责人根据情节轻重，给予记过以上的行政处分；构成犯罪的，依法追究刑事责任。

行政执法机关违反本规定，对应当向公安机关移送的案件不移送，或者以行政处罚代替移送的，由本级或者上级人民政府，或者实行垂直管理的上级行政执法机关，责令改正，给予通报；拒不改正的，对其正职负责人或者主持工作的负责人给予记过以上的行政处分；构成犯罪的，依法追究刑事责任。

对本条第一款、第二款所列行为直接负责的主管人员和其他直接责任人员，分别比照前两款的规定给予行政处分；构成犯罪的，依法追究刑事责任。

第十七条 公安机关违反本规定，不接受行政执法机关移送的涉嫌犯罪案件，或者逾期不作出立案或者不予立案的决定的，除由人民检察院依法实施立案监督外，由本级或者上级人民政府责令改正，对其正职负责人根据情节轻重，给予记过以上的行政处分；构成犯罪的，依法追究刑事责任。

对前款所列行为直接负责的主管人员和其他直接责任人员，比照前款的规定给予行政处分；构成犯罪的，依法追究刑事责任。

第十八条 行政执法机关在依法查处违法行为过程中，发现贪污贿赂、国家工作人员渎职或者国家机关工作人员利用职权侵犯公民人身权利和民主权利等违法行为，涉嫌构成犯罪的，应当比照本规定及时将案件移送人民检察院。

第十九条 本规定自公布之日起施行。

附录 5　部分地区新闻出版（版权）行政处罚自由裁量标准和行政执法与刑事司法衔接制度

1. 江西省新闻出版（版权）自由裁量权执行标准

江西省新闻出版、版权行政处罚自由裁量权参照执行标准（试行）

一、《中华人民共和国著作权法》第四十七条　有下列侵权行为的，应当根据情况，承担停止侵害、消除影响、赔礼道歉、赔偿损失等民事责任；同时损害公共利益的，可以由著作权行政管理部门责令停止侵权行为，没收违法所得，没收、销毁侵权复制品，并可处以罚款；情节严重的，著作权行政管理部门还可以没收主要用于制作侵权复制品的材料、工具、设备等；构成犯罪的，依法追究刑事责任：

（一）未经著作权人许可，复制、发行、表演、放映、广播、汇编、通过信息网络向公众传播其作品的，本法另有规定的除外；

（二）出版他人享有专有出版权的图书的；

（三）未经表演者许可，复制、发行录有其表演的录音录像制品，或者通过信息网络向公众传播其表演的，本法另有规定的除外；

（四）未经录音录像制作者许可，复制、发行、通过信息网络向公众传播其制作的录音录像制品的，本法另有规定的除外；

（五）未经许可，播放或者复制广播、电视的，本法另有规定的除外；

（六）未经著作权人或者与著作权有关的权利人许可，故意避开或者破坏权利人为其作品、录音录像制品等采取的保护著作权或者与著作权有关的权利的技术措施的，法律、行政法规另有规定的除外；

（七）未经著作权人或者与著作权有关的权利人许可，故意删除或者改变作品、录音录像制品等的权利管理电子信息的，法律、行政法规另有规定的除外；

（八）制作、出售假冒他人署名的作品的。

《著作权法实施条例》第三十六条　有著作权法第四十七条所列侵权行为，同时损害社会公共利益的，著作权行政管理部门可以处非法经营额 3 倍以下的罚款；非法经营额难以计算的，可以处 10 万元以下的罚款。

◎细化标准：

有《中华人民共和国著作权法》第四十七条所列侵权行为，同时损害社会公共利益的，由著作权行政管理部门责令停止侵权行为，没收违法所得，没收、销毁侵权复制品，并可按照以下情况处以罚款：

一、有非法经营额的：

1. 非法经营额 2000 元以下的，处非法经营额 1 倍罚款；

2. 非法经营额 2000 元以上 5000 元以下的，处非法经营额 1 倍以上 2 倍以下罚款；

3. 非法经营额 5000 元以上的，处非法经营额 2 倍以上 3 倍以下罚款。

二、非法经营额难以计算的：

1. 侵权复制品数量 500 张（册）以下的，处 5000 元以下罚款；

2. 侵权复制品数量 500 张（册）以上至 2000 张（册）以下的，

处 5000 元以上 1 万元以下罚款；

3. 侵权复制品数量 2000 张（册）以上至 5000 张（册）以下的，处 1 万元以上 2 万元以下罚款；

4. 侵权复制品数量 5000 张（册）以上至 1 万张（册）以下的，处 2 万元以上 3 万元以下罚款；

5. 侵权复制品数量 1 万张（册）以上至 3 万张（册）以下的，处 3 万元以上 5 万元以下罚款；

6. 侵权复制品数量 3 万张（册）以上的，处 5 万元以上 10 万元以下罚款。

侵权行为非法经营额 2000 元以上或者侵权复制品数量 500 张（册）以上或者非法经营额、侵权复制品数量、侵权行为持续时间难以确定的，可以并处没收主要用于制作侵权复制品的材料、工具、设备。

二、《计算机软件保护条例》第二十四条　除《中华人民共和国著作权法》、本条例或者其他法律、行政法规另有规定外，未经软件著作权人许可，有下列侵权行为的，应当根据情况，承担停止侵害、消除影响、赔礼道歉、赔偿损失等民事责任；同时损害社会公共利益的，由著作权行政管理部门责令停止侵权行为，没收违法所得，没收、销毁侵权复制品，可以并处罚款；情节严重的，著作权行政管理部门并可以没收主要用于制作侵权复制品的材料、工具、设备等；触犯刑律的，依照刑法关于侵犯著作权罪、销售侵权复制品罪的规定，依法追究刑事责任：

（一）复制或者部分复制著作权人的软件的；

（二）向公众发行、出租、通过信息网络传播著作权人的软件的；

（三）故意避开或者破坏著作权人为保护其软件著作权而采取的技术措施的；

（四）故意删除或者改变软件权利管理电子信息的；

（五）转让或者许可他人行使著作权人的软件著作权的。

有前款第（一）项或者第（二）项行为的，可以并处每件 100 元或者货值金额 5 倍以下的罚款；有前款第（三）项、第（四）项或者第（五）项行为的，可以并处 5 万元以下的罚款。

◎**细化标准：**

有《计算机软件保护条例》第二十四条所列侵权行为，同时损害社会公共利益的，由著作权行政管理部门责令停止侵权行为，没收违法所得，没收、销毁侵权复制品，并可按照以下情况处以罚款：

1. 有第（一）、（二）项所列侵权行为，按照侵权复制品数量处每件 100 元罚款；或者按照货值处以下罚款：

（1）货值 2000 元以下的，处货值 1 倍罚款；

（2）货值 2000 元以上 1 万元以下的，处货值 1 倍以上 3 倍以下罚款；

（3）货值 1 万元以上的，处货值 3 倍以上 5 倍以下罚款。

2. 有第（三）、（四）、（五）项所列侵权行为，货值 2000 元以下或者侵权复制品数量 5000 张（册）以下的，处 1 万元以下罚款；

货值 2000 元以上 5000 元以下或者侵权复制品数量 5000 张（册）以上 1 万张（册）以下的，处 1 万元以上 3 万元以下罚款；

货值 5000 元以上或者侵权复制品数量 1 万张（册）以上的，处 3 万元以上 5 万元以下罚款。

侵权复制品数量 5000 张（册）以上或者货值 2000 元以上的，可以并处没收主要用于制作侵权复制品的材料、工具、设备。

三、《信息网络传播权保护条例》第十八条　违反本条例规定，有下列侵权行为之一的，根据情况承担停止侵害、消除影响、赔礼道歉、赔偿损失等民事责任；同时损害公共利益的，可以由著作权行政管理部门责令停止侵权行为，没收违法所得，并可处以 10 万元以下的罚款；情节严重的，著作权行政管理部门可以没收主要用于提供网络服务的计算机等设备；构成犯罪的，依法追究刑事责任：

（一）通过信息网络擅自向公众提供他人的作品、表演、录音录像制品的；

（二）故意避开或者破坏技术措施的；

（三）故意删除或者改变通过信息网络向公众提供的作品、表演、录音录像制品的权利管理电子信息，或者通过信息网络向公众提供明知或者应知未经权利人许可而被删除或者改变权利管理电子信息的作品、表演、录音录像制品的；

（四）为扶助贫困通过信息网络向农村地区提供作品、表演、录音录像制品超过规定范围，或者未按照公告的标准支付报酬，或者在权利人不同意提供其作品、表演、录音录像制品后未立即删除的；

（五）通过信息网络提供他人的作品、表演、录音录像制品，未指明作品、表演、录音录像制品的名称或者作者、表演者、录音录像制作者的姓名（名称），或者未支付报酬，或者未依照本条例规定采取技术措施防止服务对象以外的其他人获得他人的作品、表演、录音录像制品，或者未防止服务对象的复制行为对权利人利益造成实质性损害的。

◎**细化标准：**

有《信息网络传播权保护条例》第十八条所列侵权行为，同时损害公共利益的，可以由著作权行政管理部门责令停止侵权行为，没收违法所得，并可按照以下情况处以罚款：

1. 非法经营额 5000 元以下的，处非法经营额 2 万元以下罚款；

2. 非法经营额 5000 元以上 2 万元以下的，处非法经营额 2 万元以上 5 万元以下罚款；

3. 非法经营额 2 万元以上的，处非法经营额 5 万元以上 10 万元以下罚款。

侵权行为非法经营额 5000 元以上的，可以并处没收主要用于提供网络服务的计算机等设备。

四、《信息网络传播权保护条例》第十九条　违反本条例规定，有下列行为之一的，由著作权行政管理部门予以警告，没收违法所得，没收主要用于避开、破坏技术措施的装置或者部件；情节严重的，可以没收主要用于提供网络服务的计算机等设备，并可处以 10 万元以下的罚款；构成犯罪的，依法追究刑事责任：

（一）故意制造、进口或者向他人提供主要用于避开、破坏技术措施的装置或者部件，或者故意为他人避开或者破坏技术措施提供技术服务的；

（二）通过信息网络提供他人的作品、表演、录音录像制品，获得经济利益的；

（三）为扶助贫困通过信息网络向农村地区提供作品、表演、录音录像制品，未在提供前公告作品、表演、录音录像制品的名称和作者、表演者、录音录像制作者的姓名（名称）以及报酬标准的。

◎细化标准：

有《信息网络传播权保护条例》第十九条所列侵权行为，同时损害公共利益的，可以由著作权行政管理部门责令停止侵权行为，没收违法所得，并可按照以下情况处以罚款：

1. 非法经营额 5000 元以下的，处非法经营额 2 万元以下罚款；

2. 非法经营额 5000 元以上 2 万元以下的，处非法经营额 2 万元以上 5 万元以下罚款；

3. 非法经营额 2 万元以上的，处非法经营额 5 万元以上 10 万元以下罚款。

侵权行为非法经营额 5000 元以上的，可以并处没收主要用于提供网络服务的计算机等设备。

五、《出版管理条例》第五十五条　未经批准，擅自设立出版物的出版、印刷或者复制、进口、发行单位，或者擅自从事出版物的出版、印刷或者复制、进口、发行业务，假冒出版单位名称或者伪造、假冒报纸、期刊名称出版出版物的，由出版行政部门、工商行政管理部门依照法定职权予以取缔；依照刑法关于非法经营罪的规定，依法追究刑事责任；尚不够刑事处罚的，没收出版物、违法所得和从事违法活动的专用工具、设备，违法经营额 1 万元以上的，并处违法经营额 5 倍以上 10 倍以下的罚款，违法经营额不足 1 万元的，并处 1 万元以上 5 万元以下的罚款；侵犯他人合法权益的，依法承担民事责任。

◎细化标准：

有《出版管理条例》第五十五条的所列违法行为的，由出版行政部门、工商行政管理部门依照法定职权予以取缔；依照刑法关于非法经营罪的规定，依法追究刑事责任；尚不够刑事处罚的，没收出版物、违法所得和从事违法活动的专用工具、设备；并按下列情况处以罚款：

一、违法经营额不足 1 万元的：

1. 违法经营额 2000 元以下的，并处 1 万元的罚款；

2. 违法经营额 2000 元以上 5000 元以下的，并处 1 万元以上 3 万元以下的罚款；

3. 违法经营额 5000 元以上 1 万元以下的，并处 3 万元以上 5 万元以下的罚款。

二、违法经营额 1 万元以上的：

1. 违法经营额 1 万元以上 5 万元以下的，并处违法经营额 5 倍的罚款；

2. 违法经营额 5 万元以上 10 万元以下的，并处违法经营额 5 倍以上 7 倍以下的罚款；

3. 违法经营额 10 万元以上的，并处违法经营额 7 倍以上 10 倍以下的罚款。

六、《出版管理条例》第五十六条　有下列行为之一，触犯刑律的，依照刑法有关规定，依法追究刑事责任；尚不够刑事处罚的，由出版行政部门责令限期停业整顿，没收出版物、违法所得，违法经营额 1 万元以上的，并处违法经营额 5 倍以上 10 倍以下的罚款；违法经营额不足 1 万元的，并处 1 万元以上 5 万元以下的罚款；情节严重的，由原发证机关吊销许可证。

（一）出版、进口含有本条例第二十六条、第二十七条禁止内容的出版物的；

（二）明知或者应知出版物含有本条例第二十六条、第二十七条禁止内容而印刷或者复制、发行的；

（三）明知或者应知他人出版含有本条例第二十六条、第二十七条禁止内容的出版物而向其出售或者以其他形式转让本出版单位的名称、书号、刊号、版号、版面，或者出租本单位的名称、刊号的。

◎细化标准：

有《出版管理条例》第五十六条所列违法行为的，触犯刑律的，依照刑法有关规定，依法追究刑事责任；尚不够刑事处罚的，由出版行政部门责令限期停业整顿，没收出版物、违法所得。并按下列情况处以罚款：

一、违法经营额不足 1 万元的：

1. 违法经营额 2000 元以下的，并处 1 万元的罚款；

2. 违法经营额 2000 元以上 5000 元以下的，并处 1 万元以上 3 万元以下的罚款；

3. 违法经营额 5000 元以上 1 万元以下的，并处 3 万元以上 5 万元以下的罚款。

二、违法经营额 1 万元以上的：

1. 违法经营额 1 万元以上 5 万元以下的，并处违法经营额 5 倍的罚款；

2. 违法经营额 5 万元以上 10 万元以下的，并处违法经营额 5 倍以上 7 倍以下的罚款；

3. 违法经营额 10 万元以上的，并处违法经营额 7 倍以上 10 倍以下的罚款。

七、《出版管理条例》第五十七条　有下列行为之一的，由出版行政部门责令停止违法行为，没收出版物、违法所得，违法经营额 1 万元以上的，并处违法经营额 5 倍以上 10 倍以下的罚款；违法经营额不足 1 万元的，并处 1 万元以上 5 万元以下的罚款；情节严重的，责令限期停业整顿或者由原发证机关吊销许可证：

（一）进口、印刷或者复制、发行国务院出版行政部门禁止进口的出版物的；

（二）印刷或者复制走私的境外出版物的；

（三）发行进口出版物未从本条例规定的出版物进口经营单位进货的。

◎细化标准：

有《出版管理条例》第五十七条所列违法行为的，由出版行政部门责令停止违法行为，没收出版物、违法所得。并按下列情况处以罚款：

一、违法经营额不足1万元的：

1. 违法经营额2000元以下的，并处1万元的罚款；

2. 违法经营额2000元以上5000元以下的，并处1万元以上3万元以下的罚款；

3. 违法经营额5000元以上1万元以下的，并处3万元以上5万元以下的罚款。

二、违法经营额1万元以上的：

1. 违法经营额1万元以上5万元以下的，并处违法经营额5倍的罚款；

2. 违法经营额5万元以上10万元以下的，并处违法经营额5倍以上7倍以下的罚款；

3. 违法经营额10万元以上的，并处违法经营额7倍以上10倍以下的罚款。

违法经营额数量巨大的、多次违规的或构成刑事犯罪的，责令限期停业整顿或者由原发证机关吊销许可证。

八、《出版管理条例》第五十九条 有下列行为之一的，由出版行政部门没收出版物、违法所得，违法经营额1万元以上的，并处违法经营额5倍以上10倍以下的罚款；违法经营额不足1万元的，并处1万元以上5万元以下的罚款；情节严重的，责令限期停业整顿或者由原发证机关吊销许可证：

（一）印刷或者复制单位未取得印刷或者复制许可而印刷或者复制出版物的；

（二）印刷或者复制单位接受非出版单位和个人的委托印刷或者复制出版物的；

（三）印刷或者复制单位未履行法定手续印刷或者复制境外出版物的，印刷或者复制的境外出版物没有全部运输出境的；

（四）印刷或者复制单位、发行单位或者个人发行未署出版单位名称的出版物的；

（五）出版、印刷、发行单位出版、印刷、发行未经依法审定的中学小学教科书，或者非依照本条例规定确定的单位从事中学小学教科书的出版、印刷、发行业务的。

◎细化标准：

有《出版管理条例》第五十九条所列违法行为的，由出版行政部门没收出版物、违法所得，并按下列情况处以罚款：

一、违法经营额不足1万元的：

1. 违法经营额2000元以下的，并处1万元的罚款；

2. 违法经营额2000元以上5000元以下的，并处1万元以上3万元以下的罚款；

3. 违法经营额5000元以上1万元以下的，并处3万元以上5万元以下的罚款。

二、违法经营额1万元以上的：

1. 违法经营额1万元以上5万元以下的，并处违法经营额5倍的罚款；

2. 违法经营额5万元以上10万元以下的，并处违法经营额5倍以上7倍以下的罚款；

3. 违法经营额10万元以上的，并处违法经营额7倍以上10倍以下的罚款。

违法经营额数量巨大的、多次违规的或构成刑事犯罪的，责令限期停业整顿或者由原发证机关吊销许可证。

九、《出版管理条例》第六十条　出版单位出售或者以其他形式转让本出版单位的名称、书号、刊号、版号、版面，或者出租本单位的名称、刊号的，由出版行政部门责令停止违法行为，给予警告，没收违法经营的出版物、违法所得，违法经营额 1 万元以上的，并处违法经营额 5 倍以上 10 倍以下的罚款；违法经营额不足 1 万元的，并处 1 万元以上 5 万元以下的罚款；情节严重的，责令限期停业整顿或者由原发证机关吊销许可证。

◎细化标准：

有《出版管理条例》第六十条所列违法的，由出版行政部门责令停止违法行为，给予警告，没收违法经营的出版物、违法所得，并按下列情况处以罚款：

一、违法经营额不足 1 万元的：

1. 违法经营额 2000 元以下的，并处 1 万元的罚款；

2. 违法经营额 2000 元以上 5000 元以下的，并处 1 万元以上 3 万元以下的罚款；

3. 违法经营额 5000 元以上 1 万元以下的，并处 3 万元以上 5 万元以下的罚款。

二、违法经营额 1 万元以上的：

1. 违法经营额 1 万元以上 5 万元以下的，并处违法经营额 5 倍的罚款。

2. 违法经营额 5 万元以上 10 万元以下的，并处违法经营额 5 倍以上 7 倍以下的罚款。

3. 违法经营额 10 万元以上的，并处违法经营额 7 倍以上 10 倍以下的罚款。

违法经营额数量巨大的、多次违规的或构成刑事犯罪的，责令限期停业整顿或者由原发证机关吊销许可证。

十、《出版管理条例》第六十一条　有下列行为之一的，由出版行政部门责令改正，给予警告；情节严重的，责令限期停业整顿或者由原发证机关吊销许可证：

（一）出版单位变更名称、主办单位或者其主管机关、业务范围，合并或者分立，出版新的报纸、期刊，或者报纸、期刊改变名称、刊期，以及出版单位变更其他事项，未依照本条例的规定到出版行政部门办理审批、变更登记手续的；

（二）出版单位未将其年度出版计划和涉及国家安全、社会安定等方面的重大选题备案的；

（三）出版单位未依照本条例的规定送交出版物的样本的；

（四）印刷或者复制单位未依照本条例的规定留存备查的材料的；

（五）出版物进口经营单位未依照本条例的规定将其进口的出版物目录备案的。

◎细化标准：

1. 有《出版管理条例》第六十一条第（一）（二）项所列违法行为的，由出版行政部门责令改正，给予警告；拒不改正的，由出版行政部门责令停业整顿或者吊销出版许可证；

2. 有《出版管理条例》第六十一条第（三）（四）（五）项所列违法行为的，由出版行政部门责令改正，给予警告；拒不改正的，由出版行政部门责令停业整顿。

十一、《出版管理条例》第六十二条　未经批准，举办境外出版物展览的，由出版行政部门责令停止违法行为，没收出版物、违法所得；情节严重的，责令限期停业整顿或者由原发证机关吊销许可证。

◎细化标准：

1. 对初次违规举办境外出版物展览的，责令改正，并可没收出版物、违法所得；

2. 出版行政部门责令停止违法行为后，仍不改正或者多次违规举办境外出版物展览的，除没收出版物、违法所得外，责令限期停业整顿或者由原发证机关吊销许可证。

十二、《印刷业管理条例》第三十五条 印刷业经营者违反本条例规定，有下列行为之一的，由县级以上地方人民政府出版行政部门责令停止违法行为，责令停业整顿，没收印刷品和违法所得，违法经营额1万元以上的，并处违法经营额5倍以上10倍以下的罚款；违法经营额不足1万元的，并处1万元以上5万元以下的罚款；情节严重的，由原发证机关吊销许可证；构成犯罪的，依法追究刑事责任：

（一）未取得出版行政部门的许可，擅自兼营或者变更从事出版物、包装装潢印刷品或者其他印刷品印刷经营活动，或者擅自兼并其他印刷业经营者的；

（二）因合并、分立而设立新的印刷业经营者，未依照本条例的规定办理手续的；

（三）出售、出租、出借或者以其他形式转让印刷经营许可证的。

◎细化标准：

有《印刷业管理条例》第三十五条所列的违法行为，由县级以上地方人民政府出版行政部门责令停止违法行为，责令停业整顿，没收印刷品和违法所得，并按下列情况处以罚款：

一、违法经营额不足1万元的：

1. 违法经营额2000元以下的，并处1万元的罚款；

2. 违法经营额2000元以上5000元以下的，并处1万元以上3万元以下的罚款；

3. 违法经营额5000元以上1万元以下的，并处3万元以上5万元以下的罚款。

二、违法经营额1万元以上的：

1. 违法经营额1万元以上5万元以下的，并处违法经营额5倍的罚款；

2. 违法经营额5万元以上10万元以下的，并处违法经营额5倍以上7倍以下的罚款；

3. 违法经营额10万元以上的，并处违法经营额7倍以上10倍以下的罚款。

违法经营额数量巨大的、多次违规的或构成刑事犯罪的，由原发证机关吊销许可证。

十三、《印刷业管理条例》第三十六条 印刷业经营者印刷明知或者应知含有本条例第三条规定禁止印刷内容的出版物、包装装潢印刷品或者其他印刷品的，或者印刷国家明令禁止出版的出版物或者非出版单位出版的出版物的，由县级以上地方人民政府出版行政部门、公安部门依据法定职权责令停业整顿，没收印刷品和违法所得，违法经营额1万元以上的，并处违法经营额5倍以上10倍以下的罚款；违法经营额不足1万元的，并处1万元以上5万元以下的罚款；情节严重的，由原发证机关吊销许可证；构成犯罪的，依法追究刑事责任。

◎细化标准：

有《印刷业管理条例》第三十六条所列的违法行为，由县级以上地方人民政府出版行政部门、公安部门依据法定职权责令停业整顿，没收印刷品和违法所得，并按下列情况处以罚款：

一、违法经营额不足1万元的：

1. 违法经营额2000元以下的，并处1万元的罚款；

2. 违法经营额2000元以上5000元以下的，并处1万元以上3万元以下的罚款；

3. 违法经营额5000元以上1万元以下的，并处3万元以上5万元以下的罚款。

二、违法经营额1万元以上的：

1. 违法经营额1万元以上5万元以下的，并处违法经营额5倍的罚款；

2. 违法经营额5万元以上10万元以下的，并处违法经营额5倍以上7倍以下的罚款；

3. 违法经营额10万元以上的，并处违法经营额7倍以上10倍以下的罚款。

违法经营额数量巨大的、多次违规的或构成刑事犯罪的，由原发证机关吊销许可证。

十四、《印刷业管理条例》第三十七条　印刷业经营者有下列行为之一的，由县级以上地方人民政府出版行政部门、公安部门依据法定职权责令改正，给予警告；情节严重的，责令停业整顿或者由原发证机关吊销许可证：

（一）没有建立承印验证制度、承印登记制度、印刷品保管制度、印刷品交付制度、印刷活动残次品销毁制度等的；

（二）在印刷经营活动中发现违法犯罪行为没有及时向公安部门或者出版行政部门报告的；

（三）变更名称、法定代表人或者负责人、住所或者经营场所等主要登记事项，或者终止印刷经营活动，不向原批准设立的出版行政部门备案的；

（四）未依照本条例的规定留存备查的材料的。

单位内部设立印刷厂（所）违反本条例的规定，没有向所在地县级以上地方人民政府出版行政部门、保密工作部门办理登记手续，并按照国家有关规定向公安部门备案的，由县级以上地方人民政府出版行政部门、保密工作部门、公安部门依据法定职权责令改正，给予警告；情节严重的，责令停业整顿。

◎**细化标准：**

有《印刷业管理条例》第十七条所列的违法行为的，由县级以上地方人民政府出版行政部门、公安部门依据法定职权按下列情况进行处罚：

1. 印刷业经营者有（一）至（四）行为之一的，责令改正，给予警告；

2. 给予警告和责令改正后，仍拒不改正的，责令3至6个月停业整顿或者由原发证机关吊销许可证。

十五、《印刷业管理条例》第三十八条　从事出版物印刷经营活动的企业有下列行为之一的，由县级以上地方人民政府出版行政部门给予警告，没收违法所得，违法经营额1万元以上的，并处违法经营额5倍以上10倍以下的罚款；违法经营额不足1万元的，并处1万元以上5万元以下的罚款；情节严重的，责令停业整顿或者由原发证机关吊销许可证；构成犯罪的，依法追究刑事责任：

（一）接受他人委托印刷出版物，未依照本条例的规定验证印刷委托书、有关证明或者准印证，或者未将印刷委托书报出版行政部门备案的；

（二）假冒或者盗用他人名义，印刷出版物的；

（三）盗印他人出版物的；

（四）非法加印或者销售受委托印刷的出版物的；

（五）征订、销售出版物的；

（六）擅自将出版单位委托印刷的出版物纸型及印刷底片等出售、出租、出借或者以其他形式转让的；

（七）未经批准，接受委托印刷境外出版物的，或者未将印刷的境外出版物全部运输出境的。

◎细化标准：

有《印刷业管理条例》第三十八条所列的违法行为的，由县级以上地方人民政府出版行政部门给予警告，没收违法所得，并按下列情况处以罚款：

一、违法经营额不足1万元的：

1. 违法经营额2000元以下的，并处1万元的罚款；

2. 违法经营额2000元以上5000元以下的，并处1万元以上3万元以下的罚款；

3. 违法经营额5000元以上1万元以下的，并处3万元以上5万元以下的罚款。

二、违法经营额1万元以上的：

1. 违法经营额1万元以上5万元以下的，并处违法经营额5倍的罚款；

2. 违法经营额5万元以上10万元以下的，并处违法经营额5倍以上7倍以下的罚款；

3. 违法经营额10万元以上的，并处违法经营额7倍以上10倍以下的罚款。

违法经营额数量巨大的、多次违规的或构成刑事犯罪的，由原发证机关吊销许可证。

十六、《印刷业管理条例》第三十九条　从事包装装潢印刷品印刷经营活动的企业有下列行为之一的，由县级以上地方人民政府出版行政部门给予警告，没收违法所得，违法经营额1万元以上的，并处违法经营额5倍以上10倍以下的罚款；违法经营额不足1万元的，并处1万元以上5万元以下的罚款；情节严重的，责令停业整顿或者由原发证机关吊销许可证；构成犯罪的，依法追究刑事责任：

（一）接受委托印刷注册商标标识，未依照本条例的规定验证、核查工商行政管理部门签章的《商标注册证》复印件、注册商标图样或者注册商标使用许可合同复印件的；

（二）接受委托印刷广告宣传品、作为产品包装装潢的印刷品，未依照本条例的规定验证委托印刷单位的营业执照或者个人的居民身份证的，或者接受广告经营者的委托印刷广告宣传品，未验证广告经营资格证明的；

（三）盗印他人包装装潢印刷品的；

（四）接受委托印刷境外包装装潢印刷品未依照本条例的规定向出版行政部门备案的，或者未将印刷的境外包装装潢印刷品全部运输出境的。

◎细化标准：

有《印刷业管理条例》第三十九条所列违法行为的，由县级以上地方人民政府出版行政部门给予警告，没收违法所得，并按下列情况处以罚款：

一、违法经营额不足1万元的：

1. 违法经营额2000元以下的，并处1万元的罚款；

2. 违法经营额2000元以上5000元以下的，并处1万元以上3万元以下的罚款；

3. 违法经营额5000元以上1万元以下的，并处3万元以上5万元以下的罚款。

二、违法经营额1万元以上的：

1. 违法经营额1万元以上5万元以下的，并处违法经营额5倍的罚款；

2. 违法经营额5万元以上10万元以下的，并处违法经营额5倍以上7倍以下的罚款；

3. 违法经营额10万元以上的，并处违法经营额7倍以上10倍以下的罚款。

违法经营额数量巨大的、多次违规的或构成刑事犯罪的，由原发证机关吊销许可证；构成犯罪的，依法追究刑事责任。

十七、《印刷业管理条例》第四十条　从事其他印刷品印刷经营活动的企业和个人有下列行为之一的，由县级以上地方人民政府出版行政部门给予警告，没收印刷品和违法所得，违法经营额1万元以上的，并处违法经营额5倍以上10倍以下的罚款；违法经营额不足1万元的，并处1万元以上5万元以下的罚款；情节严重的，责令停业整顿或者由原发证机关吊销许可证；构成犯罪的，依法追究刑事责任：

（一）接受委托印刷其他印刷品，未依照本条例的规定验证有关证明的；

（二）擅自将接受委托印刷的其他印刷品再委托他人印刷的；

（三）将委托印刷的其他印刷品的纸型及印刷底片出售、出租、出借或者以其他形式转让的；

（四）伪造、变造学位证书、学历证书等国家机关公文、证件或者企业事业单位、人民团体公文、证件的，或者盗印他人的其他印刷品的；

（五）非法加印或者销售委托印刷的其他印刷品的；

（六）接受委托印刷境外其他印刷品未依照本条例的规定向出版行政部门备案的，或者未将印刷的境外其他印刷品全部运输出境的；

（七）从事其他印刷品印刷经营活动的个人超范围经营的。

◎**细化标准：**

有《印刷业管理条例》第四十条所列违法的，由县级以上地方人民政府出版行政部门给予警告，没收违法所得，并按下列情况处以罚款：

一、违法经营额不足1万元的：

1. 违法经营额2000元以下的，并处1万元的罚款；

2. 违法经营额2000元以上5000元以下的，并处1万元以上3万元以下的罚款；

3. 违法经营额5000元以上1万元以下的，并处3万元以上5万元以下的罚款。

二、违法经营额1万元以上的：

1. 违法经营额1万元以上5万元以下的，并处违法经营额5倍的罚款；

2. 违法经营额5万元以上10万元以下的，并处违法经营额5倍以上7倍以下的罚款；

3. 违法经营额10万元以上的，并处违法经营额7倍以上10倍以下的罚款。

违法经营额数量巨大的、多次违规的或构成刑事犯罪的，由原发证机关吊销许可证。

十八、《印刷业管理条例》第四十二条　印刷业经营者违反本条例规定，有下列行为之一的，由县级以上地方人民政府出版行政部门责令改正，给予警告；情节严重的，责令停业整顿或者由原发证机关吊销许可证：

（一）从事包装装潢印刷品印刷经营活动的企业擅自留存委托印刷的包装装潢印刷品的成品、半成品、废品和印板、纸型、印刷底片、原稿等的；

（二）从事其他印刷品印刷经营活动的企业和个人擅自保留其他印刷品的样本、样张的，或者在所保留的样本、样张上未加盖"样本""样张"戳记的。

◎细化标准：

由县级以上地方人民政府出版行政部门责令改正，给予警告；情节严重的，责令停业整顿或者由原发证机关吊销许可证，并按下列情况进行处罚：

1. 印刷业经营者违反本条例规定，有（一）和（二）行为之一的，责令改正，给予警告；

2. 责令改正和给予警告后，仍拒不改正的，责令 3 至 6 个月停业整顿或者由原发证机关吊销许可证。

十九、《音像制品管理条例》第三十九条　未经批准，擅自设立音像制品出版、制作、复制、进口、批发、零售、出租、放映单位，擅自从事音像制品出版、制作、复制业务或者进口、批发、零售、出租、放映经营活动的，由出版行政部门、工商行政管理部门依照法定职权予以取缔；依照刑法关于非法经营罪的规定，依法追究刑事责任；尚不够刑事处罚的，没收违法经营的音像制品和违法所得以及进行违法活动的专用工具、设备；违法经营额 1 万元以上的，并处违法经营额 5 倍以上 10 倍以下的罚款；违法经营额不足 1 万元的，并处 5 万元以下的罚款。

◎细化标准：

有《音像制品管理条例》第三十九条所列违法行为的，由出版行政部门、工商行政管理部门依照法定职权予以取缔；依照刑法关于非法经营罪的规定，依法追究刑事责任；尚不够刑事处罚的，没收违法经营的音像制品和违法所得以及进行违法活动的专用工具、设备；并按下列情况处以罚款：

一、违法经营额不足 1 万元的：

1. 违法经营额 2000 元以下的，并处 1 万元的罚款；

2. 违法经营额 2000 元以上 5000 元以下的，并处 1 万元以上 3 万元以下的罚款；

3. 违法经营额 5000 元以上 1 万元以下的，并处 3 万元以上 5 万元以下的罚款。

二、违法经营额 1 万元以上的：

1. 违法经营额 1 万元以上 5 万元以下的，并处违法经营额 5 倍的罚款；

2. 违法经营额 5 万元以上 10 万元以下的，并处违法经营额 5 倍以上 7 倍以下的罚款；

3. 违法经营额 10 万元以上的，并处违法经营额 7 倍以上 10 倍以下的罚款。

违法经营额数量巨大的、多次违规的或构成刑事犯罪的，由原发证机关吊销许可证。

二十、《音像制品管理条例》第四十条　出版含有本条例第三条第二款禁止内容的音像制品，或者制作、复制、批发、零售、出租、放映明知或者应知含有本条例第三条第二款禁止内容的音像制品的，依照刑法有关规定，依法追究刑事责任；尚不够刑事处罚的，由出版行政部门、文化行政部门、公安部门依据各自职权责令停业整顿，没收违法经营的音像制品和违法所得；违法经营额 1 万元以上的，并处违法经营额 5 倍以上 10 倍以下的罚款；违法经营额不足 1 万元的，可以并处 5 万元以下的罚款；情节严重的，并由原发证机关吊销许可证。

◎细化标准：

有《音像制品管理条例》第四十条所列违法行为的，依照刑法有关规定，依法追究刑事责任；尚不够刑事处罚的，由出版行政部门、文化行政部门、公安部门依据各自职权责令停业整顿，没收违法经营的音像制品和违法所得；并按下列情况处以罚款：

一、违法经营额不足 1 万元的：

1. 违法经营额 2000 元以下的，并处 1 万元的罚款；

2. 违法经营额 2000 元以上 5000 元以下的，并处 1 万元以上 3 万元以下的罚款；

3. 违法经营额 5000 元以上 1 万元以下的，并处 3 万元以上 5 万元以下的罚款。

二、违法经营额 1 万元以上的：

1. 违法经营额 1 万元以上 5 万元以下的，并处违法经营额 5 倍的罚款；

2. 违法经营额 5 万元以上 10 万元以下的，并处违法经营额 5 倍以上 7 倍以下的罚款；

3. 违法经营额 10 万元以上的，并处违法经营额 7 倍以上 10 倍以下的罚款。

违法经营额数量巨大的、多次违规的或构成刑事犯罪的，由原发证机关吊销许可证。

二十一、《音像制品管理条例》第四十二条　有下列行为之一的，由出版行政部门责令停止违法行为，给予警告，没收违法经营的音像制品和违法所得；违法经营额 1 万元以上的，并处违法经营额 5 倍以上 10 倍以下的罚款；违法经营额不足 1 万元的，并处 1 万元以上 5 万元以下的罚款；情节严重的，并责令停业整顿或者由原发证机关吊销许可证：

（一）音像出版单位向其他单位、个人出租、出借、出售或者以其他任何形式转让本单位的名称，出售或者以其他形式转让本单位的版号的；

（二）音像出版单位委托未取得《音像制品制作许可证》的单位制作音像制品，或者委托未取得《音像制品复制许可证》的单位复制音像制品的；

（三）音像出版单位出版未经国务院文化行政部门批准擅自进口的音像制品的；

（四）音像制作单位、音像复制单位未依照本条例的规定验证音像出版单位的委托书、有关证明的；

（五）音像复制单位擅自复制他人的音像制品，或者接受非音像出版单位、个人的委托复制经营性的音像制品，或者自行复制音像制品的。

◎细化标准：

有《音像制品管理条例》第四十二条所列违法行为的，由出版行政部门责令停止违法行为，给予警告，没收违法经营的音像制品和违法所得；并按下列情况处以罚款：

一、违法经营额不足 1 万元的：

1. 违法经营额 2000 元以下的，并处 1 万元的罚款；

2. 违法经营额 2000 元以上 5000 元以下的，并处 1 万元以上 3 万元以下的罚款；

3. 违法经营额 5000 元以上 1 万元以下的，并处 3 万元以上 5 万元以下的罚款。

二、违法经营额 1 万元以上的：

1. 违法经营额 1 万元以上 5 万元以下的，并处违法经营额 5 倍的罚款；

2. 违法经营额 5 万元以上 10 万元以下的，并处违法经营额 5 倍以上 7 倍以下的罚款；

3. 违法经营额 10 万元以上的，并处违法经营额 7 倍以上 10 倍以下的罚款。

违法经营额数量巨大的、多次违规的或构成刑事犯罪的，由原发证机关吊销许可证；构成犯罪的，依法追究刑事责任。

二十二、《音像制品管理条例》第四十三条　音像出版单位违反国家有关规定与香港特别行政区、澳门特别行政区、台湾地区或者外国的组织、个人合作制作音像制品，音像复制单位违反国家有关规定接受委托复制境外音像制品，未经省、自治区、直辖市人民政府出版行政部门审核同意，或者未将复制的境外音像制品全部运输出境的，由省、自治区、直辖市人民政府出版行政部门责令改正，没收违法经营的音像制品和违法所得；违法经营额 1 万元以上的，并处违法经营额 5 倍以上 10 倍以下的罚款；违法经营额不足 1 万元的，并处 1 万元以上 5 万元以下的罚款；情节严重的，并由原发证机关吊销许可证。

◎细化标准：

有《音像制品管理条例》第四十三条所列违法行为的，由省、自治区、直辖市人民政府出版行政部门责令改正，没收违法经营的音像制品和违法所得；并按下列情况处以罚款：

一、违法经营额不足 1 万元的：

1. 违法经营额 2000 元以下的，并处 1 万元的罚款；

2. 违法经营额 2000 元以上 5000 元以下的，并处 1 万元以上 3 万元以下的罚款；

3. 违法经营额 5000 元以上 1 万元以下的，并处 3 万元以上 5 万元以下的罚款。

二、违法经营额 1 万元以上的：

1. 违法经营额 1 万元以上 5 万元以下的，并处违法经营额 5 倍的罚款；

2. 违法经营额 5 万元以上 10 万元以下的，并处违法经营额 5 倍以上 7 倍以下的罚款；

3. 违法经营额 10 万元以上的，并处违法经营额 7 倍以上 10 倍以下的罚款。

违法经营额数量巨大的、多次违规的或构成刑事犯罪的，由原发证机关吊销许可证；构成犯罪的，依法追究刑事责任。

二十三、《音像制品管理条例》第四十四条　有下列行为之一的，由出版行政部门、文化行政部门责令改正，给予警告；情节严重的，并责令停业整顿或者由原发证机关吊销许可证：

（一）音像出版单位未将其年度出版计划和涉及国家安全、社会安定等方面的重大选题报国务院出版行政部门备案的；

（二）音像制品出版、制作、复制、批发、零售、出租单位变更名称、地址、法定代表人或者主要负责人、业务范围等，未依照本条例规定办理审批、备案手续的；

（三）音像出版单位未在其出版的音像制品及其包装的明显位置标明本条例规定的内容的；

（四）音像出版单位未依照本条例的规定送交样本的；

（五）音像复制单位未依照本条例的规定留存备查的材料的；

（六）从事光盘复制的音像复制单位复制光盘，使用未蚀刻国务院出版行政部门核发的激光数码储存片来源识别码的注塑模具的。

◎细化标准：

有《音像制品管理条例》第四十四条所列违法行为的，按以下情况进行处罚：

1. 责令改正，给予警告；

2. 责令改正，给予警告后，仍拒不改正的，则责令停业整顿或者由原发证机关吊销许可证。

二十四、《江西省出版监督管理条例》第四十七条　非依照本条例第十八条规定确定的单位，从事中小学地方教材的出版、制作、印刷或者复制、发行业务的，由出版行政部门责令停止违法行为，没收出版物、违法所得，违法经营额 1 万元以上的，并处违法经营额 1 倍以上 3 倍以下的罚款；违法经营额不足 1 万元的，并处 5000 元以上 2 万元以下的罚款；情节严重的，责令限期停业整顿或者由原发证机关吊销许可证。

◎细化标准：

有《江西省出版监督管理条例》第四十七条所列违法行为的，由出版行政部门责令停止违法行为，没收出版物、违法所得，并按下列情况进行处罚：

一、违法经营额不足 1 万元的：

1. 违法经营额 5000 元以下的，处 5000 元罚款；

2. 违法经营额 5000 元以上 1 万元以下的，处 5000 元以上 2 万元以下罚款。

二、违法经营额 1 万元以上的：

1. 违法经营额 1 万元以上 5 万元以下的，处违法经营额 1 倍以上 2 倍以下罚款；

2. 违法经营额 5 万元以上 10 万元以下的，处违法经营额 2 倍以上 3 倍以下罚款；

3. 违法经营额 10 万元以上 15 万元以下的，处违法经营额 3 倍的罚款。

违法经营额数量巨大的、多次违规的或构成刑事犯罪的，责令 3 至 6 个月停业整顿或者由原发证机关吊销许可证。

二十五、《江西省出版监督管理条例》第四十八条　违反本条例第二十一条、第二十二条规定的，由出版行政部门责令停止违法行为，没收出版物、违法所得，违法经营额 1 万元以上的，并处违法经营额 5 倍以上 10 倍以下的罚款；违法经营额不足 1 万元的，并处 1 万元以上 5 万元以下的罚款；情节严重的，责令限期停业整顿或者由原发证机关吊销许可证；构成犯罪的，依法追究刑事责任。

◎细化标准：

有违反《江西省出版监督管理条例》第二十一条、第二十二条规定的，由出版行政部门责令停止违法行为，没收出版物、违法所得，并按下列情况进行处罚：

一、违法经营额不足 1 万元的：

1. 违法经营额 2000 元以下的，并处 1 万元的罚款；

2. 违法经营额 2000 元以上 5000 元以下的，并处 1 万元以上 3 万元以下的罚款；

3. 违法经营额 5000 元以上 1 万元以下的，并处 3 万元以上 5 万元以下的罚款。

二、违法经营额 1 万元以上的：

1. 违法经营额 1 万元以上 5 万元以下的，并处违法经营额 5 倍的罚款；

2. 违法经营额 5 万元以上 10 万元以下的，并处违法经营额 5 倍以上 7 倍以下的罚款；

3. 违法经营额 10 万元以上 15 万元以下的，并处违法经营额 7 倍以上 10 倍以下的罚款。

违法经营额数量巨大的、多次违规的或构成刑事犯罪的，责令 3 至 6 个月停业整顿或者由原发证机关吊销许可证。

二十六、《江西省出版监督管理条例》第四十九条　违反本条例第二十七条第三项至第六项规定的，由出版行政部门责令停止违法行为，没收出版物、违法所得，违法经营额 1 万元以上的，并处违法经营额 1 倍以上 3 倍以下的罚款；违法经营额不足 1 万元的，并处 5000 元以上 2 万元以下的罚款；情节严重的，责令限期停业整顿或者由原发证机关吊销许可证。

◎细化标准：

有《江西省出版监督管理条例》第二十七条第三项至第六项所列违法行为的，由出版行政部门责令停止违法行为、没收出版物、违法所得，并按下列情况进行处罚：

一、违法经营额不足 1 万元的：

1. 违法经营额 5000 元以下的，处 5000 元罚款；

2. 违法经营额 5000 元以上 1 万元以下的，处 5000 元以上 2 万元以下罚款。

二、违法经营额 1 万元以上的：

1. 违法经营额 1 万元以上 5 万元以下的，处违法经营额 1 倍以上 2 倍以下罚款；

2. 违法经营额 5 万元以上 10 万元以下的，处违法经营额 2 倍以上 3 倍以下罚款；

3. 违法经营额 10 万元以上 15 万元以下的，处违法经营额 3 倍的罚款。

违法经营额数量巨大的、多次违规的或构成刑事犯罪的，责令 3 至 6 个月停业整顿或者由原发证机关吊销许可证。

二十七、《江西省出版监督管理条例》第五十条　违反本条例第三十二条规定的，由出版行政部门责令停止违法行为，没收违法所得，并处 5000 元以上 2 万元以下的罚款；情节严重的，责令限期整顿或者吊销准印证。

◎细化标准：

有《江西省出版监督管理条例》第三十二条所列违法行为的，由出版行政部门责令改正，停止违法行为，没收违法所得，并按照以下情况处罚：

1. 违法经营额 2000 元以下的，并处 5000 元的罚款；

2. 违法经营额 2000 以上 5000 元以下的，并处 5000 元以上 1 万元以下的罚款；

3. 违法经营额 5000 元以上 10，000 元以下的，并处 1 万元以上 2 万元以下的罚款。

违法经营额数量巨大的、多次违规的或构成刑事犯罪的，责令 3 至 6 个月停业整顿或者吊销准印证。

二十八、《出版物市场管理规定》第四十四条　违反本规定发行非法出版物和新闻出版行政部门明令禁止出版、印刷或者复制、发行的出版物的，由新闻出版行政部门责令停止违法行为，没收违法发行的出版物和违法所得，违法经营额 1 万元以上的，并处违法经营额 5 倍以上 10 倍以下的罚款；违法经营额不足 1 万元的，并处 1 万元以上 5 万元以下的罚款；情节严重的，责令限期停业整顿或者由原发证部门吊销许可证。

◎细化标准：

有《出版物市场管理规定》第四十四条所列违法行为的，由新闻出版行政部门责令停止违法行为，没收违法发行的出版物和违法所得，并按下列情况处以罚款：

一、违法经营额不足 1 万元的：

1. 违法经营额 2000 元以下的，并处 1 万元的罚款；

2. 违法经营额 2000 元以上 5000 元以下的，并处 1 万元以上 3 万元以下的罚款；

3. 违法经营额 5000 元以上 1 万元以下的，并处 3 万元以上 5 万元以下的罚款。

二、违法经营额 1 万元以上的：

1. 违法经营额 1 万元以上 5 万元以下的，并处违法经营额 5 倍的罚款；

2. 违法经营额 5 万元以上 10 万元以下的，并处违法经营额 5 倍以上 7 倍以下的罚款；

3. 违法经营额 10 万元以上的，并处违法经营额 7 倍以上 10 倍以下的罚款。

违法经营额数量巨大的、多次违规的或构成刑事犯罪的，责令 3 至 6 个月停业整顿或者由原发证机关吊销许可证。

二十九、《出版物市场管理规定》第四十七条　有下列行为之一的，由新闻出版行政部门责令停止违法行为，予以警告，没收违法所得和违法发行的出版物，并处 3 千元以上 3 万元以下罚款：

（一）向无总发行权的单位转让或者变相转让出版物总发行权的；

（二）出版单位违反本规定第二十八条第二款的；

（三）出卖、出借、出租、转让《出版物经营许可证》的；

（四）不按规定履行审核登记手续的；

（五）擅自变更登记事项的；

（六）设立出版物出租单位或者其他单位、个人从事出版物出租业务未按本规定备案的；

（七）符合本规定要求的主办单位举办地方性或者跨省专业性出版物订货、展销活动未按本规定备案的。

◎细化标准：

有《出版物市场管理规定》第四十七条所列违法行为的，由新闻出版行政部门责令停止违法行为，予以警告，没收违法所得和违法发行的出版物，并可按照以下情况罚款：

1. 首次违规的，并处 3000 元罚款；

2. 再次违规的，并处 3000 元以上 1 万元以下罚款；

3. 多次违规的，并处 1 万元以上 3 万元以下罚款。

三十、《出版物市场管理规定》第四十八条　有下列行为之一的，由新闻出版行政部门责令停止违法行为，予以警告，没收违法所得和违法发行的出版物，并处 2000 元以上 2 万元以下罚款：

（一）张贴和散发有法律、法规禁止内容的或者有欺诈性文字的征订单、广告和宣传画的；

（二）搭配销售出版物和强行推销出版物的；

（三）《出版物经营许可证》没有在经营场所明显处张挂或者擅自涂改、复制许可证的；

（四）违反本规定第二十九条、第三十五条、第三十九条的；

（五）公开宣传、陈列、销售规定应由内部发行的出版物的。

◎细化标准：

有《出版物市场管理规定》第四十八条所列违法行为的，由新闻出版行政部门责令停止违法行为，予以警告，没收违法所得和违法发行的出版物，并可按照以下情况罚款：

1. 有（二）、（五）项所列行为违法经营额 5000 元以下的和其他项首次违法的，并处 3000 元罚款；

2. 有（二）、（五）项所列行为违法经营额 5000 元以上 1 万元以下的和其他项再次违法的，并处 3000 元以上 1 万元以下罚款；

3. 有（二）、（五）项所列行为违法经营额 1 万元以上的和其他项多次违法的，并处 1 万元以上 3 万元以下罚款。

三十一、《出版物市场管理规定》第四十九条　未经批准擅自设立出版物批发市场，按照擅自设立出版物发行单位处罚。未经批准擅自主办全国性出版物订货、展销活动或者不符合本规定要求的主办单位擅自主办地方性或者跨省专业性出版物订货、展销活动的，按照擅自从事出版物发行业务处罚。

◎细化标准：

有《出版物市场管理办法》第四十九条的所列违法行为的，由出版行政部门、工商行政管理部门依照法定职权予以取缔；依照刑法关于非法经营罪的规定，依法追究刑事责任；尚不够刑事处罚的，没收出版物、违法所得和从事违法活动的专用工具、设备；并按下列情况处以罚款：

一、违法经营额不足 1 万元的

1. 违法经营额 2000 元以下的，并处 1 万元的罚款。

2. 违法经营额 2000 元以上 5000 元以下的，并处 1 万元以上 3 万元以下的罚款。

3. 违法经营额 5000 元以上 1 万元以下的，并处 3 万元以上 5 万元以下的罚款。

二、违法经营额 1 万元以上的：

1. 违法经营额 1 万元以上 5 万元以下的，并处违法经营额 5 倍的罚款。

2. 违法经营额 5 万元以上 10 万元以下的，并处违法经营额 5 倍以上 7 倍以下的罚款。

3. 违法经营额 10 万元以上的，并处违法经营额 7 倍以上 10 倍以下的罚款。

三十二、《电子出版物出版管理规定》第六十二条　有下列行为之一的，由新闻出版行政部门责令改正，给予警告，可并处三万元以下罚款：

（一）电子出版物制作单位违反本规定第十七条，未办理备案手续的；

（二）电子出版物出版单位违反本规定第二十一条，未按规定使用中国标准书号或者国内统一连续出版物号的；

（三）电子出版物出版单位出版的电子出版物不符合国家的技术、质量标准和规范要求的，或者未按本规定第二十三条载明有关事项的；

（四）电子出版物出版单位出版境外著作权人授权的电子出版物，违反本规定第二十四条、第二十七条、第二十八条、第二十九条有关规定的；

（五）电子出版物出版单位与境外机构合作出版电子出版物，未按本规定第三十条办理选题审批手续的，未按本规定第三十二条将样盘报送备案的；

（六）电子出版物进口经营单位违反本规定第四十一条的；

（七）委托复制电子出版物非卖品违反本规定第四十二条的有关规定，或者未按第四十四条标明电子出版物非卖品统一编号的；

（八）电子出版物出版单位及其他委托复制单位违反本规定第四十五条至第四十九条的规定，委托未经批准设立的复制单位复制，或者未遵守有关复制委托书的管理制度的。

◎细化标准：

1. 有《电子出版物管理规定》第六十二条所列违法行为之一的，责令改正，给予警告；可并处 1 万元罚款；

2. 责令改正，给予警告后，仍拒不改正的，可并处 3 万元以下罚款。

三十三、《互联网出版管理暂行规定》第二十四条　未经批准，擅自从事互联网出版活动的，由省、自治区、直辖市新闻出版行政部门或者新闻出版总署予以取缔，没收从事非法出版活动的主要设备、专用工具及违法所得，违法经营额 1 万元以上的，并处违法经营额 5 倍以上 10 倍以下罚款；违法经营额不足 1 万元的，并处 1 万元以上 5 万元以下罚款。

◎细化标准：

有《互联网出版管理暂行规定》第二十四条所列违法行为的，由省、自治区、直辖市新闻出版行政部门或者新闻出版总署予以取缔，没收从事非法出版活动的主要设备、专用工具及违法所得，并按下列情况进行罚款：

一、违法经营额不足 1 万元的

1. 违法经营额 2000 元以下的，并处 1 万元的罚款。

2. 违法经营额 2000 元以上 5000 元以下的，并处 1 万元以上 3 万元以下的罚款。

3. 违法经营额 5000 元以上 1 万元以下的，并处 3 万元以上 5 万元以下的罚款。

二、违法经营额 1 万元以上的

1. 违法经营额 1 万元以上 5 万元以下的，并处违法经营额 5 倍的罚款。

2. 违法经营额 5 万元以上 10 万元以下的，并处违法经营额 5 倍以上 7 倍以下的罚款。

3. 违法经营额 10 万元以上的，并处违法经营额 7 倍以上 10 倍以下的罚款。

三十四、《互联网出版管理暂行规定》第二十五条　违反本规定第十二条的，由省、自治区、直辖市新闻出版行政部门或者新闻出版总署予以警告，并处 5000 元以上 5 万元以下罚款。

◎细化标准：

1. 出版机构，没有在其网站主页上标明新闻出版行政部门批准文号，予以警告，并处 5000 元以上 2 万元以下罚款。

2. 经过新闻出版行政部门通知予以警告后，仍拒不改正的，处 2 万元以上 5 万元以下罚款。

三十五、《互联网出版管理暂行规定》第二十六条　违反本规定第十六条的，责令停止登载或者发送未经备案的重大选题作品，由省、自治区、直辖市新闻出版行政部门或者新闻出版总署予以警告，并处 1 万元以上 5 万元以下罚款；情节严重的，责令限期停业整顿或者撤销批准。

◎细化标准：

1. 互联网出版机构未依照重大选题备案的规定办理备案手续，登载或者发送未经备案的涉及国家安全、社会安定等方面重大选题作品，责令停止登载或者发送，予以警告并处 1 万元以上 2 万元以下罚款；

2. 责令停止登载或者发送后，仍不执行的，予以警告并处 2 万元以上 5 万元以下罚款；

3. 责令停止登载或者发送后，拒不改正的，处 5 万元罚款。

违法经营额数量巨大的、多次违规或构成刑事犯罪的，责令 3 至 6 个月停业整顿或者撤销批准。

三十六、《互联网出版管理暂行规定》第二十七条　互联网出版机构登载或者发送本规定第十七条、第十八条禁止内容的，由省、自治区、直辖市新闻出版行政部门或者新闻出版总署没收违法所得，违法经营额 1 万元以上的，并处违法经营额 5 倍以上 10 倍以下罚款；违法经营额不足 1 万元的，并处 1 万元以上 5 万元以下罚款；情节严重的，责令限期停业整顿或者撤销批准。

◎细化标准：

有《互联网出版管理暂行规定》第二十七条所列违法行为的，由省、自治区、直辖市新闻出版行政部门或者新闻出版总署没收违法所得，并按以下情况进行处罚：

一、违法经营额不足 1 万元的：

1. 违法经营额 2000 元以下的，并处 1 万元的罚款；

附录 5　部分地区新闻出版（版权）行政处罚自由裁量标准和行政执法与刑事司法衔接制度

2. 违法经营额 2000 元以上 5000 元以下的，并处 1 万元以上 3 万元以下的罚款；

3. 违法经营额 5000 元以上 1 万元以下的，并处 3 万元以上 5 万元以下的罚款。

二、违法经营额 1 万元以上的：

1. 违法经营额 1 万元以上 5 万元以下的，并处违法经营额 5 倍的罚款；

2. 违法经营额 5 万元以上 10 万元以下的，并处违法经营额 5 倍以上 7 倍以下的罚款；

3. 违法经营额 10 万元以上的，并处违法经营额 7 倍以上 10 倍以下的罚款。

违法经营额数量巨大的、多次违规的或构成刑事犯罪的，责令 3 至 6 个月停业整顿或者撤销批准。

三十七、《音像制品制作管理规定》第二十七条　音像制作单位有下列行为之一的，由出版行政部门责令改正，给予警告；情节严重的，并处 3 万元以下的罚款：

（一）法定代表人或者主要负责人未按本规定参加岗位培训的；

（二）未按本规定填写制作或者归档保存制作文档记录的；

（三）接受非出版单位委托制作音像制品，未依照本规定验证委托单位的有关证明文件的或者未依照本规定留存备查材料的；

（四）未经授权将委托制作的音像制品提供给委托方以外的单位或者个人的；

（五）制作的音像制品不符合国家有关质量、技术标准和规定的；

（六）未依照有关规定参加年度核验的。

◎细化标准：

1. 有《音像制品制作管理规定》第二十七条所列违法行为之一的，责令改正，给予警告；

2. 责令改正，给予警告后，仍拒不改正的，可并 3 万元以下罚款。

三十八、《内部资料性出版物管理办法》第十二条　委印单位有下列行为之一的，由省、自治区、直辖市人民政府规定的县级以上地方人民政府负责新闻出版的行政部门根据情节轻重，给予警告，或者处 1 千元以下的罚款；以营利为目的从事下列行为的，处 3 万元以下罚款：

（一）委印单位未经省、自治区、直辖市新闻出版局批准委印内部资料性出版物的；

（二）委印单位委托非出版物印刷企业印刷内部资料性出版物的；

（三）委印单位违反本办法第五条、第六条规定，委印内部资料性出版物的；

（四）委印本办法第七条禁止内容的内部资料性出版物的；

（五）其他违反有关规定的。

◎细化标准：

1. 有《内部资料性出版物管理办法》第十二条第（一）项所列违法行为的，由出版行政部门给予警告，处 1000 元罚款；如以营利为目的，处 2 万元以上 3 万元以下罚款；

2. 有《内部资料性出版物管理办法》第十二条第（二）项所列行为的，由出版行政部门给予警告；

3. 有《内部资料性出版物管理办法》第十二条第（三）项所列行为、违反本办法第五条规定的，由出版行政部门给予警告，并处1千元罚款；如以营利为目的，处1万元罚款；

4. 有《内部资料性出版物管理办法》第十二条第（三）项所列行为、违反本办法第六条规定的，由出版行政部门给予警告，并处1万元罚款；

5. 有《内部资料性出版物管理办法》第十二条第（四）项所列行为的，由出版行政部门给予警告，并处2万元以上3万元以下罚款。

三十九、《内部资料性出版物管理办法》第十三条　出版物印刷企业未按本规定承印内部资料性出版物及违反其他有关规定的，由省、自治区、直辖市人民政府规定的县级以上地方人民政府负责新闻出版的行政部门根据情节轻重，给予警告，有违法所得的处3万元以下罚款，无违法所得的处1万元以下罚款。

◎细化标准：

有《内部资料性出版物管理办法》第十三条所列违法行为的，由省、自治区、直辖市人民政府规定的县级以上地方人民政府负责新闻出版的行政部门根据情节轻重，给予警告，并按下列情况进行处罚：

一、无违法所得的：

1. 违规印刷内部资料性出版物500册以下的，处2000元的罚款；

2. 违规印刷内部资料性出版物500册以上1000册以下的，处2000元以上5000元以下的罚款；

3. 违规印刷内部资料性出版物1000册以上的，处5000元以上1万元以下的罚款。

二、有违法所得的：

1. 违规印刷内部资料性出版物500册以下的，处1万元罚款；

2. 违规印刷内部资料性出版物500册以上1000册以下的，处1万元以上2万元以下的罚款；

3. 违规印刷内部资料性出版物1000册以上的，处2万元以上3万元以下的罚款。

四十、《报纸出版管理规定》第六十三条　报纸出版单位有下列行为之一的，由新闻出版总署或者省、自治区、直辖市新闻出版行政部门给予警告，并处3万元以下罚款：

（一）报纸出版单位变更单位地址、法定代表人或者主要负责人、承印单位，未按照本规定第十九条报送备案的；

（二）报纸休刊，未按照本规定第二十条报送备案的；

（三）刊载损害公共利益的虚假或者失实报道，拒不执行新闻出版行政部门更正命令的；

（四）在其报纸上发表新闻报道未登载作者真实姓名的；

（五）违反本规定第二十七条发表或者摘转有关文章的；

（六）未按照本规定第三十一条刊登报纸版本记录的；

（七）违反本规定第三十二条，"一号多版"的；

（八）违反本规定第三十三条，出版不同开版的报纸或者部分版页单独发行的；

（九）违反本规定关于出版报纸专版、专刊、增期、号外的规定的；

（十）报纸刊登广告未在明显位置注明"广告"字样，或者以新闻形式刊登广告的；

（十一）刊登有偿新闻或者违反本规定第三十九条其他规定的；

（十二）违反本规定第四十三条，以不正当竞争行为开展经营活动或者利用权力摊派发行的。

◎细化标准：

有《报纸出版管理规定》第六十三条所列违规行为之一的，由新闻出版行政部门给予警告，并可按照以下情况处以罚款：

1. 有第（一）项至第（六）项所列违规行为的，处以5000元以下罚款；

2. 有第（七）项至第（十二）项所列违规行为的，处以5000元以上3万元以下罚款。

四十一、《期刊出版管理规定》第六十二条　期刊出版单位有下列行为之一的，由新闻出版总署或者省、自治区、直辖市新闻出版行政部门给予警告，并处3万元以下罚款：

（一）期刊出版单位变更期刊开本、法定代表人或者主要负责人、在同一登记地内变更地址，未按本规定第十九条报送备案的；

（二）期刊休刊未按本规定第二十条报送备案的；

（三）刊载损害公共利益的虚假或者失实报道，拒不执行新闻出版行政部门更正命令的；

（四）公开发行的期刊转载、摘编内部发行出版物内容的；

（五）期刊转载、摘编互联网上的内容，违反本规定第二十八条第二款的；

（六）未按照本规定第三十一条刊载期刊版本记录的；

（七）违反本规定第三十二条关于期刊封面标识的规定的；

（八）违反本规定第三十三条，"一号多刊"的；

（九）出版增刊违反本规定第三十四条第三款的；

（十）违反本规定第三十五条制作期刊合订本的；

（十一）刊登有偿新闻或者违反本规定第三十八条其他规定的；

（十二）违反本规定第四十一条，以不正当竞争行为开展经营活动或者利用权力摊派发行的。

◎细化标准：

有《期刊出版管理规定》第六十二条所列违规行为之一的，由新闻出版行政部门给予警告，并可按照以下情况处以罚款：

1. 有第（一）项至第（六）项所列违规行为的，可处以5000元以下罚款。

2. 有第（七）项至第（十二）项所列违规行为的，处以5000元以上3万元以下罚款。

四十二、《报社记者站管理办法》第二十八条　报社未经批准擅自设立记者站或类似记者站的办事处、通联站、工作站等机构的，其他组织或者个人擅自设立记者站或者类似记者站的办事处、通联站、工作站等机构或者假冒、盗用记者站名义进行活动的，由新闻出版行政部门予以取缔，给予3万元以下罚款。

◎细化标准：

有《报社记者站管理办法》第二十八条所列违规行为的，由新闻出版行政部门予以取缔，并可按以下情况处以罚款：

1. 有违法所得的，处 2 万元以上 3 万元以下的罚款；

2. 无违法所得的，处 1 万元以下的罚款。

四十三、《报社记者站管理办法》第二十九条　报社记者站驻站记者超过本办法规定人数以及将记者站设在或者变相设在党政机关的，由新闻出版行政部门责令改正，给予 2 万元以下罚款。

◎细化标准：

有《报社记者站管理办法》第二十九条所列违规行为的，由新闻出版行政部门责令改正，并可按照以下情况处以罚款：

1. 报社记者站驻站记者人数超过 5 人的，或者记者站设在党政机关的，可处以 1 万元以下罚款；

2. 报社记者站驻站记者人数超过 5 人，记者站设在党政机关，且记者站人员由党政机关人员兼任的，可处以 1 万元以上 2 万元以下罚款。

四十四、《报社记者站管理办法》第三十一条　记者站擅自设立分支机构的，由所在地新闻出版行政部门责令停止违法行为，给予警告，并处 2 万元以下罚款；情节严重的，由登记机关注销其登记。

◎细化标准：

有违反《报社记者站管理办法》第三十一条所列违规行为的，由新闻出版行政部门责令停止违法行为，给予警告，并可按照以下情况处以罚款，情节严重的，由登记机关注销其登记：

1. 记者站擅自设立的分支机构，未从事广告、发行、拉赞助等经济行为的，处以 1 万元以下罚款；

2. 借采编工作名义从事广告、发行、拉赞助等经营行为的，处以 1 万元以上 2 万元以下罚款；

3. 从事经营活动，或者有敲诈勒索行为的，可由登记机关注销其登记。

四十五、《图书质量管理规定》第十八条　对于印制质量不合格的图书，出版单位必须及时予以收回、调换。

出版单位违反本规定继续发行印制质量不合格图书的，由省级以上新闻出版行政部门按照《中华人民共和国产品质量法》第五十条的规定处理。

◎细化标准：

有《图书质量管理规定》第十八条违规行为的，由省级以上新闻出版行政部门按照《中华人民共和国产品质量法》第五十条的规定处理，并按下列情况进行处罚：

一、无违法所得的：

1. 印制质量不合格图书码洋不足 1 万元的，并处码洋百分之五十的罚款。

2. 印制质量不合格图书码洋 1 万元以上 10 万元以下的，并处码洋 1 倍以上 2 倍以下的罚款。

3. 印制质量不合格图书码洋 10 万元以上的，处码洋 2 倍以上 3 倍以下的罚款。

4. 印制质量不合格图书码洋 15 万元以上的，并处码洋 3 倍的罚款；并可责令 3 至 6 个月停业整顿或由原发证机关吊销许可证。

二、有违法所得的：

1. 印制质量不合格图书码洋不足 1 万元的，并处码洋百分之五十的罚款。

2. 印制质量不合格图书码洋 1 万元以上 10 万元以下的，并处码洋 1 倍以上 2 倍以下的罚款。

3. 印制质量不合格图书码洋 10 万元以上的，并处码洋 2 倍以上 3 倍以下的罚款。

4. 印制质量不合格图书码洋 15 万元以上的，并处码洋 3 倍的罚款；并可责令 3 至 6 个月停业整顿或者由原发证机关吊销许可证。

四十六、《中华人民共和国宗教事务条例》第四十二条 涉及宗教内容的出版物有本条例第七条第二款禁止内容的，对相关责任单位及人员由有关主管部门依法给予行政处罚；构成犯罪的，依法追究刑事责任。

◎细化标准：

有宗教内容的出版物有《中华人民共和国宗教事务条例》第七条第二款禁止内容的，触犯刑律的，依照刑法有关规定，依法追究刑事责任；尚不够刑事处罚的，由出版行政部门责令限期停业整顿，没收出版物、违法所得。并按下列情况处以罚款：

一、违法经营额不足 1 万元的：

1. 违法经营额 2000 元以下的，并处 1 万元的罚款；

2. 违法经营额 2000 元以上 5000 元以下的，并处 1 万元以上 3 万元以下的罚款；

3. 违法经营额 5000 元以上 1 万元以下的，并处 3 万元以上 5 万元以下的罚款。

二、违法经营额 1 万元以上的：

1. 违法经营额 1 万元以上 5 万元以下的，并处违法经营额 5 倍的罚款；

2. 违法经营额 5 万元以上 10 万元以下的，并处违法经营额 5 倍以上 7 倍以下的罚款；

3. 违法经营额 10 万元以上的，并处违法经营额 7 倍以上 10 倍以下的罚款。

四十七、《图书出版管理规定》第五十一条 图书出版单位有下列行为之一的，由新闻出版总署或者省、自治区、直辖市新闻出版行政部门给予警告，并处 3 万元以下罚款：

（一）未按规定使用中国标准书号或者全国统一书号、图书条码、图书在版编目数据的；

（二）图书出版单位违反本规定第二十八条的；

（三）图书出版单位擅自在境内与境外出版机构开展合作出版，在合作出版的图书上双方共同署名的；

（四）未按规定载明图书版本记录事项的；

（五）图书出版单位委托非依法设立的出版物印刷单位印刷图书的，或者未按照国家规定使用印刷委托书的。

◎**细化标准：**

有《图书出版管理规定》第五十一条所列违规行为的，由新闻出版总署或者省、自治区、直辖市新闻出版行政部门给予警告，并按下列情况进行罚款：

1. 未按规定使用中国标准书号或者全国统一书号、图书条码、图书在版编目数据的，并处1万元以上2万元以下罚款；

2. 图书出版单位违反《图书出版管理规定》第二十八条的，并处2万元以上3万元以下罚款；

3. 图书出版单位擅自在境内与境外出版机构开展合作出版，在合作出版的图书上双方共同署名的，并处3万元以下的罚款；

4. 未按规定载明图书版本记录事项的，并处1万元以下的罚款；

5. 图书出版单位委托非依法设立的出版物印刷单位印刷图书的，或者未按照国家规定使用印刷委托书的，并处1万元以上2万元以下罚款。

江西省新闻出版局　　江西省版权局

二OO八年十二月十八日

2. 浙江省新闻出版局（版权局）关于规范行使行政处罚自由裁量权的指导意见

浙江省新闻出版局（版权局）关于规范行使处罚自由裁量权的指导意见

第一条　为规范我省新闻出版、版权行政执法行为，正确行使行政处罚自由裁量权，全面推进依法行政工作，根据《中华人民共和国行政处罚法》等有关法律、法规和规章的规定，结合我省新闻出版、版权行政执法的实际，特制定本意见。

第二条　全省各级新闻出版、版权行政执法部门在实施行政处罚时行使自由裁量权的，适用本意见。

第三条　本意见所指行政处罚自由裁量权，是指全省新闻出版、版权行政执法部门在实施行政处罚时，在法律、法规和规章规定的处罚种类、处罚幅度内，综合考虑违法行为的事实、性质、情节、手段、后果、改正措施等因素，合理确定处罚种类、处罚幅度和期限等的权限。

规范行政处罚自由裁量权是指通过细化、量化行政处罚裁量权，建立行政处罚裁量标准制度，促进行政执法部门严格、公正、文明执法，从源头上减少和防止滥用行政处罚自由裁量权的行为，预防和减少行政争议的发生。

第四条　省新闻出版局（版权局）负责确定应当细化、量化裁量权的新闻出版和版权行政处罚项目（简称"省定项目"），由各市、县（市、区）新闻出版和版权行政执法部门负责对省定项目，按照本意见制定具体的细化、量化的规范标准和适用原则，作为行使行政处罚裁量权的依据。

各市、县（市、区）新闻出版和版权行政执法部门可根据当地实际，在省定项目的基础上，进一步确定其他需要细化、量化裁量权的新闻出版和版权行政处罚项目（简称"自定项目"），并按照本意见制定具体的细化、量化的规范标准和适用原则，作为行使行政处罚裁量权的依据。

各设区市新闻出版和版权行政执法部门可根据当地实际，对省定项目和自定项目制定全市（含所属县市区）统一的行政处罚自由裁量权规范标准和制度。

各级新闻出版和版权行政执法部门应逐级上报备案和向社会公布本地区、本单位规范行政处罚自由裁量权的项目、标准、制度。

第五条　行使行政处罚自由裁量权，应当遵循以下原则：

（一）过罚相当原则。实施行政处罚必须以事实为依据，以法律为准绳，在行使自由裁量权时应当综合考虑违法行为的事实、性质、情节以及造成的社会危害程度等情况，作出的行政处罚种类和处罚幅度要与违法行为的性质和过错程度相适应。

（二）效力层次原则。对于违法行为的处罚，应当遵循上位法优于下位法、特别法优于一般法、新法优于旧法的适用原则。

（三）公平公正原则。对于同一时期、同一区域、同类主体、事实相似、性质相同、情节相近、危害后果相当的违法行为，实施行政处罚适用的法律依据、处罚种类及处罚幅度应当基本相同。

（四）程序正当原则。在行使行政处罚自由裁量权时，必须遵循法定程序，充分听取当事人的意见，依法保障当事人的知情权、陈述权、申辩权和救济权。

（五）综合裁量原则。在行使行政处罚自由裁量权时，应当综合、全面分析违法行为的主体、客体、主观方面、客观方面及社会危害后果等因素，依法、合理地作出相应的处罚决定。

（六）惩教结合原则。在行使行政处罚自由裁量权时，既要制裁违法行为，又要教育、感化和警示行政相对人自觉守法，维护法律尊严。对情节轻微的违法行为以教育为主、处罚为辅。

第六条　法律、法规、规章规定的处罚种类可以单处或者可以并处的，处罚机关应当按照立法原则、目的、精神和本意见，选择确定处罚种类，可单处或者并处；规定应当并处的，不得选择单处。

第七条　法律、法规、规章设定的罚款处罚数额、责令行政相对人改正或限制其行使权利的时限有一定幅度的，处罚机关应当按照立法原则、目的、精神和本意见，在幅度范围内进行裁量处罚。

第八条　按违法情节，对违法行为划分为法定不予处罚、从轻或者减轻处罚、一般处罚、从重处罚。

第九条　当事人有下列情形之一的，不予行政处罚：

（一）违法行为人不满十四周岁的；

（二）精神病人在不能辨认或者不能控制自己行为时有违法行为的；

（三）违法行为轻微并及时纠正，没有造成危害后果的；

（四）法律、法规、规章规定不行政处罚的。

第十条　当事人有下列情形之一的，应当依法从轻或者减轻行政处罚：

（一）违法行为人已满十四周岁不满十八周岁的；

（二）主动消除或者减轻违法行为危害后果的；

（三）受他人胁迫、诱骗、教唆实施违法行为的；

（四）积极配合行政执法部门查处违法行为有立功表现的；

（五）法律、法规、规章规定的其他应当从轻或者减轻行政处罚的情形。

第十一条　当事人有下列情形之一的，可以依法从轻或者减轻行政处罚：

（一）能够主动改正或者及时中止违法行为的；

（二）违法行为社会危害性影响较小，或者尚未产生社会危害后果的；

（三）在共同违法行为中起次要或者辅助作用的；

（四）因残疾或者下岗失业等原因，生活确实困难的人有违法行为的。

第十二条　当事人有下列情形之一的，应当依法从重处罚：

（一）严重危害公共安全或者严重扰乱社会管理秩序的；

（二）严重损害国家利益、社会公共利益、群众利益或者造成严重后果的；

（三）多次实施违法行为，或者在违法行为被行政处罚后继续实施同一违法行为的；

（四）被警告后继续实施违法行为的；

（五）为首组织或者聚众违法的；

（六）拒不停止、纠正违法行为和不在限期内改正或采取补救措施的；

（七）胁迫、诱骗或者教唆他人实施违法行为的；

（八）违法手段恶劣，妨碍、逃避或者抗拒执法人员检查、执法的；

（九）擅自转移、隐匿已被采取行政强制措施的物品的；

（十）拒不接受调查，或者在接受调查时故意隐瞒事实、提供虚假情况或材料、销毁或篡改有关证据材料的；

（十一）对证人、举报人实施打击报复的；

（十二）法律、法规、规章规定的其他应当从重处罚的情形。

第十三条　当事人的违法行为不具备或不符合不予处罚、减轻或从轻处罚、从重处罚情节的，应当对其予以一般处罚。

同时具有从轻或者减轻、从重情节的，可适用一般情节量罚。

第十四条　违法行为涉嫌构成刑事犯罪的，必须及时移送司法机关。

第十五条　对违法情形较复杂、量罚情节的适用不易把握或存有较大分歧，或者执法中遇到新情况、新问题需对量罚情节或具体裁量意见作较大幅度调整的，应当对案件进行集体审议，并做好集体审议记录。

第十六条　办案机构提出的案件处理意见，必须经本机关法制工作机构审核。

第十七条　办案机构建议采取不予行政处罚、减轻处罚、从轻处罚、从重处罚的，法制机构要审查是否说明理由并附相关的证据材料。如未说明理由并附相关的证据材料，或者相应的证据材料不足，法制机构应退回办案机构补正，或者建议办案机构改变处罚建议。办案机构不予补正或者不改变处罚建议的，法制机构可根据案件证据材料直接变更处理意见。

第十八条　处罚机关在作出行政处罚决定前，应当向当事人说明行政处罚裁量的事实、法律依据和具体理由，认真听取当事人的陈述和申辩，采纳合理要求，作出的行政处罚决定书中应载明给予从轻、减轻、从重处罚的理由和依据。

第十九条 执法部门应当定期对本部门作出的行政处罚案件进行复查，发现自由裁量权行使不当的，应当及时主动予以纠正。

第二十条 有下列情形之一的，构成执法过错，依照相关规定追究有关人员的过错责任：

（一）因行使自由裁量权不当，造成行政处罚案件被人民法院终审判决撤销、变更或者确认违法的；

（二）因行使自由裁量权不当，造成行政处罚案件被复议机关撤销、变更或者确认违法的；

（三）行政处罚案件在行政执法检查中被确认为自由裁量权行使不当的；

（四）因行使自由裁量权不当，给当事人造成重大损失，或者在社会上造成不良影响的。

第二十一条 各级新闻出版和版权行政部门要建立健全实施行政处罚自由裁量权工作的监督机制和相关配套制度，将行政处罚自由裁量权规范工作纳入本部门行政执法责任制的工作范围。

要加强对本级或下级新闻出版和版权行政执法部门行使行政处罚自由裁量权情况的监督检查，及时发现和解决问题。在案卷评查、依法行政工作考核中，应当将行政处罚自由裁量权实施情况纳入评比、考核范围。

要加强对执法人员规范行使自由裁量权的培训考核，不断提高行政处罚规范化水平，准确行使行政处罚自由裁量权。

第二十二条 新颁布的法律、法规、规章涉及新闻出版和版权行政处罚的，各级新闻出版和版权行政执法部门应当及时进行梳理并规范行使裁量权；需要对已实施的裁量权规范进行修改或调整的，应当根据实施情况及时予以修改或调整。

第二十三条 本意见自发布之日起施行。

第二十四条 本意见由浙江省新闻出版局（版权局）负责解释。

浙江省规范新闻出版和版权行政处罚裁量权项目表

序号	处罚项目	处罚依据及条款	适用条件	裁量标准	备注
1	未经批准，擅自设立出版物的出版、印刷或者复制、进口、发行单位，或者擅自从事出版物的出版、印刷或者复制、进口、发行业务，假冒出版单位名称或者伪造、假冒报纸、期刊名称出版出版物，尚不够刑事处罚的	《出版管理条例》第五十五条			

附录5　部分地区新闻出版（版权）行政处罚自由裁量标准和行政执法与刑事司法衔接制度

续表

序号	处罚项目	处罚依据及条款	适用条件	裁量标准	备注
2	发行非法出版物和新闻出版行政部门明令禁止出版、印刷或者复制、发行的出版物的	《出版物市场管理规定》第四十四条			
3	超出新闻出版行政部门核准的经营范围、经营地点经营的	《出版物市场管理规定》第四十七条第（五）项			
4	有下列行为之下，且尚不够刑事处罚的：出版、进口含有《出版管理条例》第二十六条、第二十七条禁止内容的出版物的；明知或者应知出版物含有《出版管理条例》第二十六条、第二十七条禁止内容而印刷或者复制、发行的；明知或者应知他人出版含有《出版管理条例》第二十六条、第二十七条禁止内容的出版物而向其出售或者以其他形式转让本出版单位的名称、书号、刊号、版号、版面，或者出租本单位的名称、刊号的	《出版管理条例》第五十六条			
5	《出版物经营许可证》没有在经营场所明显处张挂或者擅自涂改、复制许可证的	《出版物市场管理规定》第四十八条			
6	批发、零售、出租、放映非音像出版单位出版的音像制品或者非音像复制单位复制的音像制品的	《音像制品管理条例》第四十五条			

附录 5 部分地区新闻出版（版权）行政处罚自由裁量标准和行政执法与刑事司法衔接制度

续表

序号	处罚项目	处罚依据及条款	适用条件	裁量标准	备注
7	出版含有禁止内容的音像制品，或者制作、复制、批发、零售、出租、放映明知或者应知含有禁止内容的音像制品，尚不够刑事处罚的	《音像制品管理条例》第四十条			
8	未经批准，擅自设立音像制品出版、制作、复制、进口、批发、零售单位，擅自从事音像制品出版、制作、复制业务或者进口、批发、零售经营活动，尚不够刑事处罚的	《音像制品管理条例》第三十九条、《国务院关于第五批取消和下放管理层级行政审批项目的决定》（国发〔2010〕21 号）			
9	通过信息网络擅自向公众提供他人的作品、表演、录音录像制品，同时损害公共利益的	《信息网络传播权保护条例》第十八条			
10	为扶助贫困通过信息网络向农村地区提供作品、表演、录音录像制品超过规定范围，损害公共利益的	《信息网络传播权保护条例》第十八条			
11	为扶助贫困通过信息网络向农村地区提供作品、表演、录音录像制品未按照公告的标准支付报酬，损害公共利益的	《信息网络传播权保护条例》第十八条			
12	为扶助贫困通过信息网络向农村地区提供作品、表演、录音录像制品在权利人不同意提供其作品、表演、录音录像制品后未立即删除，损害公共利益的	《信息网络传播权保护条例》第十八条			

附录5 部分地区新闻出版（版权）行政处罚自由裁量标准和行政执法与刑事司法衔接制度

续表

序号	处罚项目	处罚依据及条款	适用条件	裁量标准	备注
13	通过信息网络擅自提供他人的作品、表演、录音录像制品，获得经济利益的	《信息网络传播权保护条例》第十九条			技术措施，是指用于防止、限制未经权利人许可浏览、欣赏作品、表演、录音录像制品的或者通过信息网络向公众提供作品、表演、录音录像制品的有效技术、装置或者部件
14	故意制造、进口主要用于避开、破坏技术措施的装置或者部件的	《信息网络传播权保护条例》第十九条、第二十六条			
15	向他人提供主要用于避开、破坏技术措施的装置或者部件的	《信息网络传播权保护条例》第十九条、第二十六条			
16	故意为他人避开或者破坏技术措施提供技术服务的	《信息网络传播权保护条例》第十九条、第二十六条			

3. 广东省新闻出版、版权行政执法与刑事司法相衔接联络员工作办法

广东省新闻出版、版权行政执法与刑事司法相衔接联络员工作办法

第一条 为了贯彻落实省人民检察院、省整顿和规范市场经济秩序领导小组办公室等12部门联合下发的《关于建立行政执法与刑事司法相衔接工作机制的意见》，加强各地行政执法的信息通报和法制监督，促进行政机关及其工作人员严格依法行政，特制定本办法。

第二条 各地级以上市新闻出版、版权行政管理部门确定一名科级干部担任联络员，联络员所在岗位与执法工作有关，能够反映本地区、本部门行政执法状况，有一定文字及信息采集能力。联络员因工作岗位变动，应及时更换调整，并报备案。

第三条 联络员工作职责和工作内容：

（一）负责宣传我国关于行政执法与刑事司法衔接工作的法律、法规及相关政策文件。

（二）组织开展对本地区新闻出版、版权文化综合执法渎职犯罪的预防工作。

（三）督促指导涉嫌犯罪案件的移送工作。

（四）收集、整理、传递本地区行政执法信息及重大典型案例。

（五）及时反馈文化综合执法过程中存在的问题及意见、建议。

（六）按时参加联络员会议，并通报本地区执行行政执法与刑事司法衔接工作情况。

（七）向所在单位领导汇报联络员会议精神，提出落实意见、建议。

第四条 联络员会议制度：

（一）联络员会议分为年度会议、临时会议。年度会议每年召开一次。

年度会议的内容为：分析全省新闻出版、版权行政执法与刑事司法工作形势，提出行政执法特别是案件移送过程中存在问题及意见和建议，研究加强和改进联络员工作的事项。年度会议由全体联络员参加。

重大工作需要部署的可召开临时会议。临时会议的议题是：通报重大案件情况，研究相关措施，部署和安排重要工作。临时会议可由重大案件发生地的部分联络员或全体联络员参加。

（二）每次会议的具体时间、地点和其他有关事项以通知为准。

（三）联络员因故不能参加联络员会议，应委派相关人员参加。

第五条 联络员信息上报制度：

（一）各地区联络员每季度最后一周向省局政策法规处书面报送《行政执法案件统计表》。

（二）重大、典型案件随时上报，包括案件名称、发案地点、涉案金额、立案时间、处理结果并形成书面材料。

（三）省局将通过文件、简报、政务信息网等方式向联络员传递有关信息，保持日常联系。

（四）各单位应为联络员工作创造一定条件，保证相关信息及时准确反馈省局。根据工作需要，联络员可查阅有关文件和资料，了解案件办理情况。

第六条 联络员对案件审理、案件移送及相关统计数据，按照保密相关制度执行。

第七条 本办法执行情况，由省局政策法规处考核，考核结果在联络员会议上通报。

第八条 本办法自公布之日起执行。

4. 四川省新闻出版版权行政执法机关移送涉嫌犯罪案件实施办法

新闻出版版权行政执法机关移送涉嫌犯罪案件实施办法

第一条 为加强新闻出版版权行政执法与刑事司法衔接工作，及时将涉嫌犯罪案件移送司法机关追究刑事责任，根据国务院《行政执法机关移送涉嫌犯罪案件的规定》，制定本实施办法。

第二条 本办法适用于省内新闻出版版权执法机关及其行政执法活动。

新闻出版版权执法机关，指各级新闻出版版权行政管理部门、承担新闻出版版权行政执法职能的文化综合执法机构。

第三条　新闻出版版权执法机关在依法查处违法行为过程中，发现违法事实涉及的金额、违法事实的情节、违法事实造成的后果等，涉嫌构成犯罪、依法需要追究刑事责任的，应当依照本办法向公安机关移送，不得以罚代刑。

第四条　新闻出版版权执法机关查处的涉嫌犯罪案件，原则上向同级公安机关移送。

第五条　达到以下标准的涉嫌犯罪案件应当移送：

（一）非法经营案件。违反国家规定，出版、印刷、复制、发行非法出版物，涉嫌下列情形之一的，应当移送：

（1）个人非法经营数额在5万元以上的，单位非法经营数额在15万元以上的；

（2）个人违法所得数额在2万元以上的，单位违法所得数额在5万元以上的；

（3）个人非法经营报纸5000份或者期刊5000本或者图书2000册或者音像制品、电子出版物500张（盒）以上的，单位非法经营报纸15000份或者期刊15000本或者图书5000册或者音像制品、电子出版物1500张（盒）以上的。

（二）侵犯著作权案件。以营利为目的，有下列侵犯著作权情形之一的，应当移送：

（1）个人违法所得数额在5万元以上，单位违法所得数额在20万元以上的；

（2）因侵犯著作权曾经2次以上被追究行政责任或者民事责任，两年内又实施刑法第217条所列侵犯著作权行为之一的；

（3）个人非法经营数额在20万元以上，单位非法经营数额在100万元以上的；

（4）造成其他严重后果的。

（三）销售侵权复制品案件。以营利为目的，销售明知是《刑法》第217条规定的侵权复制品，有下列情形之一的，应当移送：

（1）非法经营数额在五万元以上的；

（2）未经著作权人许可，复制发行其文字作品、音乐、电影、电视、录像作品、计算机软件及其他作品，复制品数量合计在1000张（份）以上的；

（3）其他情节严重的情形。

第六条　向公安机关移送涉嫌犯罪案件，应当附有下列材料：

（一）涉嫌犯罪案件移送书；

（二）涉嫌犯罪案件情况的调查报告；

（三）涉案物品清单；

（四）有关检验报告或者鉴定结论；

（五）其他有关涉嫌犯罪的材料。

第七条　新闻出版版权执法机关在执法中发现的明显或者可能涉嫌犯罪的案件，在收集证明达到行政处罚标准证据的同时，应收集证明达到刑事追究标准的证据。在检查、查封和扣押涉案物品时应做好详细登记，及时对涉案物品进行检验鉴定，妥善保存执法和办案中收集的物证、书证、视听资料、电子数据等证据材料。

第八条　移送涉嫌犯罪案件时，案件承办部门应当指定2名以上行政执法人员，核实情况后提出移送涉嫌犯罪案件书面报告，经本机关法制部门审核，报经本机关负责人批准。

作出移送决定的，案件承办部门应当在24小时内向同级公安机关移交案件全部材料，同时将案件移送书及有关材料目录抄送同级人民检察院。

现场查获的涉案货值或者案件其他情节明显达到刑事追诉标准、涉嫌犯罪的，应当立即向公安机关通报，必要时可开展联合执法，商请公安机关提前介入或立即移送公安机关查处。

案件移送部门应当要求公安机关在送达回证上签字、盖章，不得以其他任何方式作移交或接收的意思表示。

第九条　对公安机关决定立案的案件，新闻出版版权执法机关应当自接到立案通知书之日起 3 日内将涉案物品以及与案件有关的其他材料移交公安机关，并办结交接手续。

第十条　对公安机关不立案决定有异议的，新闻出版版权执法机关在接到不立案通知书后的 3 日以内，可以向作出不立案决定的公安机关提请复议，也可以建议同级人民检察院依法进行立案监督。对公安机关不立案的复议决定仍有异议的，可以在接到复议决定书后的 3 日以内，建议同级人民检察院依法进行立案监督。

第十一条　在移送案件时已经作出行政处罚决定的，应当将行政处罚决定书一并抄送公安机关、人民检察院；未作出行政处罚决定的，应当在公安机关决定不予立案或者撤销案件、人民检察院作出不起诉决定、人民法院作出无罪判决或者免予刑事处罚后，再决定是否给予行政处罚。

移送时已作出警告、责令停产停业、暂扣或吊销许可证的行政处罚决定，不停止执行。

第十二条　公安机关对发现的违法行为，不需要追究刑事责任而应当依法追究行政责任、移送新闻出版版权执法机关的案件，有关新闻出版版权执法机关应当依法作出处理，应将处理结果书面告知公安机关和人民检察院。

第十三条　对案情复杂、疑难，性质难以认定的案件，新闻出版版权执法机关可以向公安机关、人民检察院咨询。公安机关立案后依法提请新闻出版版权执法机关作出鉴定、认定等协助的，新闻出版版权执法机关应当予以协助。

第十四条　在查处违法行为过程中，发现国家工作人员涉嫌行政执法违法、贪污贿赂、渎职侵权等线索的，应当根据案件的性质，及时向监察机关或者人民检察院移送。

第十五条　在查处违法行为过程中，发现危害国家安全犯罪案件线索，参照《行政执法机关移送涉嫌犯罪案件的规定》，依法向国家安全机关移送。

第十六条　本办法由省新闻出版局负责解释。

第十七条　本办法自印发之日起施行。

5. 江西省行政执法与刑事司法衔接工作办法

江西省行政执法与刑事司法衔接工作办法

第一章　总则

第一条　为贯彻落实党的十八届三中、四中全会精神，进一步加强和改进行政执法与刑事司法衔接工作，根据《行政执法机关移送涉嫌犯罪案件的规定》（国务院令第 310 号）和中共中央办公厅、国务院办公厅有关文件精神，结合本省实际，制定本办法。

第二条　县级以上党委和人民政府应当加强对行政执法与刑事司法衔接工作的领导，

为口大组织、协调和保障力度，推进行政执法与刑事司法衔接工作有关制度的落实。

第三条　行政执法机关、公安机关、人民检察院、行政监察机关和人民法院在行政执法与刑事司法衔接工作中应当加强联系，相互支持，各司其职，杜绝有案不移、有案难移和以罚代刑等现象，维护社会主义市场经济秩序和社会管理秩序。

第四条　行政执法机关、人民检察院和公安机关应当根据本部门工作实际，确定内设机构具体负责行政执法与刑事司法衔接工作，完善内部工作制度和工作程序，提高工作效率。

第二章　行政执法机关工作职责与程序

第五条　行政执法机关在行政执法过程中，发现违法行为明显涉嫌犯罪且情况紧急的，应当及时向案件发生地公安机关或者同级公安机关通报，公安机关应当立即派人进行调查，并依法作出立案或者不予立案的决定。

对有证据表明涉嫌犯罪的行为人可能逃匿或者销毁证据，需要公安机关参与、配合的，可以书面商请公安机关提前介入。

第六条　行政执法机关在依法查处违法行为过程中，发现违法事实涉及的金额、违法事实的情节、违法事实造成的后果等，符合刑法和最高人民法院、最高人民检察院有关司法解释以及最高人民检察院、公安部关于经济犯罪案件的追诉标准等规定，依法需要追究刑事责任的，必须依照本办法向公安机关移送。

第七条　行政执法机关对应当向公安机关移送的涉嫌犯罪案件，应当立即指定2名或者2名以上行政执法人员组成专案组专门负责，核实情况后提出移送涉嫌犯罪案件的书面报告，报经本机关正职负责人或者主持工作的负责人审批。

行政执法机关正职负责人或者主持工作的负责人应当自接到报告之日起3日内作出批准移送或者不批准移送的决定。决定批准的，应当在24小时内向同级公安机关移送；决定不批准的，应当将不予批准的理由记录在案。

第八条　行政执法机关向公安机关移送涉嫌犯罪案件，应当附有下列材料：

（一）涉嫌犯罪案件移送书；

（二）涉嫌犯罪案件的调查报告；

（三）涉案物品清单；

（四）有关检验报告或者鉴定意见；

（五）其他有关证明涉嫌犯罪的材料。

行政执法机关向公安机关移送涉嫌犯罪案件缺少前款所列材料的，公安机关依本办法规定通知行政执法机关补充移送材料，行政执法机关应当在收到通知之日起3日内将相关材料补充完毕，但因检验或者鉴定需要时间较长的除外。

第九条　行政执法机关向同级公安机关移送涉嫌犯罪案件的同时，应当将涉嫌犯罪案件移送书同时抄送同级人民检察院。

第十条　行政执法机关对公安机关决定立案的案件，应当自接到立案通知书之日起3日内将涉案物品以及与案件有关的其他材料移交公安机关，并办结交接手续；法律、行政法规另有规定的，依照其规定。

公安机关立案后依法提请行政执法机关作出检验、鉴定、认定等协助的，行政执法机关应当予以协助。

第十一条 行政执法机关对公安机关不予立案决定有异议的，可以自接到不予立案通知书之日起 3 日内，向作出不予立案决定的公安机关提请复议，也可以建议人民检察院依法进行立案监督。

对公安机关不予立案的复议决定仍有异议的，可以在收到复议决定书之日起 3 日内，建议人民检察院依法进行立案监督。

第十二条 对于公安机关决定不予立案或者撤销案件、人民检察院作出不起诉决定、人民法院作出无罪判决或者免予刑事处罚但依法应当给予行政处罚的，行政执法机关应当进行调查并依法作出处理。

第十三条 行政执法机关在查办案件过程中，应当妥善保存已经获得的相关证据。对易腐烂、变质、灭失等不宜或者不易保管的涉案物品，应当采取必要措施固定证据；对需要进行检验、鉴定的涉案物品，应当由有关部门或者机构依法检验、鉴定，并出具检验报告或者鉴定意见。

第十四条 行政执法机关在查处违法行为过程中，发现危害国家安全犯罪线索，应当按照本办法及时向国家安全机关移送，并协助国家安全机关做好相应的防范与保密工作。

第十五条 行政执法机关在依法查处违法行为过程中，发现贪污贿赂、国家工作人员渎职或者国家机关工作人员利用职权侵犯公民人身权利和民主权利等违法行为，涉嫌构成犯罪的，应当及时将案件移送人民检察院。

第十六条 行政执法机关应当移送而未移送或者逾期不向公安机关移送涉嫌犯罪案件的，应当在收到人民检察院建议移送涉嫌犯罪案件的书面意见之日起 3 日内将涉嫌犯罪案件移送公安机关，并将移送情况告知人民检察院。

第三章 公安机关工作职责与程序

第十七条 公安机关对行政执法机关移送的涉嫌犯罪案件，应当在涉嫌犯罪案件移送书的回执上签字确认。

接收案件的公安机关根据刑事案件管辖的规定，认为指定下级公安机关立案侦查更为合适的，应当在 24 小时内转送下级公安机关，并书面告知移送案件的行政执法机关，同时抄送同级人民检察院。

公安机关对于不属于自己管辖案件而又必须采取紧急措施的，应当先依法采取紧急措施，然后移送主管机关。

第十八条 公安机关应当自接受行政执法机关移送的涉嫌犯罪案件之日起 3 日内作出立案或不予立案的决定。依法决定立案的，应当书面通知移送案件的行政执法机关，同时抄送同级人民检察院；依法决定不予立案的，应当向移送案件的行政执法机关书面说明理由并退回案卷材料，同时抄送同级人民检察院。

第十九条 对公安机关决定立案的案件，行政执法机关依据本办法的规定将涉案物品以及与案件有关的其他材料移交公安机关时，公安机关不得以任何理由拒收。

第二十条 对行政执法机关提请复议的案件，公安机关应当自收到行政执法机关提请复议的文书之日起 3 日内作出立案或不予立案的复议决定，并书面通知移送案件的行政执法机关。

第二十一条　对于行政执法机关书面商请提前介入或联合调查的，公安机关应当积极予以配合，发现涉嫌犯罪的，应当及时依法立案；不能及时介入的，应当在收到书面商请意见之日起 2 个工作日内书面告知行政执法机关，并说明理由。

第二十二条　对于人民检察院提出移送涉嫌犯罪案件意见而行政执法机关未移送，人民检察院将该情况书面通知公安机关的，公安机关应当根据人民检察院的意见，主动向行政执法机关查询案件，必要时可以直接立案侦查。

第二十三条　对于人民检察院要求说明不立案理由的案件，公安机关应当在收到人民检察院书面通知之日起 7 日内将说明情况书面答复人民检察院。

人民检察院审查后认为不予立案理由不能成立而通知立案的，公安机关应当在收到要求立案书面通知之日起 15 日内立案，同时将立案决定书送达人民检察院，并书面告知行政执法机关。

第二十四条　公安机关对发现的违法行为，经审查，没有犯罪事实，或者立案侦查后认为犯罪情节显著轻微，不需要追究刑事责任，但依法应当追究行政责任的，应当及时将案件移送行政执法机关，有关行政执法机关应当将处理结果书面告知公安机关。

第四章　监督工作职责与程序

第二十五条　行政执法机关移送涉嫌犯罪案件，应当接受人民检察院和行政监察机关依法实施的监督。

对行政执法机关违反本办法，应当向公安机关移送涉嫌犯罪案件而不移送的，任何单位和个人有权向人民检察院、行政监察机关或者上级行政执法机关举报。

第二十六条　人民检察院接到举报或者通过其他渠道发现行政执法机关应当移送而不移送或逾期未移送涉嫌犯罪案件的，可以要求行政执法机关提供有关案件材料或者派员查阅案卷材料，行政执法机关应当予以配合。

人民检察院审查认为行政执法机关应当移送的，应当及时向行政执法机关提出移送建议。

第二十七条　公安机关应当接受人民检察院依法进行的立案监督。

人民检察院对行政执法机关向公安机关移送的案件，应当跟踪了解公安机关的立案情况。对于公安机关不予受理、逾期不作出决定或者无正当理由不予立案的，应当依法进行立案监督。

第二十八条　人民检察院对于行政执法机关建议立案监督的案件，应当要求公安机关说明不予立案的理由。对于公安机关说明的理由，应当进行审查，必要时也可以进行调查。

人民检察院认为公安机关不予立案理由成立的，应当将公安机关的理由告知提出立案监督建议的行政执法机关。人民检察院认为公安机关不予立案理由不能成立的，应当通知公安机关立案。

第二十九条　行政执法机关向公安机关移送的涉嫌犯罪案件经人民法院审判的，人民检察院应当及时将判决结果告知移送案件的行政执法机关。

第五章　工作机制与保障

第三十条　建立行政执法与刑事司法衔接工作联席会议制度。政府法制机构、人民检察院、人民法院、行政监察、综治、公安和其他行政执法机关为联席会议成员单位。联席会议的日常办事机构设在政府法制机构。

联席会议的主要任务是分析研究我省行政执法与刑事司法衔接工作的新情况、新问题，协调解决有关重要问题，提出指导意见；完善行政执法与刑事司法衔接工作各项制度，推动各项工作措施落实。

联席会议一般每年召开 1 次，根据实际需要，可以临时召开由成员单位和有关行政执法机关参加的专题会议。联席会议成员单位应当指定 1 名联络员为联席会议办公室成员，负责日常沟通、重大案件通报等工作。

联席会议以会议纪要形式明确会议议定的事项，成员单位应当按照各自职能抓好落实。

第三十一条　对于案情重大、复杂、疑难，性质难以认定的案件，行政执法机关可以就刑事案件立案追诉标准、证据的固定和保全等问题咨询公安机关、人民检察院、人民法院；公安机关、人民检察院、人民法院可以就案件办（审）理中的专业性问题咨询行政执法机关。接受咨询的机关应当认真研究，及时书面回复。

第三十二条　各地要充分利用已有电子政务网络和信息共享公共基础设施等资源，将行政执法与刑事司法衔接工作信息共享平台建设纳入电子政务建设规划，为口大投入，加快进度，建成具有反映执法动态、显示办案过程、进行数据统计等功能的信息共享平台。积极推进网上移送、网上受理、网上监督，提高衔接工作效率。

第三十三条　政府法制机构、人民检察院、公安机关和行政执法机关应当加强对行政执法人员、人民检察院和公安机关相关工作人员的培训，强化依法移送、依法办案的意识，提高行政执法与刑事司法衔接工作的能力和水平。

第三十四条　各地应当将行政执法与刑事司法衔接工作纳入社会治安综合治理考核范围，加强对行政执法与刑事司法衔接工作的检查和考核。

第六章　附则

第三十五条　法律、法规授权的具有管理公共事务职能、在法定授权范围内实施行政处罚的组织，适用本办法关于行政执法机关的规定。

第三十六条　本办法自印发之日起施行。